경찰교통론

Police Traffic Theory

손봉선 · 최선우 · 김경태 공저

21세기사

　부족하나마, 경찰교통론을 저술하게 된 것을 매우 영광스럽게 생각한다. 다른 한편으로는 지금까지 경찰교통론이라고 자처할 수 있는 이론서가 출판된 것이 없어 매우 아쉬워하며, 진즉 준비하지 못한 것을 반성하고 다른 한편으로는 진심으로 송구스럽게 생각한다. 세월은 정말 유수와 같다는 옛 성인의 말씀을 다시 한 번 생각해 본다. 21세기의 시작이 엊그제 같은데 벌써 8년의 세월이 흘러가고 있다. 우리는 이렇게 흘러가는 세월만 바라보며 살 수만은 없다. 더욱 보람 있는 생을 살기 위해서 더욱 노력하고 인내하며 살아가지 않을 수 없다. 우리들 대부분은 대학의 입학과 동시에 취업을 준비하면서도 취업을 하지 못하고 방황하고 있는 것이 오늘날 우리의 현실이다. 이러한 현실에서 경찰공무원을 희망하는 여러분에게 조금이나마 도움이 될 수 있는 길을 모색하는 과정에서 경찰교통론을 엮어보는 것이 도움이 될 수 있다는 생각을 하게 되었다.

　하루가 다르게 변화하는 시대에 살면서 현재보다 더 가치 있는 일에 열중하지 않을 수 없는 위치에 놓이게 되었다. 미래에 대한 불안감 속에서 취업에 대한 사회적 가치가 변화하여 경찰공무원에 대한 선호도도 어느 때보다도 더욱 더 상승기류를 타고 있다. 그러나 경찰공무원에 입문하기 위해서는 경찰학개론의 내용에 해당하는 상당부분이 경찰교통론이라는 사실에 더욱 책임감을 느끼는 것이다. 현대를 살아가는 우리는 교통을 떠나서는 살아갈 수 없는 환경에 처해 있다. 그러므로 경찰교통론을 공부하는 것은 부분적이나마 세상을 살아가는 지혜와 기술을 배우는 것이다.

　본서는 대학의 경찰행정학과에서 필수과목으로 되어 있는 경찰교통론을 공부하는 학생이나 경찰공무원을 희망하는 사람들에게 도움이 될 수 있도록 기초이론 단계에서부터 실무분야에까지 이론과 실제를 중심으로 창의적으로 전개하였다. 그리고 경찰실무에서 간과할 수 있는 부분을 요점적으로 정리하여 경찰관채용시험에서도 참고할 수 있도록 요점을 정리하여 집필하였음을 밝혀 둔다.

　본서를 세상에 내놓으면서 한편으로는 아직도 부족한 책을 발간하는 것에 대한 책임을 통감하고, 다른 한편으로는 경찰을 희망하는 후보자 여러분과 경찰행정학과 학생 여러분에게 다소라도 도움이 되기를 진심으로 기원하는 마음이다. 끝으로 본서를 출간하는 데 물심양면으로 도와주신 여러분께 진심으로 감사를 드린다. 특히 원고를 읽고 오자와 탈자 등 내용의 정정에 기여한 여러분과 출판을 허락하여 주신 사장님과 영업부 직원 여러분께 진심으로 감사를 드린다.

2008년 6월
저자 일동 씀

····▶ 제2편 교통경찰실무

제1편 교통경찰이론

제1장 교 통

1. 개요

　교통(transportation)이라 함은 넓은 의미로 재화 등 유체물은 물론 의사·정보 등 무체물의 장소적 이동의 총칭적 의미를 가지고 있다. 일반적으로는 사람이나 자동차·선박·비행기 등이 일정한 길을 오고 가는 공간적 이동을 뜻한다. 좁은 의미에서의 교통은 그 중 유체물의 장소적 이동을 의미한다.

　우리 인간의 사회생활은 항상 일정한 지역적인 확대를 추구하며 공간적 거리를 극복하는 행위를 계속하고 있다. 교통의 기능은 이와 같은 공간적 거리를 가능한 한 가장 적은 시간적·경제적 손실에 의해 극복하는데 있으며, 교통수단의 발달과 향상은 그 기능의 강화를 가져온다.

　교통에 의한 인간이나 재화의 이동은 장소적인 효용을 창조하므로 경제학적으로 교통은 생산의 일부라고 간주된다. 일반적으로 경제사회가 지닌 교통조건은 그 사회에서의 생산력과 시장의 발달을 규정하는 것을 통해서 그 사회의 발달을 근본적으로 규정하지만, 반면에 사회가 지닌 생산력의 발달이 그 사회에 속하는 교통의 기술적 경제적 발달을 규정하고 있다.[1]

---

1) 손봉선, 2006: 356

2. 교통의 역사

교통의 역사는 인류사회의 역사와 그 기원을 거의 같이 하고 있으며, 그것은 사회경제가 발달하는 주요원인이 되었다. 처음에 인류의 교통은 보행과 인력에 의한 재화의 수송이었으나 그 후 가축을 사육하게 됨에 따라 축력을 교통에 이용하게 되었다. 고대에 있어서 특히 획기적인 것은 수레의 발명인데 수레 문화가 발달함으로써 그 결과 육로 교통의 중심으로 발전하였다.

육로에서 지역간의 교류를 현저하게 증대시킨 것이 교통수단이다. 그리고 수상교통의 필수품인 배를 만들어 이용함으로써 하천이나 호수는 일찍부터 중요한 교통수단으로 발전하게 되었으며 문화의 중심으로 성장하여 세계의 역사를 발전시킨 것이다. 중세에는 육상에서 말이나 마차를 많이 이용하였으며, 해상에서는 나침반이나 고정타를 발명하였고 대향범선을 건조하였다.

특히 대향범선에 의한 해상교통의 발전은 전 세계를 항해할 수 있는 해로를 개척하였다. 13세기 말 이탈리아의 마르코 폴로(Marco Polo)[2]의 아시아 탐험과 말레이반도에서 실론섬 항로의 발견, 1492년 이탈리아의 항해가인 콜럼버스(Christoper Columbus)[3]의 신대륙 발견, 1498년 포르투칼 바스코 다 가마(Basco Da Gama)[4]의 희망봉과 인도양 항로의 발견, 1522년 포르투칼 마젤란(Magellan, Ferdinand)[5]의 세계일주 등 중세 후기 이후 유럽 각국의 상업과 무역이 발전하는데 큰 역할을 하였다. 1760년대 이후 영국에서 시작된 산업 혁명은 기계의 발달, 공장제도의 확립을 가져왔는데 그 중에서도 증기기관의 생산은 육상과 해상에 걸쳐 교통기관의 비약적인 발달을 가져왔다. 1830년 영국의 스티

---

2) 이탈리아 베네치아 출신 탐험가(1254-1324)

3) 이탈리아 제노바 출신 탐험가이자 항해가(1451-1506)

4) 1469-1524, 포르투칼 출신의 세계 최초 인도양 항로를 개척한 사람으로 포르투칼에서는 거리 곳곳에서 그의 동상을 볼 수 있으며 포르투칼 국민들로부터 추앙받는 역사적 인물이다. 1497. 7. 8. 리스본항구를 출발하여 희망봉을 돌아 1년간 항해한 끝에 1498. 5. 21. 인도의 켈커타에 도착한 인물이다.

5) 1480-1521, 포르투칼인으로 남아메리카를 순항하며 마젤란 해협을 발견하고 태평양을 횡단한 인물이다.

븐슨(Stephenson, George)[6]에 의한 Liverpool에서 Manchester 사이의 철도 개설은 그 후의 폭발적인 철도 건설시대의 서막이 되었다. 또 증기력을 사용한 기선은 마침내 스크루(screw) 추진의 실용화에 의한 철선 등 대형선박을 건조하게 되었다. 이러한 새로운 교통기관의 발달은 일면에서는 그 스스로가 철이나 석탄의 대량수요를 가속화하고, 자본주의 생산의 확대를 초래함과 동시에 수많은 공업기술, 산업기술 등의 발달을 촉진시켰다.

19세기 말에서 20세기 초에 걸쳐서는 내연기관 증기터빈의 발명 그리고 전력기술의 개발에 따라 급속한 보급 및 자동차 생산의 공업화와 항공기의 등장 등 새로운 동력 기술이나 교통기관의 등장을 보게 되었다. 제2차 세계대전 이후는 제트기(jet plane)와 레이다(radar)의 개발 등 항공기술의 눈부신 발전, 새로운 동력으로서의 원자력의 개발과 이용 등 교통수단의 발달은 계속되었다.[7]

전 세계적으로 자동차는 대량생산 체제가 확립되어 있는데 자동차의 보급으로 인하여 도로의 개량이나 확장이 급진적으로 이루어져서 도시, 교외, 지방의 교통을 일변시킴과 동시에 기계공업을 위시하여 각 산업 부문에의 파급효과도 매우 크다. 그리고 각종 교통기관의 발달은 단거리 여객수송 수단인 버스와 전차, 원거리 수송 수단인 항공기와 철도, 화물수송을 하는 트럭과 철도 등 같은 지역 내에서의 교통기관의 경쟁을 불러일으키고 있다.

3. 자동차의 발명

인류가 바퀴를 만들어 낸 후 스스로의 힘으로 움직이는 타는 것에 대한 연구가 시작된 것은 200여년도 지나지 않았다. 그러나 18세기 말에 증기기관을 동력으로 시도하였던 것을 자동차의 첫 등장으로 산업의 중요한 분야로 자리 잡고 대중

---

6) 1781-1848, 탄광기관부의 아들로 태어나 14세 때 아버지의 조수가 되고 증기기관차를 발명한 인물이다.
7) 손봉선, 2006: 357

화 되면서 자동차의 명칭에 대해서 뭐라고 명명해야 할지에 대한 적지 않은 논쟁이 있었다고 한다. 석유기차(oleo locomotive), 자동마차(automatic cart), 모터마차(motor carriage), 모터파리(motor fly), 전기박쥐(electric bat) 등 여러 가지의 이름으로 명명되기도 하였다. 결국 1876년 프랑스에서 제작한 '자동으로 움직이는 기계'라는 뜻으로 자동차(automobile)로 부르기로 결정하였다. 우리나라에서는 도로교통법과 도로운송차량법에서 자동차는 원동기[8]를 사용하여 궤도 또는 가선에 의하지 아니하고 운전되는 차로 원동기장치에 의하여 육지에서 이동하기 위하여 제작한 것으로 석유나 가스를 연료로 하는 엔진의 힘으로 도로를 달리게 만든 공간적 이동기계장치 등으로 정의할 수 있다.

4. 교통의 기능

교통의 기능(function of traffic)은 우리의 생활을 더욱 편리하고, 안전하게 수송할 수 있는 기능으로 발전하여 세상을 일일 생활권으로 축소하고 있으며, 공간적 제약을 극복하고 세계화(globalization)를 확대하고 있다. 이러한 교통의 기능 중에서 가장 중요한 기능을 세 가지로 분류한다면 생산적 기능과 시장형성적 기능, 인적·물적 교류의 기능 등이라 할 수 있을 것이다.

1 생산적 기능

교통의 발달은 생산 수단으로서의 토지, 노동, 자본 등의 결합을 쉽게 한다. 인간은 사회생활상 여러 목적을 달성하기 위하여 여러 가지 재화를 필요로 하며 이

---

8) 자연계의 에너지를 역학적 에너지로 바꾸어 필요한 동력을 발생시키는 장치를 통틀어 이르는 말로 열기관, 수력기관, 전동기 등이 있다.

때문에 자연에 작용을 가하여 재화를 획득하는 것이며, 생산은 투입과 산출이라는 생산과정으로 나타난다. 경제지역 확대, 지역적 분업의 전개와 촉진, 노동력의 원활한 공급과 활용 등 전국적인 자본시장, 나아가서는 국제적인 자본시장의 형성을 가능하게 한다. 한 나라의 사회적 생산력의 발달은 그 나라의 교통조건에 의해서 규정된다고 할 수 있다.

2 시장형성적 기능

일반적으로 교통권은 시장권을 규정함과 동시에 교통의 발달은 시장권의 확대, 시장가격의 형성과 지역적인 평준화를 촉진하고 상품의 전국적인 가격, 나아가서는 국제가격의 형성까지도 가능하게 한다. 또 교통의 발달, 교통기관의 진보는 사람들이 사회생활을 하는데 있어서 지역적인 기반을 필연적으로 확대함과 동시에 국가적으로도 사회관계의 긴밀화 · 고도화와 결부된다. 즉 도로, 철도를 비롯하여 각종 교통수단에 따른 전국적인 교통망의 보급이나 발달은 사람들의 지역적인 편견을 타파하고 국민적인 감정을 빚어낸다. 또한 국가적인 질서, 치안의 유지, 국민문화의 형성과 발달에도 크게 도움이 된다.[9]

3 인적 · 물적 교류의 기능

교통은 원시시대부터 인적 · 물적 기능이 확대되어 왔다. 인적 · 물적 교류가 확대됨에 따라 시대가 급속도로 발전되며, 전세계는 점차적으로 평균화되어 가고 있으며, 세계화 · 지구촌 시대로 전환되어 가고 있다. 이렇게 인적 물적 교류의 확대로 세계는 빠르게 발전하는 기능을 수행하게 된다.

---

9) 손봉선, 2006: 357-358

교통경찰

1. 개요

　교통경찰(traffic policeman)은 교통의 위험을 방지하고 안전하고 원활하게 소통시키기 위하여 교통상의 장애를 방지 또는 제거하는 업무를 수행하는 경찰을 의미한다. 교통경찰의 대상은 보행자를 포함한 모든 교통수단의 왕래와 교통기구의 설비운용에 이르기까지 광범위하다.

　교통경찰의 중요한 권한으로는 위험방지를 위한 일정구간의 통행금지 또는 통행제한 등을 할 수 있고, 교통이 침체되거나 혼잡한 때에는 이를 완화하기 위한 조치를 할 수 있고, 차량에 대한 점검을 할 수 있다. 그리고 정비 불량차량에 대한 정지 및 필요한 조치를 할 수도 있으며, 과로운전 등의 경우에는 면허증을 보관하고 출두지시 · 범칙금납입통고서 등을 발급할 수도 있다.

　도로상에서는 손괴 · 사고발생, 기타 사정으로 도로가 위험 또는 혼잡하거나 혼잡할 염려가 있을 경우에는 이를 방지하기 위한 통행의 제한을 할 수 있다. 그리고 장소에 따라서 변화하는 교통사정에 대응하여 교통정리를 하며 신호위반, 주 · 정차위반단속, 신호기조작, 수신호, 보행자지도업무, 범죄수사업무까지 수행한다. 교통경찰이 교통정리 중에 범죄 신고를 받은 때에는 예방경찰업무인 교통경찰업무에 우선하여 범인체포, 범죄수사 등에 종사한다.

　교통단속에는 도보순찰 · 정지관찰 · 고정관찰 · 역습순찰 · 합동순찰 · 정복순찰 · 가장순찰 · 사복순찰 등을 할 수 있다. 그러나 위반행위를 유발시키거나 유도하여 단속하는 함정순찰은 할 수 없다. 법학적으로 교통경찰은 교통상 발생할 수 있는 안녕과 질서를 유지하기 위하여 행하는 좁은 뜻의 행정경찰이다. 교통경찰에는 도로교통을 담당하는 육상교통경찰 외에도 항해, 하천, 항공 등에 관한 교통질서업무를 수행한다.

그리고 교통경찰에서 가장 중요하고 문제시 되는 것은 자동차에 관한 각종 사고와 법규위반에 대한 규제와 단속에 관한 것이다. 이것은 도로교통에 따르는 교통사고를 방지하고 개인의 생명과 신체, 그리고 재산의 보호를 목적으로 교통 수송에 의하여 교통의 안전과 원활을 위하여 교통질서 유지를 담당하는 것을 말한다. 그 대상은 차량·보행자·우마 등 모든 교통수단의 왕래와 교통기구 설비 운용에 이르기까지 매우 광범위하다.[10]

2. 목적

교통경찰은 교통로에 대한 위해를 방지하고 교통의 안전과 소통을 원활히 하기 위한 것을 목적으로 한다. 교통의 안전을 도모하는 것은 결국 국민의 생명과 재산을 보호하고 공공의 안전을 보장하는 경찰의 사명에 포함되는 개념이다. 그리고 교통의 소통을 원활히 하기 위한 것은 교통 상에 어떠한 장애나 문제가 발생하지 않도록 사전에 대비하고, 이미 발생한 사안에 대해서는 신속히 처리하는 것을 말한다.

10) 손봉선, 2006: 358

3. 교통경찰의 정신과 자세

1 교통경찰의 정신

① 교통의 안전과 소통을 위한 거리의 봉사자이다.

② 경찰의 표상이며 거리의 안내자이다.

③ 법과 양심에 따라 공정하게 처리한다.

④ 교통위반행위자에 대한 현장 법집행관이다.

2 교통경찰의 자세

① 교통정체와 교통위험을 해결한다.

② 안전과 소통을 항상 염두에 둔다.

③ 단속을 위한 단속을 하지 않는다.

④ 나 자신의 안전을 확보한다.

⑤ 전문지식과 기술을 갈고 닦는다.

⑥ 과학적이고 합리적으로 추진한다.

⑦ 교통민원은 친절하고 신속히 처리한다.

4. 교통경찰의 권한과 임무

1 교통경찰의 권한

(1) 통행의 금지 및 제한

위험방지 및 교통의 안전과 원활한 소통을 기하는데 필요한 일정 구간의 통행금지 또는 제한을 할 수 있다. 지방경찰청장은 도로에서의 위험을 방지하고 교통의 안전과 원활한 소통을 확보하기 위하여 필요하다고 인정하는 때에는 구간을 정하여 보행자나 차마의 통행을 금지하거나 제한할 수 있다.

경찰서장은 도로에서의 위험을 방지하고 교통의 안전과 원활한 소통을 확보하기 위하여 필요하다고 인정하는 때에는 보행자나 차마의 통행을 우선 금지하거나 제한한 후 그 도로관리자와 협의하여 금지 또는 제한의 대상과 구간 및 기간을 정하여 도로의 통행을 금지하거나 제한할 수 있다.

경찰공무원은 도로의 파손, 화재의 발생 그 밖의 사정으로 도로에서의 위험방지를 위하여 긴급한 필요가 있다고 인정하는 때에는 그 필요한 한도 안에서 보행자나 차마의 통행을 일시 금지하거나 제한할 수 있다. 지방경찰청장이 금지 또는 제한을 할 때에는 그 도로의 관리청에 통지하여야 한다. 그리고 제한 또는 금지를 할 때에는 행정안전부령이 정하는 바에 의하여 그 사실을 공고하여야 한다.[11]

(2) 혼잡완화를 위한 조치

경찰공무원은 보행자나 차마의 통행이 지체되어 교통상의 혼잡이 뚜렷하게 염려되는 때에는 그 혼잡을 덜기 위하여 필요한 조치를 할 수 있다.[12] 이는 교통이 침체 또는 정체되어 혼란이 가중될 때에는 교통의 원활한 소통을 위

---

11) 도로교통법 제6조
12) 도로교통법 제7조

하여 필요한 범위 내에서 모든 조치를 취할 수 있다.

(3) 차량에 대한 점검

정비 불량차량에 대한 점검을 할 수 있다.[13] 정비불량차에 해당된다고 인정되는 차가 운행되고 있는 경우에는 우선 그 차를 정지시킨 후 운전자에게 자동차 등록증 또는 자동차 운전면허증의 제시를 요구하고 그 차의 장치를 점검할 수 있다.

(4) 위험 방지 등 조치

도로상에서 도로의 손괴 · 사고발생, 기타 사정으로 도로가 위험 또는 혼잡의 염려가 있을 때에는 이를 방지하기 위한 통행금지 제한 등의 조치를 취한다. 또한 때와 장소에 따라 변하는 교통 사정에 대응하여 교통정리를 하며 신호위반, 주 · 정차위반 단속, 신호기 조작, 수신호, 보행자유도 횡단, 지도단속 등은 물론 교통정리 업무 외에 범죄수사 등 일반경찰 업무까지 수행한다. 교통경찰이 교통정리 중에 범죄 신고를 받으면 예방경찰업무인 교통정리보다 우선적으로 진압경찰 업무인 범인체포 수사 활동 등을 실시해야 한다.

(5) 교통단속

교통단속이라 함은 교통과 관련된 법률, 명령, 규칙 등을 위반하지 못하도록 통제하거나 이미 위법한 행위가 발생한 사안에 대하여 적발하여 처벌하거나 훈계하여 처리하는 것 등을 포함한다. 예를 들면 과속, 일단정지위반, 신호위반 등과 같이 교통법규 등을 위반한 사항에 대하여 과실이나 잘못을 지적하고 발견하는 일체의 행위를 포함한다.

---

13) 도로교통법 제41조

2 교통경찰의 임무

(1) 전속적 임무

교통경찰의 임무는 경찰관직무집행법상의 임무 중에서 교통의 단속과 위해 방지에 해당하는 업무를 일반적으로 처리하는 것을 말한다. 그러므로 교통경찰의 임무는 교통에 수반되는 위험, 교통사고의 발생을 방지하고 교통의 지도단속 등을 실시하여 교통의 안전과 소통을 유지하기 위한 것으로 전속적임무는 다음과 같다.

① 교통사고 방지대책수립
② 교통안전 계몽활동
③ 교통단속 · 교통순찰과 정리
④ 교통교육 · 계도
⑤ 교통사고처리와 수사
⑥ 교통법규 · 교통시설의 유지관리
⑦ 운전면허시험 및 관리
⑧ 교통통계 등의 작성 · 분류 · 검토
⑨ 교통관련행정처분
⑩ 기타 교통법규의 집행

(2) 부수적 임무

교통경찰이라고 해서 교통에 관련된 임무만을 처리하는 것은 아니고 교통에 관한 임무를 처리하는 과정에서도 범인의 체포, 검문 등 일상의 경찰업무를 병행하여 처리하여야 한다. 경찰은 범죄의 예방 · 진압 및 수사, 경비 · 요인경호 및 대간첩작전의 수행, 치안정보의 수집 · 작성 및 배포, 교통의 단속과 위해방지, 기타 공공의 안녕과 질서유지를 그 임무로 하는 것이다.[14]

---

14) 경찰관직무집행법 제2조

5. 교통경찰의 특성

1 교통에 대한 만인의 리더

교통경찰은 도로에서 모든 사람을 대상으로 교통의 안전과 소통을 위한 리더로서의 역할을 해야 한다. 그러므로 모든 계층의 사람이 교통경찰의 대상이 된다.

2 사회발전의 촉매제

교통경찰은 사회와 경제의 흐름에 대한 촉매제 역할을 하는 활력소로서 사람과 자원의 이동에 매우 중대한 기능을 한다. 그러므로 사회와 경제의 발전에 중대한 영향을 미친다.

3 국민에 대한 경찰의 표상

교통경찰은 공개된 장소에서 업무를 수행하게 되므로 국민에게 경찰의 업무수행실태를 평가하도록 하는 기준을 제공한다. 그러므로 경찰활동을 평가하는 창구로서의 역할을 한다.

4 법을 집행하는 거리의 천사

교통경찰은 거리에서 교통법규를 지키고, 단속하는 거리의 천사로서의 역할을 한다.

시민에 대한 교통지도와 안내, 법규위반자에 대한 단속과 훈방, 교통의 원활한 소통과 위험에 대한 예방 등 거리의 천사로서의 기능을 한다.

5 교통민원을 처리하는 전문가

교통경찰은 교통사고, 교통법규위반, 행정처분, 거리질서의 확립 등 국민의 교통민원을 처리하는 전문가로서의 역할을 하는 공무원이다. 그러므로 수행하는 업무는 전문적 분야에 속하는 사항이 많다.

6 전국적 파급효과

교통경찰의 업무는 전국을 일일생활권으로 하는 교통의 소통에 중대한 기능을 하기 때문에 그 파급효과는 전국에 영향을 미친다. 그러므로 교통경찰의 기능은 전국을 연결하는 교통망에 절대적인 관련성이 있다.

7 신속정확한 업무수행

교통경찰의 업무수행은 신속정확하게 수행되어야 한다. 교통은 신속성을 생명으로 하고 정확성이 확보되지 않으면 국민의 생명과 재산에 중대한 영향을 미칠 수 있기 때문이다. 그러므로 급격한 교통정세에 합리적으로 판단하여 민감하게 반응하지 않으면 안 된다.[15]

15) 손봉선, 2006: 360

8 표준적 광역화 활동

교통경찰은 전국에 걸친 표준적 광역화 활동이 요구된다. 자동차의 기능이 향상되고 도로의 정비가 추진되며, 경제활동범위가 확대됨에 따라 주야간 교통량이 증대되고 전국의 모든 도로의 이용이 증가하고 있기 때문에 경찰의 표준적 광역화 활동이 증가하므로 일관된 교통단속 등이 요구된다.[16]

16) 김충남, 2008: 454

제3장 교통 용어

1. 개 요

교통용어(traffic-related term)라 함은 도로교통 또는 도로교통법에서 사용하는 말을 의미하는 것으로 일반적으로 도로교통법 등에서 정의하고 사용되는 용어이다. 도로교통법은 도로에서 일어나는 교통상의 모든 위험과 장해를 방지·제거하여 안전하고 원활한 교통을 확보함을 목적으로 제정한 법률이다.

2. 일반교통 용어

1 용어정리[17]

(1) 도 로

도로라 함은 도로법에 의한 도로, 유료도로법에 의한 유료도로와 그 밖의 일반교통에 사용되는 모든 곳을 말한다.

---

17) 도로교통법 제2조

(2) 자동차 전용도로

자동차만이 통행할 수 있도록 설치된 도로를 말하는 것으로 사람의 보행이나 자전거 또는 우마, 원동기자치자전거 등은 통행할 수 없다.

(3) 고속도로

자동차의 고속 교통에만 사용하기 위하여 지정된 도로를 말하는 것으로 고속도로는 모두 유료도로에 해당한다.

(4) 차 도

연석선[18], 안전표지 그 밖의 이와 비슷한 공작물로써 그 경계를 표시하여 모든 차의 교통에 사용하도록 된 도로의 부분을 말한다.

(5) 중앙선

차마의 통행을 방향별로 명확하게 구분하기 위하여 도로에 황색실선이나 황색점선 등의 안전표지로 표시한 선 또는 중앙 분리대·철책·울타리 등으로 설치한 시설물을 말하며 그리고 가변 차로가 설치된 경우에는 신호기가 지시하는 진행 방향의 제일 왼쪽 황색점선을 말한다.

(6) 차 로

차마가 한 줄로 도로의 정하여진 부분을 통행하도록 차선에 의하여 구분되는 차도의 부분을 말한다.

(7) 차 선

차로와 차로를 구분하기 위하여 그 경계지점을 안전표지에 의하여 표시한 선을 말한다.

---

18) 차도와 보도를 구분하는 콘크리트, 돌 등으로 이어진 선

(8) 자전거 도로

안전표지, 위험방지용 울타리 그 밖의 이와 비슷한 공작물로써 그 경계를 표시하여 자전거의 교통에 사용하도록 된 도로의 부분을 말한다.

(9) 보 도

연석선, 안전표지 그 밖의 이와 비슷한 공작물로써 그 경계를 표시하여 보행자, 유모차 및 신체장애자용 의자차 등의 통행에 사용하도록 된 도로의 부분을 말한다.

(10) 길가장자리 구역

보도와 차도가 구분되지 아니한 도로에서 보행자의 안전을 확보하기 위하여 안전표지 등으로 그 경계를 표시한 도로의 가장자리 부분을 말한다.

(11) 횡단보도

보행자가 도로를 횡단할 수 있도록 안전표지로써 표시한 도로의 부분을 말한다.

(12) 교차로

'＋' 자로, 'Ｔ' 자로 그밖에 둘 이상의 도로가 교차하는 경우에 그 둘 이상의 도로(보도와 차도가 구분되어 있는 도로에서는 차도)가 교차하는 부분을 말한다.

(13) 안전지대

도로를 횡단하는 보행자나 통행하는 차마의 안전을 위하여 안전표지 그 밖의 이와 비슷한 공작물로서 표시한 도로의 부분을 말한다.

(14) 신호기

도로교통에 관하여 문자·기호·등화로써 진행·정지·방향전환·주의 등의 신호를 표시하기 위하여 사람이나 전기의 힘에 의하여 조작되는 장치를 말한다.

(15) 안전표지

교통의 안전에 필요한 주의·규제·지시 등을 표시하는 표지판 또는 도로의 바닥에 표시하는 기호나 문자 또는 선 등을 말한다.

(16) 차 마

차와 우마를 말한다. '차' 라 함은 자동차·건설기계·원동기장치자전거·자전거 또는 사람이나 가축의 힘 그 밖의 동력에 의하여 도로에서 운전되는 것으로서 철길 또는 가설된 선에 의하여 운전되는 것과 유모차 및 신체장애자용 의자차 외의 것을 말하며, '우마' 라 함은 교통·운수에 사용되는 가축을 말한다.

(17) 자동차

자동차라 함은 원동기에 의하여 육상에서 이동할 목적으로 제작한 용구 또는 이에 견인되어 육상을 이동할 목적으로 제작한 용구(피견인자동차)를 말한다. 다만 대통령령이 정하는 것을 제외한다.[19]

자동차의 종류는 승용자동차·승합자동차·화물자동차·특수자동차·이륜자동차 등으로 구분한다.[20]

(18) 원동기장치 자전거

자동차관리법 제3조(자동차의 종류)의 규정에 의한 이륜자동차중 배기량 125cc 이하의 이륜자동차와 50cc 미만의 원동기를 장착한 차를 말한다.

(19) 긴급자동차

소방자동차·구급자동차 그 밖의 대통령령이 정하는 자동차로서 그 본래의

---

19) 자동차관리법 제2조 제1항
20) 자동차관리법 제3조

긴급한 용도로 사용되고 있는 중인 자동차를 말한다.

(20) 어린이 통학버스

유아교육법에 의한 유치원, 초 · 중등 교육법에 의한 초등학교 · 특수학교, 영유아보육법에 의한 보육시설 또는 학원의 설립 · 운영 및 과외교습에 관한 법률에 의하여 설립된 학원 중 주로 13세 미만의 어린이를 교습 대상으로 하는 학원의 자동차로서 어린이통학버스의 신고를 마친 자동차를 말한다.[21]

(21) 주 차

차가 승객을 기다리거나 화물을 싣거나 고장 그 밖의 사유로 인하여 계속하여 정지하거나 또는 그 차의 운전자가 그 차로부터 떠나서 즉시 운전할 수 없는 상태를 말한다.

(22) 정 차

차가 5분을 초과하지 아니하고 정지하는 것으로서 주차 외의 정지상태를 말한다.

(23) 운 전

도로에서 차를 그 본래의 사용방법에 따라 사용하는 것을 말하는 것으로 조종을 포함한다.

(24) 서 행

차가 즉시 정지할 수 있는 느린 속도로 진행하는 것을 말한다.

(25) 앞지르기

차가 앞서가는 다른 차의 옆을 지나서 그 차의 앞으로 나가는 것을 말한다.

---

21) 도로교통법 제2조 제21호

(26) 일시정지

차가 일시적으로 그 바퀴를 완전 정지시키는 것을 말한다.

(27) 보행자 전용도로

보행자만이 다닐 수 있도록 안전표지 그 밖의 이와 비슷한 공작물로써 표시한 도로를 말한다.

(28) 하이패스

차량용단말기(OBU : on board unit)와 전자카드를 장착한 차량이 하이패스 구간을 통과할 때 정차 없이 자동으로 고속도로 통행요금이 지불되는 시스템을 말한다. 이는 고속도로 톨게이트를 통과할 때 통행요금을 지불할 때 지체되는 시간을 절약하여 신속하게 톨게이트를 통과하도록 하기 위한 것이다. 하이패스구간은 톨게이트 전후방에 청색점선(복선)으로 표시하여 누구나 쉽게 알아볼 수 있도록 되어 있다.

3. 교통사고 용어

1 용어정리

(1) 교통사고

도로상에서 차의 교통으로 인하여 사람을 사상하거나 물건을 손괴한 것을 말한다.

(2) 교통

도로에서 사람의 왕래나 화물의 운반을 위한 차의 운행 즉 차를 당해 장치의 용법에 따라 사용하는 것을 말한다.

(3) 대형교통사고

사망 3명 또는 부상 20명 이상의 사고와 기타 사회물의를 야기한 사고를 말한다.

(4) 사 망

당해 교통사고가 주원인이 되어 72시간 내에 사망하는 것을 말한다.

(5) 중 상

의사의 진단결과 3주 이상의 치료를 요하는 부상을 말한다.

(6) 경 상

의사의 진단결과 5일 이상 3주 미만의 치료를 요하는 부상을 말한다.

(7) 부상신고

5일 미만의 치료를 요하는 부상을 말한다.

(8) 스키드마크

위험을 피하기 위하여 급제동을 하였을 때 타이어의 회전이 정지되어 노면에 미끄러지면서 생긴 마모흔적 또는 활주흔을 말한다.

(9) 충 돌

차가 측방 또는 반대방향에서 진입하여 차의 정면으로 다른 차의 정면 또는 측면을 충격한 것을 말한다.

(10) 추 돌

2대 이상의 차가 동일방향으로 주행 중 뒷차가 앞차의 후면을 충격한 것을 말한다.

(11) 접 촉

차가 추월, 교행 등을 하려다가 차의 좌우측면을 서로 스친 것을 말한다.

(12) 전 도

차가 운행 중 도로상에 넘어져 차체의 측면이 지면에 접하고 있는 상태를 말한다.

(13) 전 복

차가 운행 중 도로상에 또는 도로 이외의 장소에 뒤집혀 엎어진 것을 말한다.

(14) 추 락

차가 도로의 절벽 등 높은 곳에서 떨어진 것을 말한다.

4. 드라이빙 용어

1 용어정리

(1) 공회전(idling)

공회전은 일을 하지 않고 있다는 뜻으로 가속 페달을 밟지 않고 엔진이 회전하고 있는 상태를 말한다. 이 때 엔진의 회전수는 엔진이 안정적으로 회전할 수 있는 최저속도이다.

(2) 초기화(warming up)

차가운 엔진을 데운다는 뜻으로 엔진이 냉각되어 있으면 휘발유의 기화가 나빠지고 엔진 오일의 점도가 높아 구석구석까지 윤활이 이뤄지기 어렵다. 채 데워지지 않은 엔진을 고속회전시키거나 전부하(全負荷)를 걸면 엔진이 손상

될 수 있다.

(3) 반 응(response)

리스폰스는 운전자가 차를 조작할 때 나타나는 반응을 말한다. 리스폰스가 민감하다 또는 둔하다는 표현은 반응이 좋다 또는 나쁘다는 뜻으로 쓰인다. 보통 가속성능과 핸들링을 표현할 때 쓴다.

(4) 한계속도(speed limiter)

엔진이 과회전되는 것을 막기 위해 허용회전수를 넘으면 그 이상 돌아가지 않도록 점화 계통이나 연료계통을 끊어버리는 안전장치, 보통 높은 속력을 내는 스포츠카에 스피드 리미터를 장착한다.

(5) 파워온 또는 파워오프(power on/off)

파워온은 액셀페달을 밟아 조절판 밸브(throttle valve)를 여는 일이고 파워오프는 엑셀 페달을 밟는 힘을 완화해 조절판 밸브를 닫는 일이다. 조절판 밸브를 열고 닫는 정도에 따라 자동차의 구동력이 달라지고 가속 또는 감속이 이뤄진다.

(6) 액셀워크(acceleration work)

달리는 중 액셀페달을 밟는 기술은 운전테크닉의 기본이라고 할 수 있다. 액셀워크로 차의 속도를 바꾸고 구동력을 조절해 차의 방향까지 변화시킬 수 있다. 운전을 잘 하려면 액셀페달을 섬세하게 조절할 수 있어야 차에도 무리가 없고 연료도 절약할 수 있다.

(7) 전체부하와 부분부하(all or partial load)

전체부하는 액셀페달을 한계부분까지 밟아 나오는 힘을 말하는 것으로 영어로는 풀 쓰로틀(full throttle)이라고 한다.

부분부하(partial throttle)의 기능이 잘 유지되는 차가 최저 출력으로 차를 안정적으로 달릴 수 있다. 엔진성능은 전체부하로 표시하지만 운전할 때

필요한 것은 파트부하의 컨트롤 성능이다. 엑셀 밟기에 따라 가감속이 잘 되는 차가 운전하기 쉽고 자동차에도 무리를 주지 않는다.

(8) 주행시험(road impression)

자동차전문지 등의 새차 시승 경험기에서 쓰는 말로 계측기를 사용하지 않고 일반도로에서 새차를 테스트하는 것으로 시승자가 경험과 감각으로 차의 실용성과 성능 등을 평가하는 것을 말한다.

(9) 도로접지력(road holding)

주행중인 차와 도로와의 친화력을 말하는 것으로 차가 고속으로 달릴 때 안정적으로 차가 도로에 달라붙는 듯한 감각을 주는 것을 말한다. 특히 고속으로 코너링 할 때 차체의 움직임이 안정되어 있고 차의 방향 안정성이 좋으면 접지력이 좋다고 말한다.

(10) 핸들링(handling)

조향장치의 핸들(스티어링 휠)을 돌린다는 뜻으로 통제(control)한다는 것을 말한다. 특히 커브 길에서 일어나는 현상에 대한 컨트롤 능력이 안정적일 때 '핸들링이 뛰어나다' 는 말을 쓴다.

(11) 힐 엔 토우(heel and toe)

힐 엔 토우는 스포츠 주행기술을 의미한다. 오른쪽 발끝(toe)을 안쪽으로 하여 브레이크 페달을 밟고 동시에 뒤꿈치(heel)로 액셀페달을 밟는다.

코너 입구에서 더블 클러치를 써서 시프트 다운할 때 쓰는 기술로 엔진 회전이 떨어지지 않도록 하기 위해 액셀과 브레이크 동작을 동시에 하는 것을 말한다.

(12) 아웃 인 아웃(out in out)

코너를 돌 때에는 원심력의 영향을 받게 되는데 같은 속도라면 코너의 반경이 클수록 원심력의 영향을 덜 받게 된다. 그래서 코너 입구에서는 바깥쪽

(out), 중앙에서는 안쪽(in), 출구에서는 다시 바깥쪽(out)을 지나면 반경이 가장 커진다. 이렇게 큰 원을 그리면 코너링이 쉽다. 그러나 일반 도로에서는 맞은 편에서 차가 오는지 잘 살펴야 하므로 불필요하게 중앙선을 넘는 것은 삼가해야 한다.

(13) 스핀현상(spin)

차가 컨트롤 능력을 잃고 중심을 축으로 회전하는 것을 말한다. 가속을 하면서 코너링 할 때 타이어 접지력이 한계를 넘어서면 이런 현상이 일어난다. 스핀상태인 차를 순간적으로 바로 잡는 운전 테크닉은 없다.

(14) 언더스티어(under steer)/오버스티어(over steer)

스티어는 조종을 의미하고, 언더는 부족함을 뜻하고, 오버는 지나침을 의미한다. 자동차가 코너링을 할 때의 현상으로 가속했을 때 목표보다 바깥쪽으로 나가 버리는 것이 '언더스티어' 이고, 반대로 안쪽으로 꺾어들려는 현상이 '오버스티어' 이다.

(15) 뉴트럴스티어(neutral steer)

코너링 할 때 자연스럽게 언더도 아니고 오버도 아닌 스티어링 휠을 꺾는데로 돌아가는 특성을 의미한다.

(16) 리버스스티어(reverse steer)

코너링 할 때 어느 지점까지는 언더스티어 경향을 나타내고 도중에서 오버스티어로 변하는 특성을 말한다. 일반적으로 약한 언더스티어인 차가 급격한 코너를 선회하면서 얼라인먼트가 변화해 오버스티어로 바뀌는 경우가 있다. 스티어 특성이 변하는 지점을 리버스 포인트라고 한다.

(17) 더블 클러치(double clutch)

기어를 낮출 때 굴림바퀴가 록되는 것을 막고 자연스럽게 엔진회전을 올리는 방법을 말한다. 스포츠 드라이빙의 기초가 되는 기술 중의 하나로 클러치를 밟고 기어를 중립으로 했다가 다시 클러치에서 발을 떼고 기어를 넣는 운전법으로 클러치를 두 번 밟는다고 하여 더블 클러치라고 한다.

(18) 턱인(tuck in)

언더스티어 현상을 나타내는 차가 가속을 멈추면 갑자기 안쪽으로 휘어드는 경향을 말한다. 커브에서 속도를 높일 경우 자동차의 앞바퀴는 조금식 바깥쪽으로 미끄러지면서 방향을 바꾼다. 이 때 액셀에서 별안간 힘을 빼면 이같은 미끄러짐이 멈추게 된다.

그 결과 언더스티어 때문에 안쪽으로 더 많이 꺾어 놓은 핸들이 제구실을 하게 되어 차체가 안쪽으로 쏠리는 현상을 일으킨다.

(19) 카운터스티어(counter steer)

오른쪽 코너를 돌 때 자동차의 뒷바퀴가 옆으로 미끄러지면 차체는 코너의 안쪽인 오른쪽으로 쏠려버리는 경향이 있다. 이 때 핸들을 반대방향인 왼쪽으로 꺾어야 차가 제 방향을 잡을 것 같지만 이와 반대로 해야 한다.

차체가 옆으로 미끄러질 것을 예측해 알맞게 핸들을 되돌리면 반대방향으로 핸들을 돌리지 않고도 코너링 할 수 있다. 이것은 고속 코너링을 위한 테크닉의 하나이다.

(20) 기어비(gear ratio)

기어(gear)는 우리말의 톱니바퀴에 해당하는 것으로 바퀴둘레에 해당하는 것으로 바퀴 둘레에 일정한 크기의 간격톱니가 만들어져 있는 것을 말한다.

각각의 축에 물려 있는 기어가 서로 맞닿아 회전하면 각각의 축은 서로 반대방향으로 회전한다.

이때 축의 회전수(회전속도)는 기어의 톱니수에 따라 달라진다. 축에 물려 있는 기어의 톱니수가 같으면 두 축은 같은 속도로 회전한다.

만약 한쪽 축 기어의 톱니수가 다른 축 기어의 톱니수보다 적으면 톱니수가 적은 기어가 물려 있는 축은 톱니수가 많은 기어의 축보다 빠르게 회전한다. 기어 톱니수의 비율이 2:1이라면 축의 회전속도는 1:2 가 된다. 또한 기어의

톱니수가 많으면 축의 회전속도는 느려지지만 반대로 토크는 높아진다. 이렇
듯 회전속도의 차이를 만드는 기어 톱니수의 비율을 '기어비' 라고 한다.

(21) 종감속비(final reduction gear ratio)

변속기의 기어를 거친 변속기 출격축의 회전수는 엔진 회전수와 비교하면
상당히 낮지만 여전히 속도가 빠르기 때문에 출력축 맨 끝부분과 구동축을
연결하는 부분에 종가속 기어를 달아 다시 속도를 낮춘다. 이러한 종감속 기
어와 출력축에 달린 기어의 기어비 차이를 종감속비, 최종감속기어 또는 최
종감속비라고 불리기도 한다.

(22) 킥다운(kick down)

자동변속기가 달린 차에서 추월 등을 위해 빠른 가속을 원할 때 액셀러레이
터를 끝까지 밟으면 자동으로 기어가 한 단계 아래로 내려가는 것을 '킥다
운' 이라고 한다.

발로 차듯 킥(kick)을 강하게 페달을 밟아 기어를 한 단계 내린다(down)는
뜻으로 추월할 때 많이 쓴다고 해서 패싱 기어(passing gear)라는 표현을 쓰
기도 한다.

(23) 크리프현상(creep development)

자동차변속기의 특성 중 하나인데 크리프 현상 또는 크리핑(creeping)이라
고 알려져 있다. 기어를 D 또는 R에 두었을 때 액셀러레이터를 밟지 않아도
차가 천천히 움직이는 현상을 말한다.

자동변속기는 엔진이 공회전하고 있더라도 토크 컨버터가 작동하고 있기
때문에 약하게나마 변속기 액이 토크를 구동축에 전달한다. 이로 인하여 크
리프 현상이 일어나는 것이다.

(24) 오버드라이브(over drive)

변속기의 각 단계별 기어비 중 5단은 엔진의 크랭크축 회전부보다 작은 것
을 알 수 있다. 이렇게 엔진 크랭크축 회전수보다 작은 기어비를 가진 기어를

오버드라이브 기어라고 한다. 엔진회전수보다 빨리 회전하는 기어를 두는 이유는 평탄한 길을 달릴 때 엔진 회전을 줄여 엔진에 무리가 가는 것을 막고 소음을 줄이는 동시에 연비를 높이기 위해서이다.

제4장 교통의 원칙

1. 개요

교통의 원칙(principles of traffic)이라 함은 교통의 원활한 흐름과 안전하고 신속하게 이동하기 위한 것으로 교통의 4대 원칙 또는 4E 원칙이라고 한다. 교통의 원칙은 합리적이며 타당한 교통의 근본이 되는 법칙으로 교통사고를 예방하고 교통지체를 제거하여 교통의 소통이 원활하게 이루어질 수 있도록 하기 위한 것이다.[22]

2. 교통의 4대 원칙

1 교통교육

교통교육(education)이라 함은 교통안전에 관한 교육·홍보·계몽 등을 말하며, 교통사고를 미연에 방지하기 위하여 일반 공중에게 교통안전에 대한 교육을 실시함으로 교통안전의식을 고취하고 그 실천을 유도하는 것이다. 교통교육을 실시하기 위한 방안으로 다음과 같은 방법을 활용할 수 있다.

---

22) 손봉선, 2006: 364

① 운전면허 시험에 대비한 교통교육기관에서의 교육
② 교통법규 위반자 및 교통 관계자에 대한 교육
② 각급 학교와 공공기관에서의 교육
③ 신문·TV·라디오·간행물 등 대중매체를 이용한 교육
④ 강습회·전시회·가두방송·홍보주간설정 등을 이용한 교육

2 교통공학

교통공학(engineering)이라 함은 교통시설이라고도 하며 교통안전에 관한 도로환경정비·교통안전시설·차량 등과 같은 물질적 요소를 말하며, 널리 경찰·시설·운수 등의 분야에 걸쳐 있으며 서로 관련성을 가지고 있다. 경찰이 담당하는 분야는 속도·주정차 등 각종 규제, 교통안전표지·신호기 등의 안전시설, 도로구조 그 밖의 여러 가지 시책으로 교통의 안전과 원활화에 기여하도록 하는 것을 말하는 것으로 교통시설은 다음과 같이 나누어 볼 수 있다.

(1) 신호기

신호기라 함은 도로교통에 안전을 도모하기 위하여 제작하여 설치한 것으로 문자, 기호, 등화 등으로 진행, 정지, 방향전환, 주의 등을 유도하기 위하여 인위적 또는 전자기적으로 기능하도록 하는 시설을 말한다.

(2) 교통안전 표지

교통안전표지라 함은 교통의 안전과 원활한 소통을 위한 시설로써 도로구조의 결함을 보완하고 안전한 교통의 소통을 목적으로 설치한 시설물로 규제, 지시, 안내, 주의 등의 정보를 표시하여 도로이용자에게 시각적 정보를 전달하는 기능을 하는 것을 말한다.

(3) 노면표시

도로구조를 보전하고 도로교통의 안전을 도모하기 위한 시설로써 안전표지

를 보완하거나 도로이용자에게 규제 또는 지시의 시각적 정보를 전달하는 기능을 하는 것을 말한다. 노면에 페인트 등으로 기호, 문자, 선 또는 색상 등으로 표시하는 것을 말한다. 선에는 실선(연속선), 파선(불연속선), 점선 등이 있으며, 색상은 적색, 백색, 황색, 녹색 등이 있으나 우리나라에서는 백색과 황색 등을 이용하고 있다.

③ 교통단속

교통단속(enforcement)이라 함은 교통규제 · 면허제도 · 교통지도 등이 포함되며 아무리 안전교육을 실시하고 안전시설을 완벽하게 갖춘다 해도 운전자가 교통법규를 지키지 않으면 필요 없게 되므로 교통법규를 지키지 않는 도로 이용자에 대해서는 단속을 실시하여 도로교통의 질서를 유지하기 위해서 단속하는 것을 말하는 것이기 때문에 교통단속은 기본자세를 유지하면서 집행하여야 한다.

(1) 합법성

교통법규를 위반한 사람에 대한 제재를 가하기 위해서는 법과 규범에 어긋나지 않도록 관계 법령을 정확히 이해하고 적용하여야 한다.

(2) 합리성

논리의 법칙이나 과학적 인식에 적합하고 국민의 공감을 받을 수 있도록 객관적 위반행위의 발견과 적절하고 신속한 조치가 필요하다.

(3) 타당성

교통단속에 대한 판단이나 처사가 실정과 도리에 합당하여 인식상의 가치를 인정받을 수 있도록 함정단속, 인권침해, 과잉단속 등이 없도록 타당성 있게 시행되어야 한다.

4 교통환경

　교통안전환경(environment)이라 함은 교통에 관한 전반적인 주위의 사물이나 지형, 자연현상 등 여건을 감안하여 안전하고 신속한 교통목적을 달성할 수 있도록 조성하는 행정행위를 말한다.

　교통환경은 교통안전교육 · 교통안전공학 · 교통단속만으로는 그 안전성이 부족하므로 교통의 안전과 원활한 소통을 위하여 교통에 관계된 여러 가지 환경적 요인 등을 개선하여 교통의 소통을 보호하여야 한다.

(1) 교통질서의 생활화

　현대의 교통은 국력을 상징할 수 있을 만큼 중요한 위치를 점하고 있기 때문에 교통질서를 생활화함으로써 국가발전과 선진국으로의 진입을 약속받을 수 있다.

(2) 안전한 환경의 조성

　도로교통의 생명은 안전에 있기 때문에 안전을 최선의 정책으로 개발하여 확보하는 것이 매우 중요하다. 안전한 환경을 조성하기 위해서는 어린이보호구역(school zone) 또는 노인보호구역(old aged zone) 등의 확대설정, 교통의식의 선진화, 물적 시설의 첨단화가 매우 중요하다.

(3) 교통피해자의 보장제도

　교통사고에 의한 피해자는 피해보상이 원만히 이루어질 수 있도록 미비한 보험제도를 보완하고 뺑소니에 의한 피해보상을 확대하여 교통사고로 인한 피해자의 사회보장제도를 확대하여야 한다.[23]

---

23) 손봉선, 2006: 365

3. 교통원칙의 목표

교통의 원칙은 교통을 안전하고 신속하게 소통하기 위한 것으로 차량운전자와 보행자를 보호하기 위한 것이다. 도로교통에 있어서 모든 위험을 제거하여 국민의 생명과 재산을 보호하기 위한 의도된 행정행위를 말하는 것으로 다음과 같은 과정을 거쳐서 목표를 달성할 수 있는 것이다.

1 문제점의 규명

교통사고가 발생하였거나, 교통지체현상이 심화되었을 때에는 원인을 규명하고, 교통지체의 환경적 여건을 분석하여 이에 상응하는 대책을 세워 추후 같은 사고와 지체현상이 발생하지 않도록 노력하는 것이다.

2 대안의 발굴

교통사고나 교통지체현상이 발생하였다면 원인과 여건을 분석하여 판단하고 이에 대비하여야 한다. 대안의 발굴은 교통사고와 지체로 인한 국민의 생명을 보호하고 재산의 손실을 방지하기 위한 것이다.

3 국민의 계도

교통사고와 교통의 지체를 방지하여 소통을 원활하게 하기 위해서는 운전자와 국민이 모두 합심하여 교통법규를 잘 지키고 협력할 수 있도록 계도하여야 한다. 국민의 협력이 없이는 교통의 안전과 소통은 원만하게 이루어 질 수 없다. 그러므로 국민 모두가 협력을 할 수 있도록 계몽하고 선도하는 자세가 매우 필요하다.

1. 개 요

우리국어의 사전적 의미에서 도로라 함은 사람, 차 따위가 잘 다닐 수 있도록 만들어 놓은 비교적 넓은 길을 의미한다. 법적 의미로는 도로법에 의한 도로, 유료도로법에 의한 유료도로, 자동차운수사업법 및 도로법에 의한 자동차도, 그 밖의 일반교통에 사용되는 비교적 큰길을 의미한다.

2. 도로의 종류

도로법에서 규정하는 도로에는 고속국도, 일반국도, 특별시도·광역시도, 지방도, 시도, 군도, 구도 등으로 나눈다.[24] 도로에는 터널, 교량, 도선장, 도로용 엘리베이터 및 도로와 일체되어 그 효용을 다하게 하는 시설 또는 공작물로서 대통령령이 정하는 것과 도로부속물을 포함한다.[25]

---

24) 도로법 제11조
25) 도로법 제2조 제2항

1 도로법에 의한 도로

(1) 고속국도

자동차교통의 중추를 이루며 중요한 도시와 도시를 연결하는 자동차 전용의 고속교통에 이용되는 도로로 노선이 대통령령으로 지정된 도로를 말한다.

(2) 일반국도

중요도시의 항만, 공항, 관광지 등과 연계되어 고속국도와 자동차전용도로 등 주요도로와 연계되어 국가의 기간도로망을 연결하는 것으로 대통령령으로 지정되어 있는 도로를 말한다.

(3) 특별시도 · 광역시도

특별시장 · 광역시장 등이 지정하고 관리하는 도로로 시장의 관할 내에 설치되어 있는 도로를 의미한다.

(4) 지방도

지방의 주요간선도로 도지사가 관리하고 인정한 도로망을 의미한다.

(5) 시도

기초단위인 시단위의 시장이 인정하고 관리하는 도로를 의미한다.

(6) 구도

특별시 · 광역시의 구(區)청의 장이 인정하고 관리하는 도로를 의미한다.

(7) 군도

군(郡)내의 도로로 군수가 노선을 지정하고 관리하는 도로를 의미한다.

2 도로교통법에 의한 자동차도

자동차도라 함은 오직 자동차 교통의 이용에 제공할 목적으로 설치된 도로로 자동차전용도로와 차도, 자전거 도로가 있다.

(1) 자동차전용도로

자동차만이 다닐 수 있도록 설치된 도로를 말한다. 그러므로 고속도로는 아니고 자동차만이 통행할 수 있도록 만들어진 도로로 주요도시와 공단 등 산업현장으로 연결되어 있는 도로를 의미한다.

(2) 차도

자동차 전용도 이외의 자동차도를 말하는 것으로 차는 모두 통행할 수 있다.

(3) 자전거 도로

안전표지, 위험방지용 울타리나 그와 비슷한 공작물로써 경계를 표시하여 자전거의 교통에 사용하도록 된 도로를 말한다.

3 기타 일반교통에 사용되는 장소

불특정 다수인 또는 차량이 자유로이 일반교통의 소통에 제공되는 일정의 장소를 말하는 것으로 농지개량법에 의한 농업용 농로, 산림법에 의한 임도, 광산법에 의한 광산로, 사인의 소유에 속한 사도 등을 말하는 것으로 일반 교통에 제공되는 것은 모두 도로의 개념에 포함된다.

3. 도로에서의 금지행위

■ 금지행위

(1) 물건 등의 설치금지

① 도로에서는 누구든지 신호기를 조작하거나 신호기 또는 안전표지를 철거 또는 이전하거나 손괴하지 못하며 신호기, 안전표지 그 밖의 이와 유사한 공작물을 설치하여 도로의 효용을 방해하는 행위

② 도로에서 교통에 방해될만한 물건을 함부로 방치하는 행위

(2) 기타 금지행위

① 도로에서 술에 취하여 갈팡질팡하는 행위

② 도로에서 교통에 방해되는 눕거나, 앉거나, 서있는 행위

③ 도로에서 공받기, 공치기, 썰매타기, 기타놀이 등의 행위

④ 도로를 통행하는 차마로부터 물건 등을 던지는 행위

⑤ 도로를 통행하는 차로에 뛰어오르거나, 매달리거나, 뛰어내리는 행위

⑥ 사람이나 차마를 손상시킬 염려가 있는 물건을 던지거나 발사하는 행위

⑦ 기타 지방경찰청장이 위험방지를 위하여 필요하다고 인정하여 지정한 행위

② 공사 등의 신고

관계기관의 허가 또는 명령에 의하여 도로굴착 등 공사를 시행하고자 하는 자는 3日일 이전에 공사일시, 기간, 시행방법, 기타 필요한 사항을 경찰서장에게 신고하여야 한다. 산사태나 수도관의 파열 등으로 긴급히 시공을 하는 때에는 그에 상응한 안전조치를 취하고 공사를 시작한 후 지체 없이 신고서를 제출하여야 한다.

3 도로의 점용허가

도로관리청이 일정한 목적으로 도로점용허가 또는 통행을 제한하고자 할 때에는 경찰관계 행정청에 즉시 통보하여야 한다.

(1) 협의를 받아야 하는 경우

① 도로의 점용허가

도로의 구역 안에서 공작물, 물건, 기타의 시설을 신축, 변경, 제거하거나 기타의 목적으로 도로를 점유하기 위하여 관리청의 허가를 받을 경우

② 통행의 금지 또는 제한

도로공사로 인하여 부득이한 경우, 도로의 손괴 기타의 사유로 통행이 위험하다고 인정할 때, 도로의 구조보전 및 통행의 위험방지를 위하여 특히 필요하다고 일정할 때, 통행을 금지 또는 제한할 때에는 관할 경찰서장 등의 협의를 받아야 한다.

(2) 통보관청

도로관리청이 국토해양부인 때에는 고속도로는 경찰청장, 도로관리청이 특별시장, 광역시장, 도지사, 시장, 군수인 때에는 관할 경찰서장에게 즉시 통보하여야 한다. 통보를 받은 경찰청장 또는 관할 경찰서장은 교통의 안전과 원활한 소통을 확보하기 위하여 필요하다고 인정하는 때에는 도로관리청에 필요한 조치를 요구할 수 있다. 이 경우 도로관리청은 정당한 사유가 없는 한 이에 응하여야 한다.[26]

4 불법공작물의 처리

경찰서장은 다음과 같은 행위를 한 자에 대하여 그 위반행위를 시정하도록 하

---

26) 도로교통법 제70조 제1항

거나 그 위반행위로 인하여 생긴 교통장해를 제거할 것을 명할 수 있다. 그리고 위반한 사람의 성명, 주소를 알지 못하여 조치를 명할 수 없는 때에는 스스로 그 조치를 할 수 있다. 제거한 공작물 등은 경찰서장이 보관하여야 한다.

> ① 물건 등의 설치의 규정을 위반하여 신호기, 안전표식 그 밖의 이와 유사한 공작물을 함부로 설치한 사람
> ② 물건의 방치규정을 위반하여 공작물 등을 설치하거나 공사 등을 한 사람
> ③ 도로의 점용규정을 위반하여 공작물 등을 설치하거나 공사 등을 한 사람

5 보관공작물의 처리

(1) 공작물의 게시

경찰서장이 도로교통법의 규정을 위반한 공작물을 보관하였을 때에는 당해 공작물 등을 보관한 날로부터 14일간 당해 경찰서의 게시판에 다음사항을 게시하여야 한다.

> ① 보관한 공작물 등의 명칭, 종류, 형상, 수량 등
> ② 보관한 공작물 등을 설치하였던 장소 및 당해 공작물을 제거한 일시
> ③ 기타 보관한 공작물 등을 보관하기 위하여 필요하다고 인정되는 사항을 공고하고 열람부를 작성 비치하여 관계자가 열람할 수 있도록 하여야 한다.

(2) 공작물의 공고

공고기간이 경과하여도 공작물 등의 점유자, 소유자, 관리자가 없을 때에는 일간신문에 공고하여야 한다. 그러나 일간신문에 공고할 만한 재산적 가치가 없다고 인정할 때에는 예외로 한다. 보관한 공작물 등이 손실 또는 파괴의 염려가 있을 때에는 당해 공작물을 매각하여 그 대금을 보관할 수 있다.

(3) 공작물의 매각

다음과 같은 경우를 제외하고는 경쟁입찰에 의하여 매각하여야 한다.

① 비밀로 매각하지 아니하면 가치가 현저히 감소될 염려가 있는 때

② 경쟁입찰에 붙여도 입찰자가 없을 것으로 인정될 때

③ 기타 경쟁입찰이 부적당하다고 인정될 때

(4) 공작물의 반환

경찰서장이 보관한 공작물 등을 점유자, 소유자, 보관자 등에게 반환하고자 할 때에는 반환받는 자의 주소, 성명, 주민등록번호, 정당한 권리자임을 확인하여야 한다. 그리고 반환받는 자로부터 공작물의 제거, 운반, 보관, 매각 등에 소요된 경비를 징수할 수 있다.

4. 연도공작물 위험방지

1 제거지시

경찰서장은 연도상의 공작물 기타의 시설 또는 물건이 교통의 위험을 야기하거나 현저히 교통에 방해가 될 염려가 있을 때에는 당해 공작물 등의 소유자, 점유자 또는 관리자 등에게 그 공작물 등의 제거, 기타 교통안전상 필요한 조치를 명할 수 있다.

2 직접제거

교통장해물 등의 소유자, 점유자, 관리자의 주소와 성명을 알지 못하여 조치를 명할 수 없는 때에는 경찰서장이 스스로 안전조치를 취할 수 있으며, 제거한 공작물 등은 경찰서장이 보관하여야 한다.

5. 통행의 금지 및 제한

1 지방경찰청장

지방경찰청장은 도로에 있어서 위험을 방지하고 교통의 안전과 원활한 소통을 확보하기 위하여 필요하다고 인정할 때에는 구간을 정하여 보행자 또는 차마의 통행을 금지하거나 제한할 수 있다. 조치를 하였을 때에는 도로관리청에 통고하고 게시판에 게시공고를 하여야 한다.

2 경찰서장

경찰서장은 도로의 위험을 방지하고 교통의 안전과 원만한 소통을 확보하기 위하여 필요하다고 인정하는 때에는 보행자나 차마의 통행을 우선 금지하거나 제한한 후 그 도로관리자와 협의하여 금지 또는 제한의 대상과 구간 및 기간을 정하여 도로의 통행을 금지하거나 제한할 수 있다.

통행을 제한하거나 금지할 때에는 금지 또는 제한하고자 하는 지점 또는 우회로 입구에 고시판을 설치하여 고시하여야 한다. 통행을 금지 또는 제한하고자 하는 경찰서장은 우회로 입구가 다른 경찰서관할에 속한 때에는 당해 경찰서장에게 그 뜻을 통보하여야 하며 통보를 받은 경찰서장은 지체 없이 고시하여야 한다.

3 경찰공무원

(1) 긴급시의 조치

경찰공무원은 도로의 파손, 화재의 발생, 기타 사정으로 도로에서의 위험방지를 위하여 긴급한 조치가 필요하다고 인정하는 때에는 그 필요한 한도 내에서 보행자나 차마의 통행을 일시 금지하거나 제한할 수 있다.

(2) 혼잡완화 조치

경찰공무원은 보행자나 차마의 통행이 지체될 때, 교통의 혼잡이 뚜렷하게 염려되는 때에는 그 혼잡을 덜기 위하여 필요한 조치를 할 수 있다. 혼잡완화를 위한 조치는 교통의 혼잡으로 차마의 소통이 정체되어 움직일 수 없는 상태이거나 그대로 방치하면 곧 혼잡하여질 것이 명백한 경우에 한한다.

자동차

1. 개 요

　자동차라 함은 철길 또는 가설된 선에 의하지 않고 원동기를 사용하여 운전되는 차로서 자동차관리법에 의한 승용자동차, 승합자동차, 화물자동차, 특수자동차, 이륜자동차, 건설기계관리법의 규정에 의한 건설기계를 말한다. 그러나 견인되는 자동차는 자동차의 일부로 보지만 원동기장치 자전거는 제외한다.

2. 자동차의 종류

　자동차는 승용자동차, 승합자동차, 화물자동차, 특수자동차, 이륜자동차 등으로 나누며 자동차의 크기, 구조, 원동기의 종류, 총배기량, 정격출력 등을 기준으로 국토해양부령으로 정한다.

3. 차마의 구분

1 차 마(車馬)

차마라 함은 차와 우마를 의미한다. 차라 함은 자동차, 건설기계, 원동기장치자전거, 자전거, 사람이나 가축의 힘 또는 동력에 의하여 도로에서 운전되는 것을 말하고 우마로 함은 교통 또는 운전에 사용되는 가축을 의미한다. 그러나 철길 또는 가설된 선에 의하여 운전되는 것과 유모차 및 신체장애자용의자차 등은 제외된다. 그리고 전철, 지하철, 케이블카, 선박, 항공기 등도 차에 해당되지 않는다.

2 원동기장치 자전거

원동기장치 자전거라 함은 자동차관리법의 규정에 의한 이륜자동차중 배기량 125cc 이하의 이륜자동차와 50cc 미만의 원동기를 장착한 차를 말한다. 원동기라 함은 자연계에 존재하는 수력, 풍력, 조력 따위의 에너지를 기계적 에너지로 바꾸는 장치로 열기관, 수력기관, 전동기, 가스터빈, 원자력기관 등을 의미한다.

4. 차의 이용

1 운 전

운전이라 함은 도로에서 차를 그 본래의 사용방법에 따라 사용하는 것을 의미한다. 따라서 도로가 아닌 곳에서 차마를 조종하는 것은 운전이 아니며, 자동차

교습소에서 교육을 위한 운전행위, 도로에서 자전거를 끌고 보행하는 행위 등은 본래 사용방법에 따라 사용하는 것이 아니므로 운전이 아니다.

② 주 차

주차라 함은 운전자가 승객을 기다리거나 화물을 싣거나 고장 등의 사유로 계속하여 정지하거나 또는 그 차의 운전자가 차로부터 떠나서 즉시 운전할 수 없는 상태를 말한다. 여기서 승객을 기다리거나, 화물을 싣거나, 고장 등은 차량이 계속적으로 정지하는 이유를 예시함에 불구하고 반드시 이와 같은 이유로 정지하는 경우에 한하지 않는다. 계속적인 정지란 보통 5분을 초과하는 정지를 말하며 주차금지 장소에서는 5분 이내의 정차는 가능한 것이다.

③ 서 행

서행이라 함은 차가 즉시 정지할 수 있는 느린 속도로 진행하는 것을 말한다. 즉시 정지할 수 있는 느린 속도란 차량 등의 속도, 구조, 종류, 적재량, 도로의 상태 등을 종합적으로 판단하여 구체적으로 정하여야 할 것이다. 보통 브레이크 조작으로부터 정지까지의 거리가 1m 이하의 속도(10km/h) 또는 제한속도의 1/2 정도의 속도를 의미한다.

④ 정 차

정차라 함은 차가 5분을 초과하지 아니하고 정지하여 서있는 것으로서 주차 외의 정지상태를 의미한다. 정차는 필요시 언제든지 즉시 이동이 가능한 것으로 운전자가 운전석을 떠나서는 안된다.

제7장 교통신호와 표지

1. 개 요

　도로를 통행하는 보행자나 차마는 신호기 또는 안전표지가 표시하는 신호 또는
지시와 교통정리를 위한 경찰공무원과 교통순시원 그 밖의 행정안전부령이 정하
는 경찰공무원을 보조하는 사람의 신호나 지시를 따라야 한다. 그리고 경찰공무
원에는 의경과 전투경찰순경을 포함한다.

2. 신호기신호의 종류

1 신호의 종류

(1) 녹색등화

① 보행자는 횡단보도를 횡단할 수 있다.

② 차마는 직진할 수 있고 다른 교통에 방해되지 않도록 천천히 우회전 할 수
있다.

③ 비보호좌회전표시가 있는 곳에서는 신호에 따르는 다른 교통에 방해가 되
지 않을 때에는 좌회전할 수 있다. 다만, 다른 교통에 방해가 된 때에는 신
호위반의 책임을 진다.

(2) 황색등화

① 보행자는 횡단을 하여서는 안 된다.

② 이미 횡단을 하고 있는 보행자는 신속하게 횡단을 완료하거나 그 횡단을 중지하고 보도로 되돌아 와야 한다.

③ 차마는 우회전을 할 수 있고 우회전하는 경우에는 보행자의 횡단을 방해하지 못한다.

④ 차마는 정지선이 있거나 횡단보도가 있을 때에는 그 직전이나 교차로의 직전에 정지하여야 하며 이미 교차로에 진입하고 있는 경우에는 신속히 교차로 밖으로 진행하여야 한다.

(3) 적색등화

① 보행자는 횡단하여서는 안 된다.

② 차마는 정지선이나 횡단보도가 있을 때에는 그 직전 및 교차로 직전에서 정지하여야 한다.

③ 차마는 신호에 따라 직진하는 측면교통을 방해하지 않고 우회전 할 수 있다.

(4) 녹색화살표시 등화

① 차마는 화살표 방향으로 진행할 수 있다.

② 보행자가 있을 경우 통행을 방해할 수 없다.

(5) 적색등화 점멸

① 보행자는 주의하면서 횡단할 수 있다.

② 차마는 정지선이나 횡단보도가 있을 때는 그 직전이나 교차로의 직전에 일시정지한 후 다른 교통에 주의하면서 진행할 수 있다.

(6) 황색등화 점멸

① 보행자는 주의하면서 횡단할 수 있다.

② 차마는 다른 교통에 주의하면서 진행할 수 있다.

(7) 보행 중 적색 등화

보행자는 횡단을 하여서는 안 된다.

(8) 보행 중 녹색 등화

보행자는 횡단보도를 횡단할 수 있다.

(9) 보행 중 녹색등화 점멸

보행자는 횡단을 시작하여서는 안 되고, 횡단하고 있는 보행자는 신속하게 횡단을 완료하거나 그 횡단을 중지하고 보도로 되돌아 와야 한다.

(10) 적색X표시 등화

차마는 X표가 있는 차선으로 진행할 수 없다.

3. 혼잡완화 조치

1 수신호 우선

신호기나 안전표지가 표시하는 신호 또는 지시와 교통정리를 하는 경찰관의 신호나 지시가 다른 때에는 경찰관의 신호 또는 지시에 따라야 한다.

2 혼잡완화 지시

경찰관은 차마 등 통행이 정체되어 도로상의 교통이 현저히 혼잡하여질 우려가 있을 때에는 혼잡을 완화하기 위하여 필요한 다음과 같은 조치를 명할 수 있다.

4. 신호기 및 표지

1 교통안전시설

교통안전시설이라 함은 넓은 뜻으로는 도로법에 의한 도로의 시설물과 교통공작물을 포함하는 것으로 일반적으로 도로교통에 근거를 둔 신호기의 교통안전표지만을 의미한다.

2 교통통제시설

도로의 교통을 통제하는 시설은 교통으로 인한 국민의 생명과 재산의 손실을 방지하고 또한 원만한 소통을 기하기 위하여 그 기능상으로 다음과 같은 요건이 구비된 교통통제시설이 필요하다.

① 요구되는 절대필요성을 실현시킬 수 있는 그 자체의 능력이 있어야 한다.
② 주의력을 경주시킬 수 있는 규제력이 있어야 한다.
③ 이용자로 하여금 관심을 가지게 할 수 있는 규제력이 유지되어야 한다.
④ 이용자가 지킬 수 있는 적절한 시간적 여유를 고려한 위치의 선정이 되어야 한다.

3 교통안전시설의 설계

교통통제의 시설은 설계에 의하여 규격, 색체, 형, 구조, 조명, 반사, 광채 등이 도로이용자로 하여금 그 시설에 대하여 주의를 최대화할 수 있도록 충분히 고려되어야 한다. 알리려고 하는 내용을 표시할 때에는 명백하게 의미를 부각시켜 판단하여 적응하기 쉽도록 배려되어야 한다.

4 시설물의 위치

교통안전시설물의 위치는 도로이용자가 주의를 최대화할 수 있도록 시야의 범위를 고려하여 설치하여야 하고 위치는 필요내용을 모두 표시하고 눈에 잘 들어올 수 있도록 주위의 환경을 고려하여 설치하여야 한다.

5 통일성

교통안전 공작물은 도로이용자로 하여금 즉시적으로 보고 반응할 수 있도록 시각적 차원에서 고려하고 설계되어 설치되어야 한다. 도로이용자가 교통공작물을 쉽게 발견하고 이해할 수 있도록 하기 위해서는 규격과 색상 등이 통일성 있게 제작되어 설치되어야 한다.

6 정비관리

시설공작물의 정비관리는 항상 용이하게 볼 수 있도록 하고 쉽게 관리할 수 있도록 설치되어야 한다. 그리고 설치공작물의 효용가치가 다 되었을 때에는 즉시 철거할 수 있도록 하여야 한다. 그러나 공작물은 그 자체의 기능이 계속 유지되도록 하여 전체의 가치가 침해되지 않도록 관리되어야 한다.

5. 교통안전표지

교통안전표지는 교통의 안전에 필요한 주의, 규제, 지시, 보조 등을 표시하는 표지판 또는 도로의 바닥에 표시하는 기호나 문자 또는 선 등을 의미한다.

1 안전표지의 기능

안전표지는 도로 이용자에게 교통전반에 관한 규제내용을 광범위하게 고지하여 알려주는 기능을 한다. 안전표지는 교통의 원활한 흐름과 안전을 목표로 하는 것이기 때문에 누구나 쉽게 보고 이해할 수 있도록 기능적인 차원에서 설치되어야 한다.

2 안전표지의 표준화

교통안전표지는 표준적 모형에 의하여 단순하고 간단명료하게 누구나 쉽게 알 수 있도록 글씨와 그림으로 도안되고 제작되어 설치되기 때문에 형식이나 색채, 기호 등이 모두 동일하다.

6. 국제도로표지 및 신호

1 조약의 성립

국제도로표지 및 신호기에 관한 조약은 1949년 9월 19일 UN의 주최로 스위스

제네바에서 체결되었다. 동 조약은 도로표지와 신호기의 양식 설치방법 등을 국제적으로 통일함으로서 외국을 여행하는 여행객에게도 도움을 주고 그 곳의 교통규제사항을 쉽게 식별하게 하자는 차원에서 성립된 것이다.

② 우리나라의 가입

우리나라는 1968년 12월 29일 조약가입서에 서명하여 1971년 6월 14일 UN사무총장에게 기탁되었고 1972년 7월 12일 정식으로 가입과 동시에 효력이 발생하여 현재 우리나라에서 설치하고 있는 모든 교통신호와 도로표지 등 공작물은 국제규격에 의한 것이다.

[그림 1] 교통표지판(국제조약)

보행자

1. 개 요

1 정 의

보행자라 함은 사람이 걸어 다닐 수 있도록 만들어진 길이나 도로를 따라 걸어 다니는 사람을 말하는 것으로 보행인이라고도 한다. 도로교통법에서 말하는 보행자는 순수하게 혼자서 자유스럽게 걷는 사람만을 의미하는 것은 아니고 자전거나 오토바이를 끌고 횡단보도를 건너가는 사람, 유모차, 신체장애자용의자차 등도 보행자에 해당한다. 그러므로 자전거나 오토바이를 타고 가지 않고 끌고 가는 사람을 충격한 경우는 횡단보도사고에 해당한다. 따라서 사람이나 차마가 일정한 규칙이 없이 무질서하게 통행한다면 교통질서는 무너지고 교통의 안전을 기할 수 없으며, 교통사고에 의한 문제가 더 많이 발생하여 국민의 생명과 재산을 보호할 수 없게 되기 때문에 일정한 보행자 규칙이 규정되어 있다.

2 연 혁

일제시대에는 일본의 규정을 도입하여 사람이나 차는 모두 좌측으로 통행하도록 규칙으로 정하여 좌측통행을 시행하였다.[27] 그러나 미군정시대에는 미국식으

---

27) 조선도로취체규칙 제1조

로 사람은 좌측, 차마는 우측으로 통행하도록 대면통행을 군정명령으로 공포하여 시행하였다.[28] 우리나라는 도로교통법에서 미국 도로교통법의 방식으로 사람은 좌측, 차마는 우측으로 통행하도록 규정하였다.[29]

2. 보행의 방법

보행자는 차도와 인도(보도)의 구분이 있는 도로에서는 보도를 통행해야 하며, 보도에서는 좌측이든, 우측이든 어느 쪽을 이용하여 통행하여도 아무런 문제가 되지 않는다. 그러나 차도와 인도가 구분되어 있지 않은 도로를 보행할 때에는 사람은 좌측으로 보행해야 하고, 차마는 우측으로 진행하여 서로 대면보행과 대면운전이 이루어져야 한다. 그리고 차도와 보도가 구분되어 있어도 인도를 통행할 수 없는 때에는 차도를 이용하여 보행할 수 있다. 그러나 보도나 횡단보도를 통행할 때에는 어느 쪽으로 통행하여야 한다는 명문규정이 없기 때문에 자유로이 보행자의 편의에 따라 보행하면 된다.

3. 보행자의 구분

1 개인의 보행

각각 개인적으로 도로를 보행할 때에는 사람은 좌측으로 보행을 해야 하고, 차

---

28) 미군정명령 제65호(諸車徒者의通行規則 1946. 3. 29)
29) 1961년 12월 31일 법률 제941호

량은 우측으로 진행하여 상호 대면하여 사람의 보행과 차량의 진행이 이루어 질 수 있도록 규정하고 있다. 이러한 이유는 상호 대면보행을 함으로써 보행자와 운전자가 서로 상황을 신속히 인식하여 대응조치를 취할 수 있도록 하기 위함이다.

2 단체의 보행

(1) 차도보행

학생의 집단보행이나 대열을 맞추어 보행할 때에는 개인의 보행에 장애가 될 수 있기 때문에 차도의 우측을 보행하여야 하며, 국경일, 군대의 행군 등 사회적으로 중요한 행사에 따른 시가행진 등은 차도의 중앙을 통행할 수 있다. 이때 경찰은 차량을 통제하거나 제한하여 차도를 보행하는 사람들의 행진에 방해가 되지 않도록 하여야 한다.

(2) 행렬보행

행렬보행이라 함은 대오를 만들어 보행자의 집단으로 지도자가 있고 행렬의 통행을 지휘하여 통제하여야 하며, 일정한 질서를 유지하여 다른 교통의 방해가 되지 않는 방법으로 통행하는 것을 의미한다. 행렬보행에는 특정인이나 단체에 국한된 행사는 포함되지 않는 것으로 보아야 한다.

4. 보행자의 통행 구분

보행자는 차도와 보도가 구분되어 있는 도로에서는 보도를 이용하여 횡단하여야 한다. 다만, 도로공사·사고 등으로 보도의 통행이 정지된 때, 기타 부득이한 사정이 있는 경우에는 차도를 이용할 수 있다.

1 보도통행

보도와 차도가 구분되어 있는 도로에서는 보행자는 보도를 이용하여 통행하면 좌측 또는 우측을 구분하지 않고 보행할 수 있다. 그러나 교통사고 또는 공사 등으로 인하여 보도를 이용할 수 없을 때에는 차도를 이용하여 보행할 수 있다.

2 좌측통행

차도와 보도의 구분이 없는 도로에서는 도로의 좌측 또는 길 가장자리를 이용하여 통행하여야 한다. 보도라 함은 연석선, 안전표지 그 밖의 이와 비슷한 공작물로써 그 경계를 표시하여 보행자(보행자에는 유모차와 신체장애인용 의자차를 포함한다) 통행에 사용하도록 만들어진 부분을 말한다.[30] 단순히 페인트로 선을 그어 구분한 것은 보행자의 통행을 충분히 확보할 수 없기 때문에 보도와 차도가 구분되어 있다고 볼 수 없다.

3 차도통행

보행자 중에서 보도를 이용할 경우 보도에서의 혼란과 위험이 예상되는 경우에는 보도를 이용하지 않고 차도를 이용하는 것으로 군의 부대, 단체의 행렬, 기 또는 현수막 등을 휴대한 대열, 장례행렬, 소·말 등 동물을 몰고 가는 자, 보행자의 통행에 지장을 줄 수 있는 물건의 운반자, 도로의 보수·청소 등 작업 중인 자 등은 차도를 통행할 수 있다.

---

30) 도로교통법 제2조 제9호

5. 도로의 횡단

1 횡단보도의 통행

보행자는 도로를 횡단할 때에는 횡단보도가 설치되어 있는 곳에서는 횡단보도를 이용하여 횡단하여야 한다. 그러나 횡단보도가 설치되어 있지 않고 지하도나 육교 등이 설치되어 있을 때에는 동 시설을 이용하여 횡단하여야 한다.

2 비횡단보도의 횡단

횡단보도가 20~50m 이내에 없는 경우에는 어느 곳이든 도로를 횡단할 수 있다. 그러나 가장 짧은 거리로 안전하게 횡단하여야 한다. 그리고 장애인 등이 도로를 횡단할 수 있는 어떠한 시설이 마련되어 있지 않은 경우에는 교통의 방해가 되지 않는 방법으로 횡단시설을 이용하지 아니하고 횡단할 수 있다.

3 횡단보도의 설치

지방경찰청장은 도로를 횡단하는 보행자의 안전을 위하여 횡단보도를 설치할 수 있다. 횡단보도를 설치할 때에는 육교, 지하도, 다른 횡단보도 등으로부터 200m 이상의 간격을 두고 교통전문가 또는 교통종사자 등으로부터 의견을 들어 타당성 여부를 확실하게 검토한 후 설치하여야 한다.

6. 보행자의 보호

1 일시정지

모든 차의 운전자는 보행자가 횡단보도를 통행하고 있는 때에는 횡단보도 앞에서 일시정지하여 보행자의 횡단을 방해하거나 위험을 주어서는 안 된다. 횡단보도 앞에 정지선이 설치되어 있는 곳에서는 그 정지선을 넘지 않고 정지하여야 한다.

2 신호에 의한 보행자의 보호

모든 차의 운전자는 교통정리가 행하여지고 있는 교차로에서 좌회전 또는 우회전 하려는 경우에 신호기 또는 경찰공무원 등의 신호나 지시에 따라 도로를 횡단하는 보행자의 횡단을 방해하여서는 안 된다.

3 교차로 등 횡단자의 보호

모든 차의 운전자는 교통정리가 행하여지지 않은 교차로 또는 그 부근의 도로를 횡단하는 보행자의 통행을 방해하여서는 안 된다.

4 안전지대 보행자 보호

모든 차의 운전자는 도로에 설치된 안전지대에 보행자가 있을 때와 차로가 설치되지 아니한 좁은 도로에서 보행자의 옆을 지나는 때에는 안전한 거리를 두고 서행하여야 한다.

5 아동 등의 보호

모든 차의 운전자는 유아, 어린이, 노인 등이 보호자 없이 걷고 있거나 앞을 보지 못하는 장애인이 흰색 지팡이 등을 짚고 걷고 있는 때에는 일시정지하거나 서행하여야 한다.

6 물 튀김금지

모든 차의 운전자는 물이 고인 곳을 운행하는 때에는 고인 물을 튀게 하여 다른 사람에게 피해를 주는 일이 없도록 하여야 한다.

7 차마의 도로횡단보호

차마는 보행자나 다른 차마의 정상적인 통행을 방해할 염려가 있는 때에는 도로를 횡단하거나 U-turn 또는 후진하여서는 안 된다. 그리고 길가의 건물이나 주차장 등에서 도로에 들어가려고 하는 때에는 일단 정지한 후에 안전여부를 확인하면서 서행하여야 한다.

8 차마의 보도횡단보호

차마가 도로 이외의 곳에 출입하는 때에는 도로를 횡단하기 직전에 일단 정지하여 보행자의 통행을 방해하지 아니하도록 하여야 한다.

9 횡단보도 보행자 우선

횡단보도에서는 보행자를 우선하여 횡단하도록 하여야 하며, 차로가 없는 도로에서는 서행하여야 한다.

긴급자동차

1. 개 요

긴급자동차라 함은 긴급한 용무로 운행되는 자동차를 의미한다. 긴급자동차에는 소방자동차, 구급자동차 등 대통령령이 정하는 자동차와 시·도지사 지정 긴급자동차로 구분할 수 있으며, 그 본래의 목적인 긴급한 용도로 사용되는 자동차를 말한다.

2. 긴급자동차의 종류

1 대통령령 지정 긴급자동차

① 소방자동차

② 구급자동차

③ 경찰용 자동차로 범죄수사, 교통단속 등 긴급한 업무수행에 사용되는 자동차

④ 국군 및 주한국제연합군용 자동차 중 군내부의 질서유지 및 부대의 질서 있는 이동을 유도하는 자동차

⑤ 수사기관의 자동차 중 범죄수사를 위하여 사용되는 자동차

⑥ 교도소 또는 교도기관의 자동차 중 도주자의 체포 또는 피수용자의 호송
과 경비를 위하여 사용되는 자동차

2 시·도지사 지정 긴급자동차

① 전기사업, 가스사업 그 밖의 공익사업 기관에서 위험방지를 위하여 응급
작업에 사용되는 자동차
② 민방위업무를 수행하는 기관에서 긴급예방 또는 긴급복구를 위한 출동
에 사용되는 자동차
③ 도로의 관리를 위하여 사용되는 자동차 중 도로상의 위험을 방지하기 위
한 응급작업에 사용되는 자동차
④ 전신·전화의 수리공사 등 응급작업에 사용되는 자동차와 우편물의 운
송에 사용되는 자동차 중 긴급배달 우편물의 운송에 사용되는 자동차 및
전파감시 업무에 사용되는 자동차

3 긴급자동차로 간주되는 차

① 경찰용의 긴급자동차에 의하여 유도되고 있는 자동차
② 국군 및 주한국제연합군용의 긴급자동차에 의하여 유도되고 있는 국군
및 주한국제연합군의 자동차
③ 생명이 위급한 환자나 부상자를 운반중인 택시 또는 승용자동차

3. 긴급자동차의 조건

1 긴급자동차로 지정된 자동차의 요건

(1) 경광등

경광등은 조심하거나 주의를 환기하도록 미리서 주지시키는 경고등으로 전방 150m의 거리에서 점등을 확인할 수 있는 적색·황색 또는 녹색의 경광등을 지속적으로 켜야 한다.

(2) 사이렌

사이렌은 많은 공기구멍이 뚫린 원판을 빠른 속도로 돌려 공기의 진동으로 소리를 내는 장치를 말하는 것으로 전방 30m의 위치에서 90db이상 120db 이내의 크기로 그 소리가 들릴 수 있는 사이렌을 설치해야 한다. 예외규정으로 경찰의 제한속도위반차량을 단속하는 경우의 긴급자동차는 소정의 적색등을 켜지 않고 사이렌을 울리지 않아도 위법은 아니다.

(3) 도색

도색이라 함은 차체에 칠한 색을 말하는 것으로 차체의 도색은 소방자동차는 적색으로 기타 긴급자동차는 백색으로 하여야 한다. 그러나 경찰자동차, 검찰청에서 범죄수사를 위하여 사용하는 자동차 또는 군용차로서 긴급출동용에 사용되는 것 및 공공용 긴급자동차는 도색의 제한이 없다. 그리고 경찰용 긴급자동차에서 고속도로 등에서 단속업무에 당하는 자동차는 적색과 파란색의 경고등을 동시에 사용하고 있는데, 적색과 파란색은 대립되는 색으로 사람들에게 쉽게 인식시키기 위한 것이다.

2 긴급자동차로 간주되는 요건

긴급자동차로 간주되어 운행하는 동안 전조등 또는 비상경고등을 켜거나 기타 적당한 방법으로 경음을 울리는 등 위급사항임을 표시하면서 운행하여야 한다.

4. 긴급자동차의 특례

1 도로의 좌측통행

차마는 도로의 우측을 통행하도록 법으로 규정하고 있으나 긴급자동차는 긴급한 경우의 불가피성을 인정하는 것이므로 이러한 법의 규정에도 불구하고 도로의 좌측으로 진행할 수 있다.

2 정지규정의 예외

자동차가 도로를 진행할 때에는 관련 법규를 지켜 운행하는 것이 당연한 의무이나 긴급자동차는 이러한 규정에도 불구하고 정지규정의 예외를 인정하고 있다. 정지규정의 예외를 인정하는 것은 법을 지키지 않아도 처벌의 대상이 되지 않지만, 사고가 발생하였을 때에는 책임을 면할 수 없기 때문에 안전한 방법으로 진행해야 한다.

5. 긴급자동차의 지정 및 취소

■1 긴급자동차의 지정신청

① 긴급자동차의 지정을 받고자 하는 자는 지방경찰청장에게 신청하여야 한다.
② 지방경찰청장이 긴급자동차의 지정을 하는 때에는 소정의 긴급자동차지정
증을 신청인에게 교부하여야 한다.
③ 긴급자동차지정증을 교부받은 자는 그 증서를 자동차의 앞면 유리의 보기
쉬운 곳에 붙여야 한다.
④ 긴급자동차지정증을 분실하거나 파손되었을 때에는 재교부신청을 하여 재
교부 받아야 한다.
⑤ 파손된 긴급자동차지정증은 재교부신청을 할 때 해당 발급관청에 반드시 반
환하여야 한다.

■2 긴급자동차의 지정 취소

지방경찰청장은 지정한 긴급자동차가 아래와 같은 사유가 발생하였을 때에는
그 지정을 취소할 수 있으며, 긴급자동차의 지정을 취소한 때에는 지체 없이 긴급
자동차지정증을 회수하여야 한다.
① 자동차의 도색, 사이렌, 경광등 등이 자동차안전기준에 규정된 긴급자동차
에 관한 구조에 적합하지 아니한 때
② 긴급자동차의 본래의 목적에 벗어나 사용하거나 고장 그 밖의 사유로 인하
여 긴급자동차로 사용할 수 없게 된 때

차마의 통행

1. 개 요

차마는 당연히 차도로 운행되어야 하며, 학교운동장, 회사, 차고 등 도로가 아닌 곳을 출입할 때에는 인도를 횡단할 수 있다. 그러나 인도를 횡단할 때에도 보행자의 통행을 방해해서는 안 된다.

2. 차마의 통행원칙

1 우측통행

차마는 보도와 차도가 구분된 도로로서 중앙선이 있는 경우에는 중앙선의 우측으로 통행하여야 한다는 것이 우측통행의 원칙이다. 차도와 보도의 구분이 되지 않은 도로에서는 도로의 중앙으로 진행하여야 한다. 그러나 도로의 중앙으로 통행하는 것이 장애물이나 위험이 따를 경우에는 안전한 방법으로 도로의 어느 쪽으로 통행을 하던 문제는 없다. 그리고 도로의 우측에 다수의 사람이 통행하고 있거나 장애물이 있는 경우에는 도로의 좌측부분으로 통행할 수 있다.

2 좌측통행

차마는 도로의 우측으로 통행하여야 한다는 규정과 원칙에도 불구하고 도로의 중앙이나 좌측부분으로 통행하여야 할 경우는 다음과 같다.

(1) 일방통행 도로

일방통행이란 일정한 구간을 한쪽방향으로만 통행을 할 수 있도록 지정하여 놓은 도로를 말하는 것으로 양방통행이 금지된 구간의 도로의 경우

(2) 노상장애물 도로

도로공사, 도로의 파손, 노상장애물 등으로 인하여 도로의 우측으로 통행할 수 없을 경우

(3) 앞지르기

도로의 우측부분의 폭이 6m가 되지 아니하는 도로에서 다른 제차를 앞지르기 할 때에는 도로의 좌측부분으로 통행할 수 있다. 그러나 도로의 좌측부분을 확인할 수 없고, 반대방향의 교통을 방해할 염려가 있는 경우나 앞지르기금지 또는 제한되어 있는 경우는 통행할 수 없다.

(4) 협소한 도로

도로가 협소하여 우측부분의 도로가 차마의 통행에 충분하지 못할 경우

(5) 위험한 도로

가파른 비탈길 또는 구부러진 도로 등에서 교통의 위험을 방지하기 위하여 지방경찰청장이 필요하다고 인정하여 통행방법을 규정하고 있는 경우

3. 차마의 출입금지

1 안전지대

차마는 안전지대 등 안전표지에 의하여 진입이 금지된 장소에 들어가서는 안 된다. 안전지대는 도로를 횡단하는 보행자의 안전을 위한 공간이기 때문에 보행자에게 위해를 끼칠 염려가 있는 차마 등이 출입할 수 없도록 규정하고 있다.

2 금지구역

도로와 연결된 어린이 놀이터, 학교진입로, 폐쇄된 도로 등으로 사고의 위험이 상존하고 있는 지역은 차마의 출입을 금지하고 있다.

4. 자전거의 통행

자전거는 원칙적으로 도로로 통행하여야 한다. 그러나 자전거도로가 별도로 개설되어 있는 곳에서는 자전거 전용도로로 통행하여야 한다. 차도와 인도가 별도로 구분되어 있는 도로에서는 차도로 통행하고, 구분이 없는 도로에서 별도로 자전거의 통행차로는 규정하고 있지 않기 때문에 어느 쪽으로든 통행이 가능하다.

5. 통행의 우선순위

1 자동차통행의 순위

차마의 소통에서 통행의 위험을 방지하기 위하여 자동차 통행의 우선순위를 정하여 사고를 예방하고 안전하게 통행하게 하기 위하여 다음과 같이 통행순위를 정하고 있다.

① 긴급자동차
② 긴급자동차 이외의 자동차
③ 원동기장치 자전거
④ 자동차 및 원동기장치 자전거 이외의 차마

2 도로상황에 따른 통행순위

(1) 내려가는 차의 우선

경사진 좁은 도로에서 자동차가 서로 교행 할 때에는 내려가는 차가 우선 진행하며, 올라가는 차는 도로의 우측단으로 진로를 피양하여야 한다.

(2) 공차의 피양

좁은 도로 또는 경사진 좁은 도로에서 교차할 때에는 화물을 실었거나 승객이 있는 차가 우선하여 진행하고 빈차는 도로의 우측으로 피양하여야 한다.

3 같은 차종의 통행순위

같은 차종의 통행순위는 규정하고 있지 않으나 상호간에 양보를 생활화하여 안전한 방법으로 진행하여야 한다.

6. 통행의 방법

1 차로의 설치

차로는 차마의 통행을 안전하고 원활하게 하기 위하여 설치하는 것으로 차로를 설치하고자 할 때에는 중앙선을 표시하여야 한다. 횡단보도, 교차점, 철길건널목 등의 부분에는 설치하지 못하며, 보도와 차도의 구분이 없는 도로에 차로를 설치하는 때에는 그 도로의 양쪽에 보행자통행의 안전을 위하여 길가장자리구역을 설치하여야 한다. 차로의 폭은 3m 이상으로 하여야 하나 가변차로의 설치 등 부득이하다고 인정하는 때에는 최소 2.75m 이상으로 하여야 한다.

2 차로의 통행

차마는 차로가 설치되어 있는 도로에서는 특별한 경우를 제외하고는 차로로 통행하여야 한다. 그러나 지방경찰청장이 통행방법을 따로 지정한 때에는 그 지정에 따라야 한다.

3 통행의 금지

차로가 설치된 도로를 통행하고자 하는 경우로 차의 너비가 행정안전부령이 정하는 차로의 너비보다 넓어 교통의 안전이나 원활한 소통에 지장을 줄 우려가 있는 경우에는 당해 차의 운전자는 그 도로를 통행하여서는 안 된다. 그러나 행정안전부령이 정하는 바에 의하여 출발지를 관할하는 경찰서장의 허가를 받은 경우에는 통행할 수 있다.

4 진로변경 금지

차마는 안전표지로써 특별히 진로변경이 금지된 곳에서는 진로를 변경하여서는 안 된다. 그러나 도로의 파손, 사고, 도로공사 등으로 장애물이 있는 때에는 변경할 수 있다.

7. 버스전용차로

1 버스전용차로의 설치

특별시장·광역시장·시장·군수 등은 노선버스의 원활한 소통을 위하여 특히 필요한 때에는 지방경찰청장 또는 경찰서장과 협의하여 도로에 버스전용차로를 설치할 수 있다.

2 노선버스차로의 수

버스전용차로가 설치된 도로에서의 차로의 수 계산은 전용차로를 제외한 수로 하여 차로에 따른 통행차량의 기준으로 통행하여야 한다.

3 노선버스외 통행금지

버스전용차로에서는 노선버스 외의 다른 차량은 통행을 하여서는 안 된다. 그러나 대통령령이 정하는 부득이한 경우에는 통행할 수 있다.

제11장 운전자의 의무

1. 개 요

운전자라 함은 자동차, 선박, 기차, 기계 등을 운용하는 사람을 말하는 것으로 자동차 운전사는 운전자, 운전수, 기사 등으로 혼용하여 부르며 일반적으로 자동차를 운행하는 사람을 운전자 또는 운전사라 한다. 운전자에게는 여러 가지 법적으로 지켜야 할 의무와 금지해야 할 의무가 있다.

2. 금지의 의무

1 무면허운전의 금지

누구든지 지방경찰청장의 자동차운전면허를 받지 아니하고 자동차 등을 운전하여서는 안 된다. 도로에서 자동차나 원동기장치 자전거를 운전하는 행위는 속도, 중량 등 위험성으로 인하여 국민의 생명과 재산에 위해를 가할 우려가 있기 때문에 운전면허를 취득하지 않고 운전하는 것을 금지하고 있다.

(1) 무면허운전의 유형
① 운전면허를 받지 않고 운전하는 행위

② 유효기간이 지난 면허증으로 운전하는 행위

③ 면허의 취소를 받은 자가 운전하는 행위

④ 면허정지기간 중에 운전하는 행위

⑤ 면허시험 합격 후 면허증 교부 전에 운전하는 행위

⑥ 면허 외 운전(1종 면허로 대형차량 운전)

⑦ 운전연습을 하려는 자가 경찰서장의 허가를 받지 않고 운전한 행위

(2) 운전연습허가

운전연습의 허가를 받고자 하는 자는 주소지를 관할하는 경찰서장에게 운전연습허가 신청서를 제출하여 운전연습허가증을 교부 받아야 한다. 운전연습허가 기간은 1월을 초과할 수 없으며 필요하다고 인정할 때에는 3회에 한하여 허가를 갱신할 수 있다.

(3) 연습자의 준수사항

운전 연습자가 준수사항을 위반하게 되면 경찰서장은 운전연습허가를 취소할 수 있으며 운전 연습자 및 운전교습자가 지켜야할 사항은 다음과 같다.

① 운전지도자와 동승하여야 하며 그의 직접지도를 받아야 한다.

② 경찰서장이 허가한 연습시간 및 연습장소 외에서 연습을 하여서는 안 된다.

③ 운전연습용 차에서는 운전교습자와 운전연습자만 승차하여야 한다.

④ 운전연습차에는 운전교습자가 위험방지를 할 수 있는 제동장치, 조향장치 등 필요한 장치를 하여야 한다.

(4) 연습용자동차

운전연습을 지도하는 사람은 자동차관리법에 의하여 형식 승인되고 운전교습중의 교통사고에 대비하여 종합보험에 가입된 자동차로 운전교습을 하여야 한다.

② 주취 중 운전금지

(1) 음주 후 운전금지

운전면허를 받은 사람이라고 하더라도 음주 후 취한 상태에서 자동차를 운전하여서는 안 된다.

(2) 음주측정

경찰공무원은 교통안전과 위험방지를 위하여 필요하다고 인정하거나 술에 취한 상태에서 자동차 등을 운전하였다고 인정할 만한 상당한 이유가 있는 때에는 운전자가 술에 취하였는지의 여부를 측정할 수 있으며, 운전자는 이러한 경찰공무원의 측정에 응하여야 한다.

(3) 확인측정

술에 취하였는지의 여부를 측정한 결과에 불복하는 운전자에 대하여는 그 운전자의 동의를 얻어 혈액채취 등의 방법으로 다시 측정할 수 있다.

③ 과로시의 운전금지

자동차 등의 운전자는 과로, 질병, 약물 등의 영향 그 밖의 사유로 인하여 정상적으로 운전하지 못할 염려가 있는 상태에서 자동차 등을 운전하여서는 안 된다.

④ 사고조치 방해의 금지

자동차 등 교통사고가 발생하였을 때 당해 차에 승차하고 있는 자는 운전자 등의 현장조치 또는 신고행위를 방해하여서는 안 된다.

3. 준수의무

1 면허증휴대 및 제시의무

자동차 등을 운전하는 때에는 운전면허증을 휴대하여야 한다. 그리고 운전면허증을 재교부할 때나 적성검사 할 때는 지방경찰청장이 발행하는 임시운전증명서 등을 휴대하고 있어야 하며, 운전자는 운전 중에 경찰공무원으로부터 운전면허증 등의 제시 요구를 받은 때에는 제시하여야 한다.

2 제한속도 준수의무

자동차 등의 운전자는 행정안전부령으로 지정한 속도와 지방경찰청장이 필요하다고 인정하여 정한 속도를 초과하거나 미달하여 운전하여서는 안 된다.

3 안전운전의 의무

모든 차의 운전자는 그 차의 조향장치, 제동장치 그 밖의 장치를 정확히 조작하여야 하며, 도로의 교통상황과 그 차의 구조 및 성능에 따라 다른 사람에게 위험과 장해를 주는 속도나 다른 방법으로 운전하여서는 안 된다.

4. 안전교육의무

1 일반 교통안전교육

(1) 정기교육

자동차 운전면허시험에 합격하여 운전면허증을 교부받은 사람과 정기적성 검사를 받을 사람은 정기교육을 받아야 한다.

(2) 임시교육

교육여건의 변화, 교통관계법령의 내용 및 운용체계의 변경 등으로 인하여 운전자에 대한 교육이 필요한 때에 실시한다.

2 특별 교통안전교육

자동차의 운전자로서 도로교통법령에 의한 명령을 위반한 사람은 경찰청장이 정하는 범위에 포함되는 경우에 한하여 특별한 교통안전교육을 받아야 한다.

3 교육의 방법

정기교육, 임시교육, 교정교육 등 모두 시청각, 강의 등의 방법으로 실시하고, 교육을 받은 사람에게는 교육필증을 교부하여야 한다.

4 교육의 내용

(1) 정기교육

교통여건, 추세, 교통사고발생현황 및 원인분석, 운전자의 사명과 자세, 의무, 자동차의 통행방법, 고속도로 등에 있어서의 특례, 자동차의 점검요령, 고장발견 및 조치요령 등이다.

(2) 임시교육

교통여건의 변화, 교통관계법령, 운용체계 등에 대한 사항, 기타 운전자가 알아야 할 교통정보 등이다.

5. 운전자의 준수사항

1 일반적 준수사항

① 물이 고인 곳을 운행하는 때에는 고인 물을 튀게 하여 다른 사람에게 피해를 주는 일이 없도록 하여야 한다.

② 어린이나 유아가 보호자 없이 걷고 있거나 앞을 보지 못하는 사람이 흰색 지팡이를 가지고 걷고 있는 때에는 일시정지하거나 서행하여야 한다.

③ 자동차의 창유리의 가시광선 투과율을 지나치게 낮게 하여 10m 거리에서 차안에 승차한 사람을 명확히 식별할 수 없게 한 차 또는 속도측정기기 탐지용 장치를 한 차, 그 밖의 행정안전부령이 정하는 기준에 적합하지 아니한 장치를 한 차를 운전하여서는 안 된다.

④ 도로에서 자동차 등을 세워둔 채로 시비, 다툼 등의 행위를 함으로써 다른 차마의 통행을 방해하여서는 안 된다.

⑤ 운전자가 운전석으로부터 떠나는 때에는 원동기의 발동을 끄고 제동장

치를 철저하게 하는 등 그 차의 정지상태를 안전하게 유지하고 다른 사람이 함부로 운전하지 못하도록 필요한 조치를 하여야 한다.

⑥ 운전자는 안전을 확인하지 아니하고 차의 문을 열거나 내려서는 안 되며, 승차자가 교통의 위험을 일으키지 아니하도록 필요한 조치를 하여야 한다.

⑦ 운전자는 정당한 사유 없이 다른 사람에게 피해를 주는 소음을 발생시키는 방법으로 자동차 등을 급히 출발시키거나 그 속도를 급격히 높이거나 자동차 등의 원동기의 동력을 차륜에 전달시키지 아니하고 원동기의 회전수를 증가시키는 행위를 하여서는 안 된다.

⑧ 운전자는 승객이 차내에서 안전운전에 현저히 장애가 될 정도로 춤을 추는 등 소란행위를 하도록 방치하고 차를 운행하여서는 안 된다.

⑨ 지방경찰청장이 교통안전과 교통질서 유지상 필요하다고 인정하여 정한 사항에 따라야 한다.

⑩ 사업용 승용자동차의 운전자는 합승행위 또는 승차거부를 하거나 인가된 요금을 초과하는 요금을 받아서는 안 된다.

⑪ 제1종 보통면허 또는 제2종 보통면허를 받은 사람은 그 면허를 받은 날로부터 6개월 동안 행정안전부령이 정하는 바에 의하여 그가 운전하는 자동차에 초보운전자 표지를 부착하고 운전하여야 한다.

⑫ 자동차 썬팅에 위반한 차를 발견한 경찰공무원은 현장에서 그 운전자에게 위반사항을 제거하게 하거나 필요한 조치를 명할 수 있으며, 운전자가 이에 응하지 아니한 때에는 경찰공무원이 직접 이를 제거하거나 필요한 조치를 할 수 있다.

② 특수한 준수사항

① 행정안전부령이 정하는 자동차의 운전자는 그 자동차를 운전할 때에는 좌석 안전띠를 매어야 하며 옆 좌석의 승차자에게도 좌석안전띠를 매도록 하여야 한다. 그러나 유아인 경우에는 유아보호용 장구를 장착한 후

에 좌석안전띠를 착용하도록 하고, 질병 등으로 인하여 좌석안전띠를 매는 것이 곤란하거나 행정안전부령이 정하는 사유가 있는 때에는 그러하지 않다.

② 자동차의 운전자는 옆 좌석 외의 좌석의 승차자에게도 좌석안전띠를 매도록 주의를 환기시켜야 한다.

③ 이륜자동차의 운전자는 행정안전부령이 정하는 인명보호 장구를 착용하고 운행하여야 하며, 승차자에게도 이를 착용하도록 하여야 한다.

6. 사고발생시의 의무

1 운전자의 의무

(1) 현장조치

차의 운전으로 인하여 사람을 사상하거나 물건을 손괴하였을 때에는 운전자 또는 승무원은 곧 정차하여 사상자를 구호하는 등 필요한 조치를 하여야 한다.

(2) 신고

교통사고가 발생한 경우 운전자 또는 승무원 등은 현장에 경찰공무원이 있는 때에는 그 경찰공무원에게, 없는 때에는 가장 가까운 경찰관서에 지체 없이 6하 원칙에 의하여 신고하여야 한다. 그러나 운행 중인 차만 손괴한 것이 분명하고 위험방지와 원활한 소통을 위하여 필요한 조치를 한 때에는 신고하지 않아도 된다.

(3) 긴급자동차 등의 특례

긴급자동차 또는 부상자를 운반중인 차 또는 우편자동차 등의 운전자는 긴

급한 경우에는 승무원으로 하여금 현지에서의 필요한 조치 또는 신고를 하게
하고 운전을 계속할 수 있다.

2 경찰관의 지시

(1) 대기요구

운전자나 승무원으로부터 신고를 받은 경찰공무원은 부상자의 구호, 그 밖
에 교통위험방지상 필요하다고 인정하는 때에는 그 신고를 한 운전자 등에게
경찰공무원이 현장에 도착할 때까지 현장에서 대기할 것을 명할 수 있다.

(2) 필요한 지시

경찰공무원은 현장에서 교통사고를 낸 차의 운전자 등에 대하여 부상자구
호와 교통안전상 필요한 지시를 명할 수 있다.

3 고용주의 의무

(1) 교 육

차의 운전자를 고용하고 있는 사람이나 직접 이를 관리하는 지위에 있는 사
람은 고용된 운전자에게 도로교통법 또는 도로교통법에 의한 명령을 지키도
록 항상 주의시키고 감독하여야 한다.

(2) 감 독

고용주 등은 무면허나 음주 또는 과로로 인하여 운전을 하지 못할 운전자가
자동차 등을 운전하는 것을 알고 이를 말리지 아니하거나 그러한 운전자에게
자동자 등을 운전하도록 시켜서는 안 된다.

교통정리

1. 개요

　교통정리는 교통의 흐름을 신속하고 원활하게 함과 동시에 사고를 방지하여 국민의 생명과 재산을 보호하기 위하여 실시하는 경찰의 예방적·전문적인 경찰활동을 의미한다. 교통정리는 교통의 안전과 신속을 목적으로 신호에 의하여 행하여지는 것이기 때문에 국민의 협조가 필요한 업무이며, 법상 경찰의 교통정리에 위반하는 사항이 발생할 때에는 처벌의 대상이 된다.

2. 신호의 종류

　수신호는 경찰공무원이 직접 교통현장에서 차량을 운전하는 운전자를 대상으로 수신호와 신호기에 의하여 행하여지는 것으로 각각의 특성이 있다. 그러므로 도로의 상황과 여건을 판단하여 기술적으로 교통의 통제와 유도를 하는 것이기 때문에 현장에 임하는 경찰관의 판단이 매우 중요한 것이다.

1 수신호

① 경찰관이 직접 교통상황을 파악정리하기 때문에 대응성이 매우 강하다.

② 교통의 변화와 흐름에 정확하게 대응할 수 있다.

③ 돌발적인 교통상황에 즉각적으로 대응할 수 있다.

④ 신호기가 해결하지 못하는 교통의 지체현상을 합리적으로 처리할 수 있다.

⑤ 유아, 노인, 맹인 등에게 위험을 제거하여 완전하게 유도할 수 있다.

2 신호기

① 입력된 순서에 의하여 직진, 좌회전, 횡단 등 정확한 정보를 제공한다.

② 신호가 순서에 의하여 표시되기 때문에 진행질서가 정연하다.

③ 신호체계를 조정하여 일정거리를 통제 없이 진행할 수 있다.

④ 교통의 돌발상황에 대비할 수 없기 때문에 혼란이 계속될 수 있다.

⑤ 유아, 노인, 맹인 등 장애자 등에게 안전한 통행이 보장되지 않는다.

3 수신호+신호기

수신호는 교통을 정리하는 경찰관이 현장에서 현장교통상황에 따라 판단하여 정리하는 것을 말한다. 그러므로 필요에 따라 수신호와 경적, 신호봉 등으로 교통을 정리하다가 신호기에 의한 정리가 필요할 경우에는 즉시 경찰관이 신호기를 수동으로 조작하여 교통상황에 대처하는 방법을 말한다. 이러한 교통정리는 경찰관이 교통현장상황에 따라 가장 타당하다고 판단되는 방법으로 합리적으로 수행한다.

3. 현장 교통경찰의 임무

1 교통상황에 대비

① 교통현장의 상황을 정확하게 판단한다.
② 현장상황이 어려운 경우 지원을 요청한다.
③ 침착하고 여유로운 대응을 한다.
④ 운전자의 불평에 과민반응을 하지 않는다.
⑤ 차량의 흐름을 공평하게 배분한다.

2 근무자의 태도

① 용모복장을 단정하게 한다.
② 의연하고 당당한 자세를 유지한다.
③ 분명하고 확실하게 신호를 보낸다.
④ 자신만만하고 절도 있게 행동한다.
⑤ 최종마무리를 철저하게 한다.

3 교통경찰의 준칙

① 통일된 신호통제
② 안전하고 원활한 교통유지
③ 교통흐름의 유지
④ 침착하고 안정된 태도
⑤ 인접 경찰과의 협력유지

⑥ 중단 없는 근무자세

4 일반원칙

① 신속한 소통에 중점을 둔다.
② 사고의 예방에 최선을 다한다.
③ 교통의 흐름에 중단이 없도록 한다.
④ 발생한 사고는 신속하게 처리한다.
⑤ 보행자의 교통권익을 보호한다.

4. 교통정리상의 주의사항

1 일반적 주의사항

① 제차와 보행자 등이 경찰의 통제에 순응하도록 유도한다.
② 수신호와 신호기의 사용을 분명하게 한다.
③ 보행자의 횡단보도 진행의 안전을 확보한다.
④ 노인, 아동, 장애자 등의 통행권을 보호한다.
⑤ 교통사고, 화재 등의 발생에 신속하게 대처한다.

2 교통정체시의 주의사항

① 교통상황을 보고하고 협력을 요청한다.
② 예리한 판단으로 신속하고 정확하게 통제한다.

③ 법규나 규정에 연연하지 않고 정체의 해소에 노력한다.

④ 교통시설과 교통장구를 적절하게 활용한다.

⑤ 교통안전을 우선한다.

교통순찰

1. 개 요

순찰이라 함은 일정한 지역을 돌아다니면서 주변의 상황을 살피는 것을 의미하는 것으로 교통순찰은 도보 또는 차량을 이용하여 일정한 도로를 순회하면서 교통상황을 점검하고 파악하여 단속·조사하거나 실제 교통소통에 도움이 될 수 있도록 교통임무를 수행하는 것을 말한다.

2. 순찰의 목적

교통순찰의 목적은 교통사고의 예방을 위하여 필요한 조치를 즉시적으로 수행하는 것을 포함하여 교통시설물의 점검, 교통의 원활한 소통 등 매우 다양한 목적을 가지고 실시하는 것으로 다음과 같이 나누어 볼 수 있다.

1 일반적 목적

① 교통상황의 파악
② 교통시설물의 작동여부확인

③ 교통경찰의 적정배치여부

④ 교통위험요소의 파악

⑤ 교통이 혼잡한 지역의 분석

② 실질적 목적

① 교통위반행위의 예방과 단속

② 교통실황의 파악보고

③ 교통적체의 해소와 대책마련

④ 교통민원의 접수 또는 파악

⑤ 교통사고현장의 발견과 조치

3. 순찰의 내용

① 교통법규 위반행위를 하지 못하도록 한다.

교통경찰관은 교통사고가 빈번한 지역이나 교통법규위반행위가 많이 발생하는 지역을 중점적으로 순찰하여 교통법규를 위반하는 사례가 없도록 예방적 활동을 다른 업무에 우선하여 실시하여야 한다.

② 필요한 장소에서 필요한 업무를 수행한다.

교통경찰관은 교통이 혼잡하고 법규위반행위가 빈번한 장소에서 업무를 수행해야 한다. 필요한 곳에 교통경찰관이 있다면 법규위반행위를 하려는 운전자들은 위반행위를 하지 않고 준법운전을 하게 될 것이기 때문이다.

③ 교통상황을 파악한다.

교통순찰을 실시하면서 교통상황을 파악하여 교통소통과 교통사고를 예방하기 위한 대책을 수립하여야 한다.

④ 교통사고처리를 한다.

교통순찰을 실시하면서 교통사고가 발생한 사실을 발견하였을 때에는 지체없이 사고조사에 임하여 국민의 생명과 재산을 보호하고 피의자를 검거하고 증거를 수집하는 등 교통사고발생에 대한 초동조치를 실시하여야 한다.

⑤ 차량순찰은 모범적 자세로 임하여야 한다.

교통순찰차를 운전하면서 아무런 사고가 발생하거나 긴급한 상황이 없는데도 불구하고 경광등을 켜거나 경고음을 울리면서 과속 등을 하는 행위는 시민들을 불안하게 하거나 비난의 대상이 될 수 있음을 감안하여야 한다.

⑥ 제사범의 단속 또는 제지 업무를 수행한다.

교통순찰을 실시하면서 중대한 범죄와 사고가 발생하였을 때에는 일정지점에서 불심검문을 실시하여 범인으로 의심되는 자를 확인하여 검거하거나 비상배치에 상당하는 업무를 수행하여 범인의 도주로를 차단하는 등 범죄의 예방과 진압 업무도 병행하여 실시해야 한다.

4. 순찰의 유형

1 노선순찰

노선순찰은 일정지역의 중요간선도로, 교통우범지역 등을 순찰노선으로 정해 놓고 순찰하면서 교통상황을 점검하고 필요한 교통통제를 하는 것을 말한다.

2 지역순찰

지역순찰은 관할구역의 일정 지역을 순찰지역으로 정하고 간선도로, 상가도로, 이면도로 등을 지역적으로 나누어 순찰하는 것을 의미한다.

3 종합순찰

종합순찰은 순찰을 실시하고 있는 경찰관이 도로의 상황을 판단하여 종합적으로 실정에 맞도록 순찰활동을 하는 것을 말한다.

4 우범지역 순찰

우범지역이라 함은 교통상의 정체, 사고, 혼잡 등이 발생할 수 있는 지역을 말하는 것으로 이러한 교통상의 장애가 발생하지 않도록 예방하기 위한 순찰을 의미한다.

5 기동순찰

기동순찰은 차량을 이용하여 실시하는 것으로 순찰지역을 전체적으로 순찰한 후에 교통장애가 많은 지역을 중점적으로 교통점검을 하여 문제를 해결하는 방식의 순찰을 의미한다.

6 역습순찰

역습순찰은 일정한 노선에 대한 순찰을 실시하다가 기습적으로 우범지역의 노선을 반복으로 시간적 간격을 두지 않고 순찰을 실시하는 것을 말한다.

7 정지순찰

정지순찰은 유동적인 방법이 아니고 어느 일정지역에서 일정시간 교통상황을 파악하면서 교통위반자를 단속하거나 장애자, 어린이, 노인 등 보행자의 안전을 도와주는 역할을 하는 것을 말한다.

8 헬기순찰

헬기순찰은 경찰헬기를 이용하여 주로 고속도로에서 전용차로불법이용, 갓길통행, 오물투기 등을 단속하기 위하여 순찰하는 것으로 단속의 효과는 극대화할 수 있으나 순찰의 위험성과 지속적인 단속이 어렵다는 것이 문제점으로 지적되고 있다.

5. 순찰의 방법

교통순찰은 교통우범지역을 순회하면서 관찰하여 살피는 것을 말하는 것으로 상사의 지시명령, 사건사고의 발생, 교통상황, 순찰지역의 대상물 등에 따라 순찰방법은 달라질 수 있다. 순찰의 방법은 다음과 같은 점을 고려하여 실시하여야 한다.

1 계획에 의한다.

순찰은 매일 계획을 달리하여 실시한다. 순찰을 매일 꼭 같은 방법으로 실시하면 효과를 기대할 수 없기 때문에 매일 계획을 만들어 활용하는 것이 필요하다.

2 문제의식으로 판단한다.

순찰을 실시하면서 모든 사물의 동태를 관찰하고 문제점 유무의 여부를 확인하는 것이 필요하다. 무심코 스쳐 지나치면 아무런 효과를 기대할 수 없기 때문에 항상 문제의식을 가지고 사물을 관찰하는 것이 필요하다.

3 신중하게 접근한다.

순찰을 실시하면서 위법행위가 발견되었을 때에는 인내심을 가지고 관찰한 후에 결정적인 문제점이 발견되었을 때 단호하게 대처하는 것이 중요하다. 어떤 문제점이 발견되었다고 하더라도 단속의 수준에 미달하였을 때에는 저항에 직면할 수 있기 때문이다.

4 종합적으로 업무를 수행한다.

순찰은 매일 같은 방법으로, 같은 시간에, 같은 장소에서 시행해서는 효과를 기대할 수 없기 때문에 시간과 공간을 달리하여 실시하여야 한다. 순찰은 가까운 곳에서부터 먼 곳으로, 부분에서 전체로, 중요도와 완급을 조절하여 실시하고 순찰 도중에 경찰의 임무를 종합적으로 수행하여야 한다.

6. 순찰의 수단

1 정복순찰

교통경찰관이 교통경찰복을 착용하여 경찰임을 표시하고 경찰의 마크가 표시되어 있는 경찰차량을 이용하여 순찰하는 형태를 말한다. 일반적으로 정복차림의 순찰이 일상화되어 있으며 시민의 눈에 잘 보이기 때문에 국민의 입장에서는 경찰을 의식하면서 법규를 준수하려고 노력한다.

2 사복순찰

경찰관이 사복을 착용하고 경찰임을 표시하지 않기 때문에 시민은 경찰을 의식하지 못하기 때문에 편의주의적으로 행동하게 된다. 교통법규를 위반한다든가, 부정한 행위를 무의식적으로 할 수 있다. 사복순찰은 법규 위반자를 발견하더라도 적발하기가 매우 어려운 점이 많다. 사복을 착용하였기 때문에 반항한다든가, 지시명령을 수인하지 않는 경우가 흔히 발생한다.

3 위장순찰

위장순찰은 가장순찰이라고도 말하며 순찰차량에 경찰의 상징마크나 표시가 없는 차량을 교통복장을 한 경찰관이 운전하여 순찰하는 경우를 말한다. 위장순찰의 경우 경찰차량이라는 사실이 노출되지 않기 때문에 대부분의 운전자들이 법규를 위반하여 운전하는 것을 쉽게 단속할 수 있다. 특히 미국에서는 위장순찰활동을 실시하여 법규위반 운전자를 단속하는 것이 일상화 되어 있다.

제14장 도로교통법

1. 개요

일반적으로 도로교통은 자동차교통과 같은 의미로 사용된다. 도로교통법은 교통의 목적으로 도로를 이용하는 것을 합리적으로 관리하여 편리하고 안전하게 사용할 수 있도록 일정한 규율을 만들어 사람으로 하여금 준수하도록 하고 지키지 않을 때에는 일정한 제재를 가함으로써 시대에 부합하는 교통질서를 유지하기 위한 규범을 의미한다.

2. 목적

도로에서 일어나는 교통상의 모든 위험과 장애를 방지 또는 제거하여 안전하고 원활한 교통을 확보함을 목적으로 한다. 도로는 일반적으로 모든 교통로 중에서 가장 다양한 노선망을 형성하고 있으므로 도로교통은 가장 기동성이 풍부하며 선박, 철도, 항공기 등 다른 교통기관의 말단교통으로도 사용하는데 안전성과 편리성을 포함하는 부수적인 목적도 가지고 있다.

3. 운전면허

면허라 함은 국가기관에서 특정한 행위나 영업을 할 수 있도록 허가하는 것을 말한다. 운전면허는 자동차를 운전하고자 하는 사람은 필수적으로 자동차운전면허를 받지 않으면 안 된다. 법규에 의하여 자동차 등을 운전하고자 하는 사람은 지방경찰청장의 운전면허(Driver's License)를 받아야 한다고 규정하고 있어 무면허 운전을 금지하고 있다.[31] 운전면허의 종류에는 제1종 운전면허와 제2종 운전면허, 연습 운전면허로 구분하여 발급하고 있다.

1 제1종 운전면허

제1종 면허에는 대형면허, 보통면허, 소형면허, 특수면허 등이 있다.

(1) 대형면허

승용자동차, 승합자동차, 화물자동차, 긴급자동차, 건설기계(덤프트럭, 아스팔트살포기, 노상안정기, 콘크리트믹서트럭, 콘크리트펌프, 천공기 등)

(2) 보통면허

승용자동차, 15인 이하 승합자동차, 12인 이하 긴급자동차(승용 및 승합자동차에 한한다), 적재중량 12톤 미만 화물자동차, 원동기장치 자전거, 건설기계(도로를 운행하는 3톤 미만의 지게차에 한한다)

(3) 소형면허

3륜화물 자동차, 3륜승용 자동차, 원동기장치 자전거

---

31) 도로교통법 제80조

(4) 특수면허

추레라, 레이카, 제2종 보통면허로 운전할 수 있는 차량

[표 1] 연도별·성별 면허소지자

(단위:명, %)

구분		'01	'02	'03	'04	'05	'06
계		19,884,337.	21,233,010	22,062,457	22,735,053	23,497,657	24,088,229
성별	남 (구성비)	13,204,159 (66.4)	13,832,346 (65.2)	14,111,888 (64.0)	14,362,104 (63.2)	14,744,888 (62.8)	14,992,244 (62.2)
	여 (구성비)	6,680,178 (33.6)	7,390,664 (34.8)	7,950,569 (36.0)	8,372,949 (36.8)	8,752,769 (37.2)	9,095,985 (37.8)

자료 : 경찰백서, 2007:230

2 제2종 운전면허

(1) 보통면허

승용자동차, 승차정원 10인 이하 승합자동차, 적재중량 4톤 이하 화물자동차, 원동기장치 자전거

(2) 소형면허

2륜자동차(측차부를 포함한다), 원동기장치 자전거

(3) 원동기장치 자전거면허

원동기장치 자전거

3 연습운전면허

(1) 제1종 보통연습면허

승용자동차, 승차정원 15인 이하 승합자동차, 적재중량 2톤 미만 화물자동차

(2) 제2종 보통연습면허

승용자동차, 승차정원 10인 이하 승합자동차, 적재중량 4톤 이하 화물자동차

(3) 조건부 운전면허

오토차량으로 운전면허시험에 합격한 경우 수동식 차량을 운전할 수 없다. 오토차량만을 운전하도록 하는 조건을 바꾸거나 해지하여야 하며, 이를 위해서는 적성검사와 기능시험에 합격해야 한다. 그러므로 운전면허증에 조건이 부과되어 있다면 조건에 맞는 자동차를 운전해야 한다.

4. 안전거리확보

안전거리(safety distance)확보라 함은 모든 차는 같은 방향으로 가고 있는 앞차의 뒤를 따라 운전하는 때에는 앞차가 갑자기 정지하게 되는 경우에 그 앞차와의 충돌을 피할만한 필요한 거리를 확보하여야 한다.[32] 안전거리는 속도의 1/100의 거리를 두어야 한다. 일반적으로 고속도로에서 시속 100km의 속도로 달릴 경우에 100m거리를 두고, 시속 80km의 속도에서는 80m의 거리를 두는 것이 안전하다.

1 진로변경 금지

모든 차의 운전자는 진행하는 차의 진로를 변경하고자 하는 경우에 그 변경하고자 하는 방향으로 진행하고 있는 모든 차의 정상적인 통행에 장애를 줄 우려가 있을 때에는 진로를 변경하여서는 안 된다. 진행하고 있는 다른 차의 앞으로 진행하

---

32) 도로교통법 제19조

고자 할 때에는 충분한 거리를 확보한 후에 방향지시기 등화 또는 경음기를 사용하면서 진로를 변경하여야 한다.

② 급제동 금지

진행 중인 모든 차의 운전자는 위험방지를 위한 경우와 그 밖의 부득이한 경우가 아니면 운전하는 차를 갑자기 정지시키거나 속도를 줄이는 등의 급제동을 하여서는 안 된다. 고속진행 중에 급제동을 하였을 경우에는 대형사고 또는 연쇄추돌사고 등으로 이어질 수 있다.

5. 정지거리

정지거리라 함은 운행중인 자동차가 필요에 따라 움직이지 않고 조용히 멈출 수 있는 최소의 거리를 말한다. 정지거리는 차의 종류, 운전기술, 적재량, 구조, 속도, 성능, 도로의 상황, 주간과 야간의 차이, 가시의 전망, 기후조건, 감각 등의 조건에 따라 차이가 있으며, 구체적 상황에 따라서 큰 차이를 나타낸다.

① 충돌방지 가능거리

일반적으로 건조하고 포장된 도로인 경우에는 시속 약 16km 마다 보통 승용차의 경우 6m를 가한 차간 거리를 확보하면 충돌을 방지할 수 있다. 그러나 자동차의 성능, 도로여건, 기후여건, 운전기술 등에 따라서 그 2배 이상의 차간거리가 필요한 경우가 흔히 발생한다.

② 제동거리의 산출방법

제동거리는 공주거리에 활주거리를 더한 것을 말하는 것이고, 공주거리란 운전자가 제동 조작을 한 후 제동장치가 작동하기까지 소요되는 거리를 말하고, 활주거리는 브레이크 조작지점에서 정차지점까지의 거리를 말한다. 그리고 브레이크를 잡으면 바로 제동이 되지 않고 약간의 시간차를 두고 제동이 작동한다. 실제동거리는 제동장치가 작동하여 실제 정지되기까지의 거리이다.

(1) 제동거리 = 공주거리 + 활주거리(속도^2×0.88/100, 또는 = 속도^2/100
(2) 제동시간 = 공주시간 + 활주시간(지각시간 + 반응시간 + 정지시점)
(3) 초속산출 = V(km)/3.6
(4) 공주시간 = 위험감지시점 + 브레이크 효과 발생 시점
(5) 활주시간 = 브레이크 효과 발생시점 + 정차시점

6.　진로양보 의무

진로양보 의무를 규정한 취지는 앞지르기 과정에서 두 대의 차가 병행하여 경쟁 질주하는 것을 예방하여 앞지르기 할 때의 위험 방지와 교통의 원활한 소통을 기하기 위한 것이다.

① 일반적인 도로

긴급자동차를 제외한 모든 차는 통행 구분이 설치된 도로의 경우를 제외하고는 통행의 우선순위에 의하여 앞 순위의 차가 뒤를 따라오는 때에는 도로의 우측 가장자리로 피하여 진로를 양보하여야 한다. 통행의 우선순위가 같거나 뒷 순위인 차가 뒤에서 따라오는 때에는 그 따라 오는 차보다 계속하여 느린 속도로 가고자

하는 경우에도 도로의 우측 가장자리로 피하여 진로를 양보하여야 한다.[33]

2 특수한 도로

경사진 좁은 도로에서는 자동차가 교행 할 때에 올라가는 차가 내려가는 차에게 도로의 우측 가장자리로 양보하여야 한다. 좁은 도로에서 화물을 실었거나 승객이 승용한 차와 공차가 교행 할 때에는 공차가 우측 가장자리로 양보하여야 한다.

7. 앞지르기

1 앞지르기 방법

모든 차는 다른 차를 앞지르고자 하는 때에는 앞차의 좌측을 통행하여 한다. 앞지르고자 하는 모든 차는 반대 방향의 교통 및 앞차의 전방 교통에도 충분한 주의를 기울여야 하며 앞차의 속도나 진로 그 밖의 도로 상황에 따라 방향지시기, 등화, 경음기 등을 사용하여 안전한 속도와 방법으로 하여야 한다.[34]

2 앞지르기의 방해금지

모든 차의 운전자는 앞지르기를 하려는 차가 제 규정에 의한 방법으로 앞지르기를 하는 때에는 속도를 높여 경쟁하거나 앞지르기를 하는 차의 앞을 가로막는

---

33) 도로교통법 제20조
34) 도로교통법 제21조

등 앞지르기를 방해하여서는 안 된다.[35)]

3 앞지르기 금지시기

앞차의 좌측에 다른 차가 앞차와 나란히 가고 있는 때에는 그 앞차를 앞지르지 못한다. 그리고 뒤차는 앞차가 다른 차를 앞지르고 있거나 앞지르고자 하는 때에는 그 앞차를 앞지르지 못한다. 또한 모든 차의 운전자는 이 법이나 이 법에 의한 명령 또는 경찰공무원의 지시를 따르거나 위험을 방지하기 위하여 정지 또는 서행하고 있는 다른 차를 앞지르지 못한다.[36)]

4 앞지르기 금지장소

모든 차의 운전자는 교차로 · 터널 안 또는 다리 위, 도로의 구부러진 곳, 비탈길의 고갯마루 부근 또는 가파른 비탈길의 내리막, 지방경찰청장이 도로에서의 위험을 방지하고 안전에 필요하다고 인정하여 안전표지에 의하여 지정한 곳 등에서는 앞지르기를 하여서는 안 된다.[37)]

5 끼어들기 금지장소

모든 차의 운전자는 도로교통법이나 도로교통법에 의한 명령 또는 경찰공무원의 지시에 따르거나 위험방지를 위하여 정지 또는 서행하고 있는 다른 차 앞에 끼어들지 못한다.[48)]

---

35) 도로교통법 제21조 제3항
36) 도로교통법 제22조 제2항
37) 도로교통법 제22조 제3항
38) 도로교통법 제23조

8. 철길건널목 통과

　모든 차는 철길 건널목을 통과하고자 하는 때에는 그 건널목 앞에서 일시정지를 하여 안전함을 확인한 후에 통과하여야 한다. 다만, 신호기 등이 표시하는 신호에 따르는 때에는 정지하지 아니하고 통과할 수 있다. 모든 차가 건널목을 통과하고자 하는 때에 그 건널목의 차단기가 내려져 있거나 내려지려고 하는 때 또는 건널목의 경보기가 울리고 있는 동안에는 그 건널목으로 들어가서는 아니 된다. 그리고 차의 운전자는 건널목을 통과하다가 고장 등의 사유로 인하여 건널목 안에서 차를 운행할 수 없게 된 때에는 즉시 승객을 대피시키고 비상 신호기 등을 사용하거나 그 밖의 방법으로 이를 철도공무원 또는 경찰공무원에게 알려야 한다.[39] 건널목을 통과하려고 할 때의 일시정지는 무조건 정지하는 뜻이 포함되어 있으므로 비록 안전을 확인할 수 있고 앞차가 통행하고 있어 안전함이 확인되었다 하더라도 일시정지 의무는 면제되는 것이 아니다.

9. 교차로 통행방법

1 좌 · 우 회전차의 통행방법

　모든 차는 교차로에서 우회전하려는 때에는 미리 도로의 우측 가장자리를, 좌회전하려는 때에는 미리 도로의 중앙선을 따라 교차로의 중심 안쪽을 각각 서행하여야 한다. 다만, 좌회전하는 경우 지방경찰청장이 교차로의 상황에 따라 특히

---

39) 도로교통법 제24조

필요하다고 인정하여 지정한 곳에서는 교차로의 중심 바깥쪽을 통과하여야 한다.

2 회전하는 차의 진행방해 금지

좌회전 또는 우회전하기 위하여 손이나 방향지시기 또는 등화로서 신호를 하는 차가 있는 때는 그 뒤차는 신호를 한 앞차의 진행을 방해하여서는 안 되고, 신호기에 의하여 교통정리가 행하여지고 있는 교차로에 들어가려는 모든 차는 진행하고자 하는 진로의 앞쪽에 있는 차의 상황에 따라 교차로(정지선이 설치되어 있는 경우에는 그 정지선을 넘은 부분)에 정지하게 되어 다른 차의 통행에 방해가 될 우려가 있는 경우에는 그 교차로에 들어가서는 아니 된다.

3 선입차의 우선

교통정리가 행하여지고 있지 아니하는 교차로에 들어가려는 모든 차는 다른 도로로부터 이미 그 교차로에 들어가고 있는 차가 있는 때에는 그 차의 진행을 방해하여서는 아니 된다.

4 우측차의 우선

우선순위가 같은 차가 동시에 교차로에 들어가려고 하는 때에는 우측도로의 차에 진로를 양보하여야 한다.

5 폭넓은 도로에서 우선

교통정리가 행하여지고 있지 아니하는 교차로에 들어가려는 모든 차는 그 차가 통행하고 있는 도로의 폭보다 교차하는 도로의 폭이 넓은 경우에는 서행하여야 한다. 폭이 넓은 도로로부터 그 교차로에 들어가려고 하는 다른 차가 있는 때에는 그 차에 진로를 양보하여야 한다.[40]

10. 직진 및 우회전

모든 차의 운전자는 교차로에서 좌회전하려는 경우에 그 교차로에 진입하여 직진하거나 우회전하려는 다른 차가 있는 때에는 선입차 우선의 규정에 불구하고 그 차의 진행을 방해해서는 안 되고, 교차로에서 직진하려고 하거나 우회전하려는 차의 운전자는 이미 그 교차로에 진입하여 좌회전하고 있는 다른 차가 있는 때에는 그 차의 진행을 방해하여서는 안 된다.[41]

11. 보행자의 보호

모든 차의 운전자는 보행자가 횡단보도를 통행하고 있는 때에는 그 횡단보도 앞에서 일시정지하여 보행자의 횡단을 방해하거나 위험을 주어서는 안 되며, 정지선이 설치되어 있는 곳에서는 그 정지선에서 정차하여야 한다. 그리고 교통정리가 행하여지고 있는 교차로에서 좌회전 또는 우회전하려는 경우에 신호기 또는 경찰공무원 등의 신호나 지시에 따라 도로를 횡단하는 보행자의 통행을 방해하여서는 안 되며, 교통정리가 행하여지고 있지 아니하는 교차로 또는 그 부근의 도로

40) 도로교통법 제26조
41) 도로교통법 제25조

를 횡단하는 보행자의 통행을 방해하여서도 안 된다. 또한 도로에 설치된 안전지대에 보행자가 있을 때와 차로가 설치되지 아니한 좁은 도로에서 보행자의 옆을 지나는 때에는 안전한 거리를 두고 서행하여야 하며, 횡단보도가 설치되어 있지 아니한 도로를 횡단하는 보행자가 있을 때에는 보행자의 통행을 방해하여서도 안 된다.[42]

12. 긴급자동차의 우선

긴급자동차는 긴급하고 부득이한 경우에는 도로의 좌측 부분을 통행할 수 있으며, 도로교통법 또는 규정에 의하여 정지하여야 할 경우에도 불구하고 정지하지 않고 진행할 수 있으나 특히 주의하면서 통행하여야 한다. 교차로 또는 그 부근에서 긴급자동차가 접근한 때에는 모든 차는 교차로를 피하여 도로의 우측 가장자리에 일시정지하여야 한다. 다만, 일방통행으로 된 도로에서 우측 가장자리로 피하여 정지하는 것이 긴급자동차의 통행에 지장이 있는 때에는 좌측 가장자리로 피하여 정지할 수 있다.[43] 긴급자동차에 대하여는 자동차의 속도 및 앞지르기 금지시기 내지 끼어들기의 금지 등의 규정을 적용하지 아니한다. 다만, 자동차의 속도의 규정에 의하여 긴급자동차의 속도를 따로 정한 경우에는 그 규정을 적용한다.[44]

---

42) 도로교통법 제27조
43) 도로교통법 제29조
44) 도로교통법 제30조

13. 서행할 장소

모든 차의 운전자는 교통정리가 행하여지고 있지 아니하는 교차로, 도로가 구부러진 부근, 비탈길의 고갯마루 부근, 가파른 비탈길의 내리막, 지방경찰청장이 도로에서의 위험을 방지하고 교통의 안전과 원활한 소통을 확보하기 위하여 필요하다고 인정하여 안전표지에 의하여 지정한 곳 등에서는 서행하여야 한다. 그리고 교통정리가 행하여지고 있지 아니하고 좌우를 확인할 수 없거나 교통이 빈번한 교차로, 지방경찰청장이 도로에서의 위험을 방지하고 교통의 안전과 원활한 소통을 확보하기 위하여 필요하다고 인정하여 안전표지에 의하여 지정한 곳 등에서는 일시정지하여야 한다.[45]

14. 정차 및 주차

1 주·정차 금지장소의 지정

아래에 예시한 장소에서는 정차나 주차를 하여서는 안 된다. 그리고 도로교통법 또는 경찰공무원의 지시에 의한 경우와 위험 방지를 위하여 일시정지하는 경우에는 제외한다. 그러나 버스 여객 자동차가 그 운행 노선에 따르는 정류소에서 승객을 태우거나 내리기 위하여 정차하거나 주차하는 때에는 할 수 있다. 차도와 보도에 걸쳐 설치된 주차장법에 의한 노상 주차장에 주차하는 경우는 제외한다.[46]

---

45) 도로교통법 제31조
46) 도로교통법 제32조

① 교차로 · 횡단보도 · 차도와 보도가 구분된 도로의 보도 또는 건널목

② 교차로의 가장자리 또는 도로의 모퉁이로부터 5m 이내의 곳

③ 안전지대가 설치된 도로에서는 안전지대 사방의 각각 10m 이내의 곳

④ 건널목의 가장자리 또는 횡단보도로부터 10m 이내의 곳

⑤ 버스의 정류를 표시하는 기둥 · 판 · 선이 설치된 10m 이내의 곳[47]

⑥ 도로에서의 위험방지 · 교통의 안전 · 원활한 소통을 확보하기 위한 곳

[표 2] 주 · 정차위반 단속현황('06년)

(단위:건)

계	정차 · 주차금지위반	주차금지장소 위반	주정차 방법 및 시간 위반	주정차 위반에 대한 조치불응
29,236	18,765	8,771	1,554	146

출처 : 경찰백서, 2007:250

2 주차 금지 장소

모든 차는 다음 각호에 해당하는 곳에서 주차하여서는 안 된다.[48]

① 소방용 기계 기구가 설치된 곳으로부터 5m 이내의 곳

② 소방용 방화 물통으로부터 5m 이내의 곳

③ 소화전 · 방화물통의 흡수구나 흡수관 연결부위로부터 5m 이내의 곳

④ 화재경보기로부터 3m 이내의 곳

⑤ 터널 안 및 다리 위

⑥ 도로공사의 경우 공사구역의 양쪽 가장자리로부터 5m 이내의 곳

⑦ 도로의 위험방지와 교통의 안전과 원활한 소통을 위하여 필요한 곳

---

47) 이 때에는 버스 여객 자동차의 운행시간 중에 한한다.
48) 도로교통법 제33조

15. 고속도로 등의 특례

1 위해방지 등의 조치

경찰공무원은 도로의 파손이나 교통사고의 발생 그 밖의 사정으로 고속도로 또는 자동차 전용 도로에서 교통이 위험, 혼란하거나 또는 그러할 염려가 있을 때에는 이의 방지와 교통의 안전 및 원활한 소통을 확보하기 위하여 필요한 한도 안에서 진행 중인 자동차의 통행을 일시 금지 또는 제한하거나 그 자동차의 운전자에게 필요한 조치를 명할 수 있다.[49]

2 신호기 등의 설치관리

① 고속도로의 관리자는 고속도로에서의 위험을 방지하고 교통의 안전과 원활한 소통을 확보하기 위하여 신호기 및 안전표지를 설치 관리하여야 한다.
② 고속도로 관리자는 신호기 및 안전표지를 설치하고자 하는 때에는 경찰청장과 협의하여야 한다.
③ 경찰청장은 고속도로의 관리자에게 신호기, 안전표지에 관하여 필요한 사항을 지시할 수 있다.[50]

3 갓길 통행금지 등

① 자동차는 고속도로에서 앞지르기를 하거나 도로상황 그 밖의 사정으로 부득

---

49) 도로교통법 제58조
50) 도로교통법 제59조

이한 경우를 제외하고는 진행방향의 우측인 주행차로에 따라 통행하여야 하며, 갓길로 통행하여서는 안 된다. 다만, 긴급자동차와 고속도로의 보수·유지 등의 작업을 하고 있는 자동차는 통행할 수 있다.

② 자동차는 고속도로에서 앞지르고자 하는 때에는 방향지시기·등화·경음기를 사용하여 정하는 차로로 안전하게 통행하여야 한다.[51]

4 횡단 등의 금지

자동차는 고속도로 또는 자동차 전용도로를 횡단하거나 U-turn 또는 후진하여서는 안 된다.[52]

5 통행 등의 금지

보행자 또는 자동차 외의 차마는 고속도로 또는 자동차 전용도로를 통행하거나 횡단하여서는 안 된다.[53]

6 정차 및 주차의 금지

자동차는 고속도로 또는 자동차 전용 도로에서 정차 또는 주차하여서는 안 된다. 다만, 법령의 규정 또는 경찰관의 지시에 따르거나 위험을 방지하기 위하여 일시정지하는 때에는 그렇지 않다.[54]

---

51) 도로교통법 제60조
52) 도로교통법 제62조
53) 도로교통법 제63조
54) 도로교통법 제64조

7 고속도로 진입시의 우선순위

① 자동차는 고속도로에 들어가고자 하는 때에는 그 고속도로를 통행하고 있는 다른 자동차의 통행을 방해하여서는 안 된다.

② 긴급자동차 외의 자동차는 긴급자동차가 고속도로에 들어가는 때에는 그 진입을 방해하여서는 안 된다.[55]

8 고장 등의 경우의 조치

자동차의 운전자는 고장이나 그 밖의 사유로 고속도로나 자동차 전용 도로에서 그 자동차를 운행할 수 없게 된 때에는 행정안전부령이 정하는 표지를 설치하여야 하며, 그 자동차를 고속도로 또는 자동차 전용도로 외의 곳으로 이동하는 등의 필요한 조치를 하여야 한다.[56]

9 운전자 및 승차자의 준수사항

(1) 안전띠 착용

고속도로 또는 자동차 전용도로를 운행하는 자동차중 행정안전부령이 정하는 자동차를 운전하는 자는 모든 승차자에게 좌석 안전띠를 매도록 하여야 한다. 다만, 부상·질병·장해·임신 등으로 인하여 좌석 안전띠를 매는 것이 곤란하거나 행정안전부령이 정하는 사유가 있는 때에는 예외로 한다.[57]

(2) 고장차량의 표지

운전자는 고장차량의 표지를 항상 휴대하여야 하며, 고장 그 밖의 사유로

---

55) 도로교통법 제65조
56) 도로교통법 제66조
57) 도로교통법 제67조

그 차를 운행할 수 없게 된 때에는 그 자동차를 도로의 우측 가장자리에 정지시키고 그 자동차로부터 주간에는 100m 이상, 야간에는 200m 이상 후방 도로상에 이를 설치하여야 한다. 운전자는 주행 속도계의 이상 유무를 수시로 확인하면서 휴식하지 아니하고 2시간 이상 계속 운전을 하여서는 안 되며, 승차자는 교통안전에 적극 협조하여야 하며, 운전자 및 안내자의 안전상 필요한 공지사항을 지켜야 한다.[58]

16. 사고발생시의 조치

1 필요한 조치

차의 교통으로 인하여 사람을 사상하거나 물건을 손괴한 때에는 그 차의 운전자 그 밖의 승무원은 곧 정차하여 사상자를 구호하는 등 필요한 조치를 하여야 한다.

2 사고발생의 신고

교통사고를 낸 운전자 등은 경찰공무원이 현장에 있는 때에는 그 경찰공무원에게 신고하여야 하고, 경찰공무원이 현장에 없는 때에는 가장 가까운 경찰관서(경찰서·순찰지구대·파출소·출장소)에 지체 없이 사고가 일어난 곳, 사상자수 및 부상정도, 손괴한 물건 및 손괴정도 그 밖의 조치상황 등을 신속히 신고하여야 한다. 다만, 운행 중인 차만이 손괴된 것이 분명하고 도로에서의 위험방지와 원활한 소통을 위하여 필요한 조치를 한 때에는 신고하지 않아도 된다.

---

58) 도로교통법 시행규칙 제40조

3 운전자의 현장대기

신고를 받은 경찰공무원은 부상자의 구호 그 밖에 교통위험 방지상 필요하다고 인정하는 때에는 그 신고를 한 운전자 등에 대하여 경찰공무원이 현장에 도착할 때까지 현장에서 대기할 것을 명할 수 있다.

4 적절한 조치의 지시

경찰공무원은 현장에서 교통사고를 낸 차의 운전자 등에 대하여 부상자구호와 교통안전에 필요한 지시를 명할 수 있다.

5 필요한 조치와 신고의 위임

긴급자동차 또는 부상자를 운반중인 차 및 운편물자동차 등의 운전자는 긴급한 경우에는 승무원으로 하여금 적절한 조치와 경찰에 신고를 위임하고 운전을 계속할 수 있다.[59]

6 안전운전의 의무

모든 차의 운전자는 그 차의 조향장치·제동장치 그 밖의 장치를 정확히 조작하여야 하며, 도로의 교통상황과 그 차의 구조 및 성능에 따라 다른 사람에게 위험과 장해를 주는 속도나 방법으로 운전하여서는 안 된다.[60]

---

59) 도로교통법 제50조
60) 도로교통법 제48조

제2편 교통경찰실무

교통의 지도단속

1. 개 요

　교통의 지도단속이라 함은 교통에 관한 법률, 규칙, 명령 등을 위반하지 않도록 통제하여 국가와 사회가 의도하는 교통의 목적이나 방향으로 유도하는 것을 말한다. 즉 도로에서의 교통안전, 교통소통, 교통장애물제거, 교통법규 위반자 단속과 지도 등 교통업무 전반에 관한 처리기준과 절차 등을 구체적으로 실현하기 위한 업무를 말한다.

2. 법적근거

1 교통경찰관의 직무범위

경찰관직무집행법에 의한 '교통의 단속과 위해의 방지'를 의미한다.[61]

---

61) 경찰관직무집행법 제2조 4

② 도로교통의 목적

도로교통법에서의 의미는 도로에서 일어나는 모든 위험과 장해를 방지, 제거하여 안전하고 원활한 교통을 확보함을 목적으로 한다.[62]

3. 교통의 지도와 단속

① 보도단속

차량, 통행인 등이 많은 교차로 등에서 교통정리, 보행자보호, 주차, 정차 등을 통제하여 교통의 안전과 원활한 흐름을 보호하기 위한 것이다.

② 기동단속

기동력을 이용하여 넓은 지역에 대한 주행차량을 유도, 지도, 경고, 단속 등을 하는 것을 임무로 한다. 주로 교통량이 많은 간선도로와 고속도로 등에서 실시한다.

③ 질적단속

사고의 위험성이 높고 위반사항도 위험도가 높은 차량운전자를 대상으로 중점적으로 단속하는 것을 말한다.

---

62) 도로교통법 제1조

4 양적단속

실적단속을 말하는 것으로 위반사항 모두를 단속하여 건수를 올림으로써 운전
자에게 경각심을 주어 법규위반과 교통사고를 줄이는 계기를 마련할 수 있다.

5 선택적 단속

교통사고의 원인, 시간, 장소, 위반사항 등을 참고하여 집중적인 지도와 단속을
실시하는 것을 말한다. 이를 위해서는 사고발생의 시간, 장소, 원인 등에 대한 정
확한 조사 자료를 수집하고 검토하여 적절한 사고분포도(spot map)를 작성해 두
어야 한다.[63] 이러한 자료는 추후의 사고와 단속에 참고자료로 활용할 수 있기
때문이다.

6 기동순찰

순찰차를 이용하여 교통순찰을 하면서 교통체증지역에서의 교통지도, 단속 등
을 실시하고 법규위반행위 등을 발견하면 현장에서 지도단속활동을 한다.

7 지도경고

처음 실시하는 새로운 교통법규 등을 홍보, 계도 등을 하는 것을 의미하며, 새
로운 법규위반자에 대해서는 실제로 단속을 하지 않는다.

---

63) 김충남, 2008 : 470

8 법규위반자 단속

교통의 원칙에 의하여 교통법규위반자에 대해서는 누구나 인정할 수 있는 정도에서 단속을 실시하여야 한다. 함정단속, 인권침해, 과잉단속 등을 해서는 안된다.

[표 3] 교통사고 요인행위단속내용별 현황('06년)

(단위 : 건)

구분	중앙선 침범	음주	무면허	속도위반	신호위반
단속건수	51,093	353,580	102,874	8,583,274	1,515,108

출처 : 경찰백서, 2007 : 237

9 교통정리

교통량이 많은 지역, 사고위험지역, 체증지역 등에서 교통의 흐름을 원활하게 하기 위하여 신호등 조작 또는 수신호 등에 의하여 교통을 정리하는 것을 말한다.

10 교통안전유도

교차로, 횡단보도 등에서 노인, 아동, 보행자 등의 안전을 도모하기 위하여 보호유도, 교통감시, 보호 등을 실시하는 것을 말한다.

4. 교통 지도단속의 기능

1 법규위반의 억제

교통의 지도단속은 교통법규 위반행위자에게 범칙금, 통고처분 또는 즉심 등 불이익을 주는 것이기 때문에 법규위반행위를 억제하는 기능을 한다. 그러나 과잉단속, 함정단속 등에 의한 양적단속이 강화될 때에는 국민은 저항하게 되며, 경찰을 신뢰하지 않는다.

2 법적정의의 실현

교통법규위반자를 적발하여 위반에 상응한 처벌을 함으로써 위반자에 대한 법적정의를 실현하는 것이다. 법적정의를 실현함으로써 준법정신을 확립할 수 있으며, 법규위반자를 지속적으로 감소시킬 수 있다.

3 준법정신의 고취

교통법규 위반자를 단속함으로써 국민으로 하여금 법규를 준수하지 않으면 안 된다는 의식을 고취시켜 교통질서를 확립할 수 있다. 그러나 타당성이 있는 단속이 이루어지지 않으면 국민의 반경사상을 부추길 수 있다.

5. 단속후의 조치

1 통고처분

 통고처분이라 함은 경미한 법규위반자에 대하여 행정관청이 벌금이나 과료 등을 부과하고 납부할 것을 통고하는 행정처분을 말한다. 조세 · 관세 · 전매 · 경범자 등에 대해서 관계행정청이 명할 수 있다. 경찰관청인 경찰서장은 교통법규위반자에게 범칙금 등을 납부할 것을 통고하는 행정처분을 할 수 있으며, 통고처분의 이유를 명시한 범칙금납부통고서로 통지하여야 한다.

[표 4] 위반사실 통고서 수령후의 절차

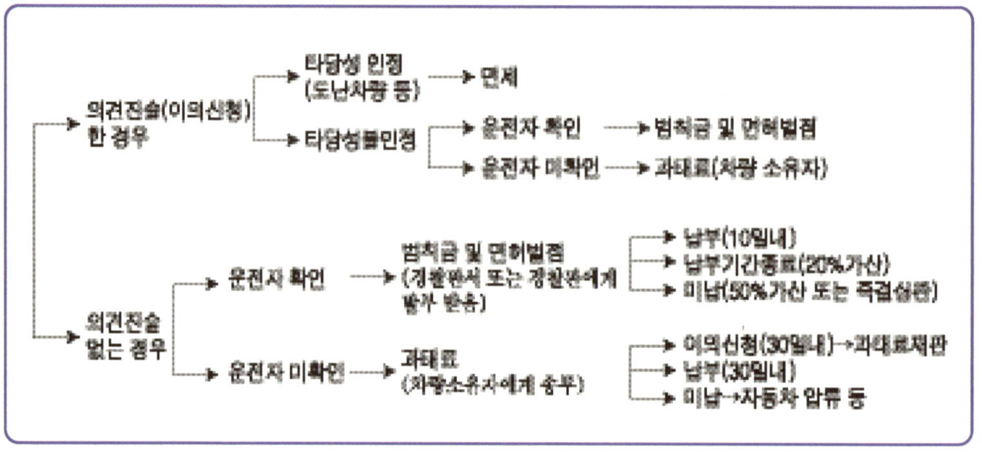

2 대상자

 통고처분 대상자는 도로교통법을 위반한 자로서 통고처분의 통지를 받고 위반행위에 상응한 금전적 범칙금 납부를 수인하고 이행할 수 있는 사람을 말한다.

3 통고처분 제외대상자

① 성명, 주소 등이 불명한 사람
② 도주의 우려가 있는 사람
③ 범칙금납부통고서 접수를 거부하는 사람

4 즉결심판 청구대상자

① 성명, 주소 등이 불명한 사람
② 도주의 우려가 있는 사람
③ 범칙금납부통고서 접수를 거부하는 사람
④ 범칙금납부기간 내에 범칙금을 납부하지 않은 사람

5 범칙금의 납부

범칙금납부통고서를 받은 자는 10일 이내에 경찰청장이 지정하는 국고은행, 지점, 대리점, 우체국 등에 납부고지서에 기재된 범칙금을 납부하여야 한다. 다만, 천재지변 또는 부득이한 사유로 그 기간 내에 납부할 수 없는 때에는 그 사유가 해소된 날로부터 5일 이내에 납부하여야 한다.

6 통고처분의 산정

범칙금 통고당일은 산정일수에 포함하지 않으며, 그 익일부터 기산한다. 범칙금납부최종일이 공휴일인 때에는 그 다음날로 만료일을 기재하여야 하고 공휴일이 연속될 때에도 같다.

[표 5] 범칙금·과태료 금액

위반내용		범칙금(운전자)			과태료(소유주 등)		
		승용차량 등	승합차량 등	면허벌점	승용차량 등	승합차량 등	면허벌점
속도 위반	20km/h이하	30,000	30,000	없음	40,000	40,000	없음
	20km/h초과~40km/h이하	60,000	70,000	15점	70,000	80,000	
	40km/h초과	90,000	100,000	30점	100,000	110,000	
신호위반		60,000	70,000	15점	70,000	80,000	
중앙선침범		60,000	70,000	30점	90,000	100,000	
고속도로 버스전용차로 통행		60,000	70,000	30점	90,000	100,000	
고속도로 갓길통행		60,000	70,000	30점	90,000	100,000	

7 범칙금납부통고서의 분실

범칙금납부기일 내에는 면허증과 같은 효력을 가지며 범칙금납부에는 지장이 없으므로 신고를 받아 정리하며 남용을 방지하기 위하여 재발급은 하지 않는다. 통고서, 영수증서, 영수필통고서, 범칙금납부고지서 등을 분실하거나 영수증서, 영수필통고서, 범칙금납부고지서 등 어느 한 가지를 분실하였을 때에는 단속관할지 경찰서장이 재발급한다. 분실하지 않은 다른 용지는 회수하고 재발급 사유를 기재하고 발급하여야 한다.

8 통고처분 불이행자

① 범칙금을 납부기간 내에 납부하지 아니한 사람은 범칙금 납부기간 만료일로부터 30일 이내에 범칙금액의 50/100을 더한 금액의 납부와 즉결심판을 위한 출석의 일시와 장소 등을 알리는 즉결심판 및 범칙금 등 납부통고서를 발송하여야 한다. 즉결심판을 위한 출석일은 범칙금납부기간 만료일로부터 40일이 초과되지 않도록 해야 한다.

② 경찰서장은 통고처분 불이행자가 범칙금 등을 납부하지 아니하고 즉결심판

기일에 출석하지 아니하여 즉결심판절차가 진행되지 못한 경우에는 그 통고처분 불이행자에게 지체 없이 범칙금 등의 납부와 즉결심판을 위하여 다시 정한 출석의 일시와 장소 등을 알리는 통고서로 즉결심판 출석최고를 하여야 한다. 즉결심판을 위한 출석일은 법원의 사정에 의하여 즉결심판을 할 수 없는 경우 등 다른 사정이 없는 한 범칙금납부기간 만료일로부터 60일이 초과되어서는 안 된다.

③ 지방경찰청장은 즉결심판 최고에도 불구하고 운전자인 통고처분 불이행자가 범칙금 등을 납부하지 아니하거나 즉결심판 기일에 출석하지 아니하여 즉결심판절차가 진행되지 못한 경우에는 통고처분 불이행자 운전면허의 효력을 일시 정지시킬 수 있다.

교통사고의 처리

제**2**장

1. 개 요

교통사고(traffic accident)라 함은 자동차 · 기차 · 전차 · 비행기 · 선박 등 교통기관에 의한 인명 및 재산상의 모든 사고를 말한다. 그러나 일반적으로 도로상의 차동차 사고를 의미한다고 할 정도로 자동차가 가장 많다. 오늘날 자동차의 대량 보급으로 자동차는 도로상에서 보행자와 가장 밀접한 관계에 있으므로 자동차 사고는 그 발생 건수가 급증하여 하루도 빠짐없이 발생하고 있기 때문에 커다란 사회문제가 되고 있다. 교통사고의 원인은 주로 운전자나 보행자의 부주의라 하겠으나 도로 폭이 좁고 안전시설이 불충분한 상황에서 지켜야 할 안전수칙이 너무 많은 데에도 그 원인이 있으며 이에 대한 적극적 정책이 요망된다.

교통사고가 발생하면 운전 관계자는 즉시 정차하여 부상자 구호와 도로상의 위험방지를 위하여 최선을 다하고 교통경찰관이나 인근 경찰관서에 사고현황을 보고해야 한다. 이러한 조치를 게을리 하면 운전자는 형사책임을 지게 되고 면허취소 · 운행정지 등의 불리한 처분을 받게 된다.[64]

자동차 사고가 어떤 원인에서 발생했을 때에는 그 사실 여부를 입증하여 피해자는 의사의 진단과 경찰관의 증명으로 자동차사고에 의한 손해배상을 받을 권리가 있다. 교통사고의 대부분이 안전운행의 불이행으로 발생하지만 보행자의 과실에 의해서도 많이 발생하므로 각자의 세밀한 주의가 사고 예방의 가장 큰 지름길이다.

---

64) 손봉선, 2006 : 377

2. 사고처리준비와 출동

교통사고 조사 경찰관은 관내지리, 교통상황, 병원 등 구호시설의 위치 및 전화번호 등을 파악하고 조사기구 등을 준비하는 등 사고처리를 위한 사전준비를 하여 신속히 현장으로 출동하여야 한다.

1 사전준비용품

① 기록용구 : 사고보고서, 현장약도용지, 방안지, 필기구, 분필, 스프레이페인트
② 현장조사용구 : 줄자, 굴림자, 사고조사용 계산자, 확대경
③ 도로의 흔적 : 야우 · 스키드마크 등에 의한 속도 측정표
④ 운전자행태파악 : 음주측정기, 약물복용여부 등
⑤ 현장보존용구 : 출입금지표지, 로프, 사고현장표시등, 사고표지판, 라바콘 등
⑥ 사고방지장구 : 이동식경광등, 반사헬맷, 반사혁대
⑦ 증거확보장구 : 후레쉬, 필름카메라, 콘크리트용 못, 망치
⑧ 조명기류 : 회중전등, 신호등
⑨ 구급용구 : 들것, 모포, 응급처치의약품, 백색천(謹弔), 응급처치 킷
⑩ 기타 : 삽, 자키, 밧줄, 장갑, 청소용구, 야광반도, 클립보드, 비옷 등

2 신고접수와 출동

(1) 신고접수

신고접수를 할 때에는 사고일시, 장소, 신고자의 인적사항, 사고의 경중 등에 대한 기초 자료를 확보하여 사상자 구호 및 교통안전 확보를 위하여 초동조치를 할 수 있는 경찰력을 동원하여야 한다. 뺑소니사건의 경우에는 신고

자의 인적사항을 파악하고, 도주차량의 종류와 특성을 확인하여 신속히 검거할 수 있도록 하여야 한다. 그리고 가해차량 운전자가 목격자인 것처럼 신고하는 경우가 있으므로 유의하여야 한다.

(2) 현장출동

교통사고 현장은 시간의 경과에 따라 현장이 훼손되어 증거자료가 파손되거나 변형되어 사고의 원인규명에 중대한 결과를 가져올 수 있기 때문에 신고접수 즉시 출동하여 현장보존, 증거수집 등에 유의하여야 한다. 사고 장소에는 가장 빠른 시간 내에 출동하여야 하며, 구급차를 출동시킬 수 있도록 대비하고 환자의 이송을 준비하여야 한다. 그리고 출동하는 경찰차량의 사고가 발생하지 아니하도록 특히 주의하여야 하고, 외곽도로에서 사고가 난 경우에는 출동하는 도중 대향차로에서 교행하여 진행하는 차량 중에 목격자가 있을 수도 있으므로 그 차량의 번호를 기록해 두어야 한다.

(3) 출동시 주의사항

① 사망 1명 이상 또는 중대한 사고의 경우에는 반드시 간부가 현장에 출동하여 조사에 임하여야 한다.
② 현장에 출동한 경찰관은 교통수신호 또는 교통표지의 설치 등으로 자체사고 및 추가사고가 발생되지 않도록 신속히 안전조치를 하여야 한다.

(4) 현장조치

교통사고현장은 제2의 사고가 발생할 위험성이 높은 곳이다. 교통사고가 발생하면 교통이 지체되고 운전자들이 구경하려는 심리가 발동하여 사람들의 주의력이 산만해지기 때문에 신속한 현장 안전조치를 강구하지 않으면 안된다.

① 사상자 구호조치

교통사고 현장에서 가장 중요한 것은 사상자의 적절한 조치가 신속하게 이루어져야 한다. 이미 사망한 자에 대해서는 예의를 다하여 정중하게 병원응급실로 이송하도록 하고, 부상자에 대해서도 신속하게 병원으로 이송할 수 있도록 119 등에 연락하여야 한다. 그리고 부상자의 상태를 파악하여 의식이 없는 사람에 대해서는 인공호흡과 심폐소생술을 실시하는 등 응급처치를 취하면서 병원으로 이송하여 전문 의료인에게 인계하여야 한다.

② 귀중품의 관리

현장에 도착한 경찰관은 사상자의 구호조치를 하면서 유류된 귀중품 등을 수집하여 제3자의 입회하에 목록을 작성하여 보관하였다가 보호자나 유족에게 인계하여 추후 문제가 되지 않도록 유의하여야 한다.

③ 교통의 소통

현장에서 사상자의 구호조치 등이 끝나면 사고에 따른 유류물품을 수집하여 증거를 확보하고 사고 상황에 대한 현장표시를 하여야 한다. 그리고 사고현장에 대해서는 신속하게 정리한 후 사고로 인하여 발생한 교통의 지체현상을 해소하여 신속하게 소통이 되도록 노력하여야 한다.

3. 보고 및 통보와 협조

1 보 고

사고발생을 인지하거나 신고를 접한 경찰관은 신속히 상사에게 발생일시, 장소, 사고의 종별, 피해상황 등을 즉보하여야 한다.

2 통 보

사고발생지가 타서 관내인 때는 필요한 초동조치를 취함과 동시에 신속히 통보하고 출동하여 조사케 하여야 한다.

3 구호기관의 협조

관내의 응급구호기관에 연락, 구급차 등 출동에 대한 협조를 하여야 한다.

4. 사상자의 구호

1 부상자의 구호

① 사고현장에서 부상자를 응급처치 등 구호하여 의사에게 인도할 때까지 출동 경찰관의 책임 하에 실시한다.

② 부상자는 사고현장 부근의 통행인 등의 협력을 구하여 가장 가까운 병원으로 이송하고 경우에 따라서는 의사와 함께 현장으로 출동하여 응급조치를 하여야 한다.

③ 부상자에 대한 응급조치가 필요한 경우 부상 정도에 유의하여 그 응급조치가 잘못되지 않도록 주의하여야 한다.

2 사망자의 조치

① 사망자의 시신에 대해서는 현상 그대로 도로에 방치하지 말고 백색시트 등

으로 덮어 예의를 다한다.

② 신속히 증거보전조치를 하고 사람의 눈에 띄지 않는 적당한 장소에 우선 이동하여 사자에 대한 예의에 반하지 않도록 한다.

③ 사망자 및 중상자의 소지품은 경찰관이 보관하여야 한다.

④ 검시, 기타 수속이 끝나면 신속히 입회의사의 검안서를 첨부하여 소지품과 함께 사체를 유족에게 인계하여야 한다. 유족이 없는 때에는 시, 읍, 면장에게 인계하여 매장하도록 한다.

5. 재사고방지와 교통회복

1 추가사고 방지

사상자의 수용, 구호, 현장보존의 필요상 일시 교통을 차단하거나 일방통행의 조치를 할 때는 반드시 교통경찰관을 배치하여 차량과 군중의 정리를 하게 함과 동시에 교통사고조사중이라는 표지판을 게시하여 추가사고의 재발을 방지하여야 한다.

2 교통회복

사상자의 수용, 구호와 사고조사가 끝나는 대로 제한한 교통을 신속히 해제하여 교통회복조치를 취한다.

6. 현장초동수사

1 현장의 보존조치

사고현장은 증거의 보고이기 때문에 보존조치를 철저하게 하여야 한다. 최초의 사고지점에서부터 최종상황에 이르기까지 스프레이로 표시를 하여 추후의 문제에 대비하여야 한다. 도로가 빙판이거나 설우의 경우에는 큰크리트 못을 이용하여 반드시 확실한 표시를 하여야 한다. 그리고 필요할 때에는 비상선을 설치하여 초동수사를 마무리할 때까지 출입금지표시(police line)를 설치한 후 현장수사가 완료되면 철거한다.

2 차량과 피해자의 위치표시

차량의 최종위치를 표시하고 사고지점에서 최종위치의 확인이 가능하도록 가로수, 가로등, 전주, 기타 특징 등을 표시하여 이동경로를 추적할 수 있도록 한다. 사고차량이 정지되어 있는 경우 바퀴의 중심점 또는 위치를 표시하고 충격부위를 확인하여 사진 촬영한다. 사상자에 대해서는 머리와 발의 방향, 자세 등을 표시하고 최초충격지점, 이동경로, 최종낙하지점 등을 표시한다.

[사진 1] 피해차량의 위치표시

[사진 2] 피해차량의 위치표시

③ 차량의 사고흔적

사고차량의 손상된 부분이 노면과 접촉하면 노면에 흔적을 남기는데, 노면을 길게 스치거나 긁힌 흔적이 나타나거나 노면이 깊게 패인 흔적을 남기는 경우가 있는데 이곳이 최초충격지점이라고 할 수 있다. 오토바이 사고에서는 핸들, 발판, 안전대 등 돌출부분은 도로에 긁힌 흔적을 남기게 되고 이러한 흔적은 사고경로를 나타낸다.

[사진 3] 자동차사고 흔적

4 액체유류물

　전면충돌사고가 발생하면 냉각수, 축전지액, 엔진오일 등이 쉽게 유류되는데 면밀하게 관찰하여 사진촬영하고 기록한다. 이러한 액체는 방울, 고임, 튀김, 흘러내림, 흡수, 자국 등의 현상으로 나타나고 튀김은 강한 충돌지점이고 고임은 최종정지지점이라고 생각할 수 있기 때문에 중요한 증거로 사용할 수 있다.

[사진 4] 사고 장소의 유류물 흔적

5 고체유류물품

　충돌사고 또는 전복사고에서 자동차가 파손되어 유류물품이 비산되는데 이 때 유류물품의 위치표시와 사진촬영을 한 후 수집하여 증거로 제시되어야 한다. 특히 유류된 부품에서 재고번호(lot no)가 발견될 경우 뺑소니 사건에서 도주차량의 범위를 한정하는 중요한 증거가 되므로 모두 수집하여야 한다.

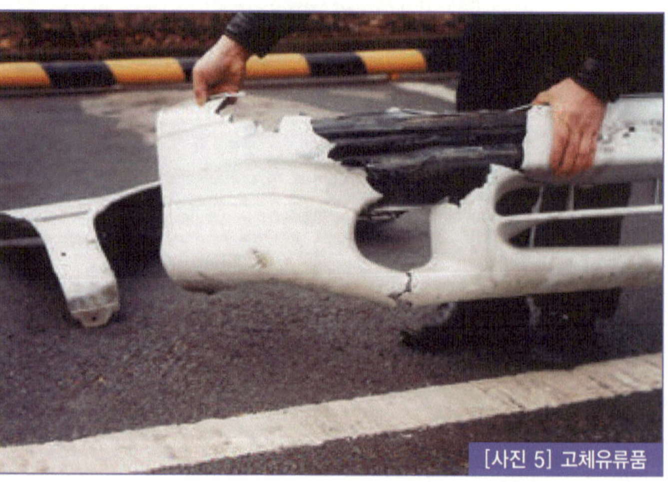

[사진 5] 고체유류품

6 타이어 흔적

(1) 스키드마크

교통사고 발생시 대표적으로 발생하는 타이어 흔적의 하나가 스키드마크이다. 이 흔적은 차량 타이어가 구르지 않고 잠겨진 상태에서 미끄럼 진행중에 발생된 타이어 흔적이다. 스키드마크흔적은 속도를 추정할 수 있고, 차량의 충돌전후 진행궤적을 알 수 있으며, 급제동시 이동과정에 대해 추정할 수 있고 사고발생전 이동상태도 추정이 가능한 것이다. 자동차사고에서 바퀴의 마찰흔적은 차량의 종류, 속도, 위치 등을 추정하는 중요한 단서와 기준이 될 수 있다. 사고현장에서 마찰흔적은 여러 가지 형상으로 나타나는데 스키드마크(skid), 요우마크(yaw), 스카프마크(scuff), 눌림흔적(imprint), 펑크타이어흔적(flat · puncture-tire), 가우지 흔적(gauge), 스크레치 흔적(scratch) 등이 남는다. 특히, 타이어의 스키드마크의 길이에 따라서 차량의 속도를 계산해 낼 수 있다. 그러나 반드시 스키드마크에 따라서 차량의 속도를 모두 정확하게 알 수 있는 것은 아니기 때문에 주의를 해야 한다. 스키드마크는 시작점 부근에서 희미하게 발생된 모습을 볼 수 있다. 이러한 희미하게 보이는 흔적을 스키드마크 잔영(skid mark shadow) 혹은 쉐도우마크(shadow mark)라고 한다.

(2) 스키드마크의 종류

① 스킵 스키드마크(skip skid) : 일정간격으로 통통 튀면서 나타나는 스키드마크로 바운스 스키드마크(bounce skid)라고도 한다.

② 갭 스키드마크(gap skid) : 차량이 급제동 후 제동을 풀었다가 다시 제동하면서 나타나는 스키드마크를 말한다.

③ 충돌 스키드마크(collision scrub) : 충돌시 발생되는 타이어 흔적을 말한다.

④ 크룩스 마크(crooks) : 스키드마크 발생 진행 중 갑자기 방향이 꺽인 흔적을 말한다.

⑤ 가열 타이어 마크(heating tire) : 젖은 노면에서 미끄러지면서 발생되는 타이어 흔적을 말한다.

⑥ 브로드사이드 스키드마크(broadside skid) : 차량이 정확히 옆으로 미끌어 지면서 발생하는 타이어 흔적이다.

⑦ 토잉 스키드마크(towing skid) : 견인할 때 견인되는 차량에 의해 발생되는 타이어 흔적을 말한다.

⑧ 임펜딩 스키드마크(impending skid) : 시점과 끝점을 정확하게 구별하기 힘들거나 잘 보이지 않는 스키드마크를 말한다.

⑨ 스워브 마크(swerve) : 스키드마크가 발생하면서 진행 중에 차량이 옆으로 이동되는 상태에서 발생된 마크를 말한다.

⑩ 스카프 마크(scuff) : 타이어의 구르는 속도가 차량의 진행속도보다 빠를 때 나타나는 것으로 차량은 서서히 움직이는 과정에서 타이어의 회전속도가 너무 빨라 발생되는 흔적이다.

[사진 6] 타이어 흔적(스키드마크)

7 사고차량의 보존과 사진촬영

사고차량은 증거자료로 매우 중요하기 때문에 사고의 원인규명이 완료될 때까지 보존하는 것이 매우 중요하다. 그리고 충격부위, 파손부위 등 중요한 부분에 대해서는 촬영하여 증거의 인멸에 주의하여야 한다.

7.　교통사고조사

1 현장조사의 목적

① 부상자의 구호 및 사체의 처리
② 사고확대방지와 교통소통의 회복
③ 사고방지 대책을 위한 정확한 원인조사
④ 형사책임의 규명
⑤ 기타 사고에 관한 제 자료의 수집

2 현장보존의 목적과 유의사항

(1) 현장보존의 목적

　교통사고 발생 원인과 사고에 대한 과실의 책임 소재를 명확히 하기 위하여 증거 수집을 목적으로 한다.

(2) 유의사항

① 사고현장 보존상 필요한 범위 내에서 교통을 차단 또는 일방통행조치를 하고 사고현장 표지판, 적색경광등을 설치하여 통행차량에서 사고현장을 알게 하여야 한다.
② 현장변경이 필요한 때에는 사전에 그 상황을 사진촬영하고 약도를 작성하여 사후 수사에 지장이 없도록 하여야 한다.
③ 자동차의 접촉, 충돌, 전도, 추락 등의 사고에서는 관계차량의 정차상태, 정차지점, 타이어흔적, 스키드마크, 피의 형적, 유리파편, 도막편, 유류품 등의 흩어짐, 기타 멸실의 우려있는 증거자료 등을 빠짐없이 수집함과 동시에 사진촬영하여 그 상황을 명확히 보전하여야 한다.

④ 사고와 관련 있는 현장 부근의 전주, 가로수, 기타 재물 등의 파손상태를
사진촬영 등으로 보존하여야 한다.
⑤ 현장 출동경찰관이 2명 이상일 때에는 그 임무를 분담하여 수행하고 상황
에 따라 일반인의 협조를 얻어 조치하여야 한다.

8. 목격자의 확보

1 목격자 또는 승객의 확보

사고현장에 최초로 임장한 경찰관은 교통사고처리지침에 따라서 목격자를 확
인하여 인적사항 등을 기록하여야 한다. 목격자는 가능한 한 다수인을 확보하여
야 한다. 그리고 현장임장과 동시에 목격자와 승객을 확인하고 주변에 주차 또는
정차한 자동차의 번호를 기록하여 추후에 필요할 경우 조사할 수 있도록 미리서
파악하는 것이 중요하다.

2 조사사항

① 목격자가 목격한 위치
② 가해차의 상황(진로, 속도, 경음기취명, 파괴상황, 충돌상황, 피해자구호상황)
③ 피해차의 상황(진로, 자세, 휴대품, 전도지점, 방향, 부상상황)
④ 피해자 및 가해자와 관계

9. 현장조사 및 특정지점의 확정

1 현장조사사항

① 사고발생 년, 월, 일시 및 위치(방향을 명확히 한다)
② 기상상황(맑음, 눈, 비, 어둠, 바람 등)
③ 현장의 상황

2 구체적 현장상황

① 도로의 폭(특히 유효폭)
② 차도, 보도의 구별, 횡단보도, 중앙선, 구획선, 정지선 유무와 그 폭
③ 노면의 상황, 포장, 자갈, 건조, 습기, 강설, 결빙, 강우, 요철 등
④ 도로의 위험 상황, 도로의 파괴부분, 공사개소 등
⑤ 도로의 직선, 굴곡, 경사도
⑥ 노상의 방치물, 노변설치장애물 유무
⑦ 도로양측의 상태
⑧ 교차점의 유무와 그 상황, 좌우의 시야, 교차의 각도
⑨ 신호기 도로표지의 유무와 그 위치, 종류
⑩ 교통량, 도로의 제한속도, 주정차규제의 유무
⑪ 야간사고의 경우 조명의 유무, 어둠의 정도
⑫ 사고를 추정할 수 있는 증거의 유무, 혈흔의 흔적, 유류품, 스키드마크, 물건
   의 손괴상황

3 특정지점의 확정

① 2점 방식 : 필요지점을 확정하기 위하여 기점 2개소를 선정하고 필요지점까지의 거리를 측정하는 방식

② 3점 방식 : 필요지점을 확정하기 위하여 기점 3개소를 선정하고 필요지점까지의 거리를 측정하는 방식

4 종합조사내용

가해자, 피해자, 목격자, 기타 입회인의 설명 등을 종합해서 조사하여야 한다.

① 가해자의 진로(차량의 진로)

② 가해자가 피해자를 발견할 수 있는 지점과 그 양자의 위치관계

③ 가해자가 피해자를 발견한 지점과 그 양자의 위치관계

④ 가해자가 사전에 위험예방조치(경음기취명, 서행, 방향전환 등)

⑤ 가해자가 사고발생의 위험을 느낀 때의 지점과 그 양자의 위치관계

⑥ 가해자가 사고방지의 비상조치를 취한 지점과 그 양자의 위치관계

⑦ 충돌, 접촉, 전도, 전복, 추락의 지점

⑧ 가해자의 전도지점과 방향

⑨ 피해자의 전도지점과 방향

⑩ 가해자(차량)의 진로

⑪ 목격자의 위치관계

⑫ 스키드마크 상황

[사진 7] 충격지점과 피해자의 위치

5 스키드마크 상황

스키드마크는 사고발생 직전의 속도와 진행방향 및 급정차조치상태를 파악하는 가장 중요한 증거이다. 스키드마크의 농도, 광협, 곡직, 방향, 길이 등에 의해서 그 차량의 제동력이 개시된 지점, 급제동의 강약, 방향전환의 유무 등을 파악할 수 있다.

[사진 8] 충돌지점과 스키드마크

6 운전자검거와 조사

교통사고에서 운전자의 확인과 신병확보 등은 매우 중요하다. 운전자가 도주한다든가, 운전하지 않은 사람이 운전했다고 주장하여 수사에 낭패를 보는 일이 일어 날 수 있음을 감안하여 동승자 등으로부터 진술을 받아두는 것이 중요하다. 운전자를 체포할 때에는 미란다원칙을 반드시 고지하고 조사할 때에는 6하 원칙 또는 8하 원칙에 의하여 간단명료하게 진술을 받아두는 것이 필요하다. 초동수사 과정에서 사건처리 경찰관이 임의로 판단하여 사건에 대한 과실유무 등 속단하는 이야기를 하는 것은 문제가 될 수 있기 때문에 주의해야 한다.

10. 가해차량의 상태와 피해상황

1 가해차량의 상태

① 차량의 소속 및 등록번호

② 명칭 및 연식, 형식, 용도, 사용의 정도

③ 정원, 적재량, 차량의 제원

④ 운전석의 위치, 전방시야상태

⑤ 제동장치, 조향장치, 경음기, 전조등 기타 자동차의 점검, 고장의 유무와 정도

⑥ 손상의 유무와 그 정도

⑦ 충돌부위 및 최초의 파손부위

⑧ 사고로 인하여 발생한 특별한 현상의 유무

2 피해상황

① 피해차량에 대한 충돌부위, 파손의 상태와 정도

② 피해자의 피해부위, 상해의 정도와 원인

③ 피해자의 신체, 착의, 소지품의 파손상황, 가해자동차의 도료부착유무

④ 피해자 사망의 경우 상세히 사체의 모양, 위치, 수족과 두부의 방향 등 확인

⑤ 피해차량의 손상상태 및 고장의 유무

⑥ 기타 물건의 손상상태

11. 도면작성과 사진촬영

1 도면작성

① 도면작성은 사실 인정에 중요하다고 인정되는 부분을 정밀하게, 그렇지 않은 부분은 비교적 간명하게 기재한다.

② 교통사고보고서식 용지를 사용하여 축척도를 그릴 때에는 1/400의 축적으로 하는 것을 원칙으로 하고 상황에 따라 축척비율을 조정하되 반드시 축척배율을 표기하여야 한다.

③ 평면도뿐만 아니라 필요시에는 입체도를 작성하여야 한다. 방위각도를 반드시 기재하여야 한다.

④ 거리의 측정, 지점의 확정에 대해서는 명칭을 붙여 특정지어야 한다.

⑤ 각 지점을 표시하는 부호에 대해서는 통일을 기하여야 한다.

⑥ 도로의 광협, 자동차의 대소, 거리의 장단 등의 비례를 잊지 않도록 하고 반드시 축척을 표시하여야 한다.

⑦ 차량의 사고지점과 정차지점을 표시하되 이동지점은 점선으로 표시하고 정차지점은 실선으로 표시한다.

⑧ 도면과 조서는 일체를 이루는 것이므로 작성자가 계인을 하여야 하며, 도면에는 작성자의 계급, 성명을 기입하고 날인하여야 한다.

2 사진촬영

사고의 현장 또는 사고에 중대한 관계가 있는 물건에 대해서는 반드시 사진을 촬영하여야 한다.

① 현장의 모양 및 최초 충돌지점, 유류품

② 차량의 손상상황

③ 피해상황

④ 전방좌우에 대한 시야상황

⑤ 차량의 모양

⑥ 스키드마크

⑦ 혈액, 도막편, 유리편, 파손자동차부품 등

⑧ 사고현장은 대상물이 넓게 흩어져 있는 경우가 많으므로 파노라마식 촬영을 하여야 한다.

⑨ 좁은 범위에 그치지 말고 그 주변의 지리적 상황, 교통표지, 좌우의 시야상황, 기타 특정물을 포함한 다각적인 촬영을 하여야 한다.

⑩ 촬영할 때는 목적물 촬영의 방향과 형적 등에 주의하여 반드시 그 크기를 파악할 수 있도록 하여야 한다.

⑪ 현장검증에 첨부하는 사진은 촬영의 위치, 방향을 도면에 명시함과 동시에 촬영자의 계급, 성명을 명기하고 사진에 계인을 하여야 한다.

⑫ 현장사진은 촬영하지 않았거나 촬영 후 현상이 되지 않았을 때에는 조사자가 목격한 상태를 그림으로 그려 기록을 유지하여야 한다.

12. 증거물의 압수와 감정

1 증거물의 압수

① 사고현장의 유류품은 후일의 증거가 되므로 수집 보관하되 압수를 요하는 물품은 사법적 절차에 따라 압수토록 한다.

② 사고현장에서 증거가 될 물건을 발견 압수할 때는 그 물건이 어느 장소에서 어떤 상태로 존재하였는가를 입회인과 함께 사진 촬영하여야 한다.

② 증거물의 감정

유류품(증거품)의 보관은 분실, 파손, 변질이 없도록 유의하여야 하며, 유류물건으로 가해차량을 특정하기 위해서는 피해자의 신체, 착의에 나타난 차량의 형적 등에 대해서 전문가에게 감정을 의뢰하여야 한다.

13. 피해자와 가해자의 조사

① 피해자의 조사

피해자에 대한 조사는 목격자 및 현장사고조사가 끝나는 즉시 다음 각호에 대한 조사를 하여야 한다.

① 피해자의 신분 및 일신에 관한 특수사정
② 심신장애의 유무
③ 이동경로, 보행자세, 자전거 승차방향
④ 충돌전 가해차의 진행인식 여부와 위치 및 가해자 외의 위치관계
⑤ 전도지점, 방향 및 상황
⑥ 상해의 부분과 그 정도
⑦ 가해자에 대한 처벌희망여부
⑧ 음주 및 기타 약물중독 여부
⑨ 질병유무와 고통 등 정신상태
⑩ 사고 직전의 형태 등

2 가해자의 조사

가해자의 조사는 가해차량 운전자에 대한 조사를 말하는 것으로 현장조사, 목격자에 대한 조사, 가해차량에 대한 조사, 피해자에 대한 조사가 끝나면 가해차량 운전자에 대하여 다음과 같은 사항을 조사하여야 한다.

① 운전자의 신분관계, 가족관계, 재산 및 수입관계

② 면허관계, 운전경력관계

③ 자동차 보험 또는 공제가입여부

④ 전과, 교통사고의 전력, 교통법규위반, 행정처분의 유무

⑤ 사고발생전의 근무, 취업상황

⑥ 사고당시의 심리적 상황(사상, 감정, 고민 등)

⑦ 사고당시의 신체적 상황(질병, 피로, 졸음, 음주, 약물중독 등)

⑧ 사고당시 운전한 차량

⑨ 사고발생 직전의 상황(잡담, 한눈팔기, 장난, 흡연, 전화 등)

⑩ 현장의 모양(도로형태, 장애유무 등)

⑪ 사고발생 상황

⑫ 사고발생 후 운전자의 조치

⑬ 운전자가 인식하지 못한 사항

⑭ 주의의무의 내용과 이를 태만히 한 이유

⑮ 기타 필요한 사항

14. 실황검증조서 작성

1 실황검증조서

실황검증시의 일기를 기재하여야 하며 사고발생시의 일기는 보고서, 진술서 등

에 명시하여 작성하여야 한다.

2 작성상 유의사항

① 실황검증조서는 검찰청, 법원, 기타 소송관계인에 대하여 사고의 상태를 알게 하는 자료가 되므로 객관적으로 표시하여야 한다.

② 조사자의 주관에 의한 취사선택을 하여서는 아니 되며, 주관적 판단과 의견을 기입하여서는 안 된다.

③ 가해자, 피해자, 목격자 기타 입회인의 지시, 설명의 기재는 사고발생 전후의 모양을 확정하기 위해 근거가 필요한 그 장소, 목적물의 위치, 상황을 그려야 한다.

④ 조서는 구체적으로 기재하여야 한다.

⑤ 기재방법은 정확을 기하여야 하므로 '약', '비교적' 등 막연한 표현을 하여서는 안 된다.

⑥ 조서는 간단명료하게 작성하여야 한다.

3 검증조서 기재순서

① 가해자명, 사건명

② 실황검증을 행한 경찰관의 계급, 성명

③ 실황일시, 장소, 물건의 표시

④ 실황검증 목적의 표시

⑤ 실황검증 입회인의 성명(피해자, 피의자, 목격자로 구별하여 기재한다)

⑥ 실황검증의 결과

⑦ 실황검증조서 작성 년·월·일·시의 표시 및 작성자의 계급, 성명과 서명, 날인

15. 교통사고 처리기준

1 사고처리 기준

(1) 치사사고

교통사고처리특례법 처벌의 특례(제3조 제1항)를 적용하여 형사입건하여 처리한다.[65]

(2) 치상사고

① 피해자의 불벌의사가 있을 때 즉, 합의가 되었을 때에는 교통사고처리특례법 제3조 제2항 적용 '공소권 없음'으로 처리하되, 그 원인행위만 도로교통법 해당법조를 적용하여 통상 처리한다.

② 피해자의 처벌의사가 있을 때 즉, 합의가 안 되었을 때에는 교통사고처리특례법 제3조 제1항을 적용하여 형사입건 처리한다.

③ 피해자의 처벌의사에 관계없이 처벌하는 경우 즉, 합의여부에 불구하고 사고의 원인행위가 교통사고처리특례법 제3조 제2항[66] 단서의 도주 또는 10개 항목에 해당될 때에는 교통사고처리특례법 제3조 제1항을 적용하여 형사입건 처리한다.

(3) 물적 피해사고

① 피해자의 불벌의사가 있을 때 즉, 합의가 되었을 때에는 교통사고처리특

---

[65] 차의 운전자가 교통사고로 인하여 업무상과실치사상(형법 제268조)의 죄를 범한 때에는 5년 이하의 금고 또는 2천만원 이하의 벌금에 처한다.

[66] 차의 교통으로 동조 제1항의 죄 중 업무상과실치상죄 또는 중과실치상죄와 도로교통법 제151조의 죄를 범한 운전자에 대하여는 피해자의 명시한 의사에 반하여 공소를 제기할 수 없다. 다만, 차의 운전자가 제1항의 죄 중 업무상과실치상죄 또는 중과실치상죄를 범하고 피해자를 구호하는 등 도로교통법 제54조 제1항의 규정에 의한 조치를 하지 아니하고 도주하거나 피해자를 사고 장소로부터 옮겨 유기하고 도주한 경우 교통사고처리특례법 10개 항목에 해당하는 행위로 인하여 동죄를 범한 때에는 그러하지 아니한다.

례법 제3조 제2항을 적용 '공소권 없음'으로 처리하되, 그 원인 행위만 도
로교통법 해당 법조를 적용하여 처리한다.

② 피해자의 불벌의사가 없을 때에는 도로교통법 제108조를 적용하여 형사입
건 처리한다. 단, 피해액이 20만원 미만일 경우에는 즉심회부 처리한다.

③ 가해자가 교통사고로 인한 피해를 전액 보상할 수 있는 보험 또는 공제에
가입한 때에는 교통사고처리특례법 제4조 제1항에 의하여 '공소권 없음'
으로 처리하되, 그 원인행위만 도로교통법 해당법조를 적용하여 처리한
다. 다만, 치상사고의 원인행위가 교통사고처리특례법 제3조 제2항 단서
의 내용에 해당될 때에는 보험 등에 가입되었더라도 형사입건 처리하여야
한다.

④ 교통사고 야기 후 도주하였다가 검거된 경우에는 인명사고일 때에는 특정
범죄가중처벌등에관한법률 제5조의 3을 적용하여 형사입건 처리한다. 단
순 물적 피해사고인 때에는 도로교통법 제106조 적용 형사입건 처리한다.
그러나 교통사고 야기 후 사상자 구호 등 사후조치는 하였으나 신고를 하
지 않았을 때의 교통사고는 제3항의 내용에 따라 처리하되 피해자의 구호
와 교통질서회복을 위하여 당사자의 개인적인 조치를 넘어 경찰관의 조직
적인 조치가 필요하다고 인정될 경우 도로교통법 제111조를 적용 형사입
건한다.

16. 교통사고 인계처리

다음 각호에 해당될 때에는 교통사고로 처리하지 아니하고 업무 주관부서에 인
계하여 처리토록 한다. 그러나 사고 관련자가 교통사고를 피할 수 있는 시간적 여
유가 있을 때에는(회피 가능성) 그러하지 아니한다. [67]

---

67) 교통사고처리지침 제22조

① 명백히 자살이라고 인정되는 때
② 확정적 고의범죄에 의하여 타인을 사상하거나 물건을 손괴한 때
③ 건조물 등에서 낙하물에 의하여 차량의 운전자 또는 동승자가 사상하였을 때
④ 축대, 절벽이 무너져서 도로를 진행 중인 차량이 손괴되었을 때
⑤ 사람이 건물, 육교 등에서 추락하여 진행 중인 차량과 충돌 또는 접촉하여
 사상하였을 때
⑥ 기타 안전사고

17. 사고처리 요령

■ 교통사고 조사자의 조치

교통사고 조사자로 지정된 경찰관은 다음과 같은 요령으로 사고를 신속, 정확하게 처리하여야 한다.

(1) 인적 피해

① 공소권 있는 사고(사망, 도주, 중요법규 10개항 위반 및 미합의 또는 보험·공제미가입사고)는 교통사고보고서 및 수사서류를 작성하여 가해자를 원칙적으로 24시간(단, 관계증빙성류 필요시 48시간) 내 구속 또는 불구속 수사여부를 결정 신병처리하고 수사기록은 기소의견으로 검찰에 송치하여야 한다.

② 공소권 없는 사고(사망, 도주, 중요법규 10개항 위반 등에 해당되지 않고 합의 또는 보험(공제)에 가입된 사고)는 교통사고보고서를 작성하여 원칙적으로 24시간 내(단, 관계증빙서류필요시 48시간 내) 원인행위에 대하여 교통범칙자 적발보고서(통고처분) 또는 교통법규위반자 적발보고서(즉심청구)를 작성 후 교부 종결(귀가조치)하고 관계기록을 지체 없이 검찰에

송치하여야 한다. 공소권 없음이 명백한 사고는 피의자신문조서, 참고인 진술조서, 신병보증 등을 생략한다. 이때 검찰에 송치하는 관계기록은 다음과 같다.

- 송치서
- 의견서
- 범죄인지보고서
- 교통사고보고서(서류 하단에 '공소권 없음'이라는 고무인을 날인한다)
- 진단서, 견적서
- 합의서, 보험·공제가입 사실증명서
- 운전면허증 사본[68]
- 현장사진 및 각종 증거자료 일체
- 범칙금 통고처분서
- 범죄발생 통계원표

③ 사망, 도주, 주요법규 10개항 위반에는 해당되지 아니하나 보험·공제에 미가입된 사건은 합의될 가능성이 전혀 없는 등 특별한 경우를 제외하고 2주일간의 합의 유예기간을 두며, 그 기간 내에 합의가 성립되면 '공소권 없음'으로 처리하고 기간내 합의되지 않을 때는 '공소권 있음' 사고로 합의유예기간 경과 즉시 처리하여야 한다. 2주일 후에 합의 된 경우에도 검찰송치 전이면 같은 요령으로 처리한다. 다만 1개월을 초과할 수 없다.

(2) 물적 피해

① 보험 또는 공제에 가입되지 않은 사고로서 합의될 가능성이 전혀 없거나 도주의 염려가 있을 경우를 제외하고는 2주일간의 합의유예기간을 두며, 그 기간 내에 합의가 성립되면 '공소권 없음'으로 처리하고 기간 내에 합의되지 않을 때는 '공소권 있음' 사고로 합의유예기간 경과 즉시 처리하여야 한다. 다만 대물피해액 20만원 미만의 사고로 미합의 또는 보험·공제 등에 가입되지 않은 때는 즉심청구서를 작성하여 24시간 내에 즉심에

---

68) 전·후면 사본으로 지문에 갈음한다. 다만, 주민등록증 미발급 또는 미소지자는 지문을 채취한다

회부한다.

② 합의 또는 보험에 가입된 사고는 '공소권 없음'으로 사고 처리요령에 의
거하여 처리한다.

(3) 고속도로 교통사고

지역관할 경찰서장은 고속도로순찰대 지구대장으로부터 교통사고사건을
인수하면 다음 요령에 의거 처리하여야 한다.

① 고속도로순찰대장으로부터 '공소권 없음'이라고 표기된 교통사고기록을
인수하면 범죄사건부에 등재하고 송치의견서를 작성하여 서류만을 검찰
에 송치한다.

② 사망, 도주, 중요법규 10개항 위반에는 해당되지 아니하나 보험에 미가입
된 사건은 합의될 가능성이 전혀 없는 등 특별한 경우를 제외하고 2주일
내의 합의 유예기간을 두며 그 기간 내에 합의가 성립되어 '공소원 없음'
으로 처리할 때에는 사고당시의 원인행위에 대하여 통고처분 또는 즉심에
회부하고 서류만 검찰에 송치한다.

③ 합의되지 않는 20만원 미만의 물적 피해사고는 기록과 즉심청구서 원본을
인수한 후 즉시 주소지 관할 경찰서장에게 이첩하여야 한다.

18. 교통사고조사의 종결

교통사고의 조사·보고·통보는 신속히 처리하여야 하며 특별한 사유가 없는
한 다음 기간 내에 종결 처리하여야 한다.[69]

---

69) 교통사고처리지침 제24조

1 단순 물적 피해

단순 물적 피해사고로서 피해견적서 및 사고 관련자간에 합의가 성립되어 합의서가 작성된 경우는 24시간 내에 종결 처리한다.

2 인명피해

① 인명피해사고 및 물적 피해사고로서 피해증빙서류 및 합의서 또는 보험가입 증빙서류가 필요한 경우에는 관계서류를 신속히 구비하여 48시간 내에 종결 처리한다.
② 피해 진단서 미발급, 견적서, 합의서, 보험가입증빙서류 제출지연 등 특별한 경우에는 조사처리 지연사유를 보고하고 빠른 시일 내에 종결 처리하되 2주일을 초과하여서는 안 된다.
③ 피해자의 혼수상태, 기타 피해상황을 판단하기 곤란한 경우에는 검사의 지휘를 받아 빠른 시간 내 종결 처리한다.

19. 대형교통사고

대형교통사고라 함은 차의 교통으로 사고가 발생하여 그 피해가 사망 3명 이상, 상해 20명 이상, 기타 사회물의를 일으킨 사고를 말하는 것으로 그 파장을 고려하여 신속하고 정확하게 처리하여야 한다.

1 보고와 통보

① 대형사고 발생시에는 조치를 취하고 동시에 지체 없이 사고발생 상황을 6하 원칙에 의거 경찰청에 즉보하고 관계기관에 통보 등 필요한 조치를 하여야 한다.

② 종합상황실장은 대형교통사고 발생보고를 접수하였을 때에는 그 상황을 경찰청에서는 주무과장, 각 국장, 경찰청장, 장관 등에게, 시ㆍ도 지방경찰청에서는 주무과장, 시ㆍ도 지방경찰청장, 시ㆍ도지사 등에게 보고하여야 한다.

③ 시ㆍ도 지방경찰청 종합상황실장은 관계기관인 시ㆍ도운수과, 사고차량소속회사 등에 통보하여야 하며, 그 조치가 불가능할 때에는 경찰청 종합상황실장에게 보고하여 조치하는 등 대책을 강구하여야 한다.[70]

2 지휘본부의 설치

사고의 신속한 처리와 사후수습을 위하여 시ㆍ도 지방경찰청 또는 관할 경찰서장 책임 하에 다음과 같이 지휘본부를 설치하여 운영한다.[71]

① 지방경찰청 지휘본부 : 각 시도ㆍ지방경찰청 교통과에 설치하는 것을 원칙으로 하고 다만, 야간에는 상황실에 설치한다.

② 경찰서 지휘본부 : 경찰서에서는 경비교통과에 설치하는 것을 원칙으로 하고, 야간에는 상황실에 설치한다.

③ 사고현장지휘본부 : 긴급대형사고는 교통사고 상황에 따라 필요시 사고현장에 설치한다.

---

70) 교통사고처리지침 제25조
71) 교통사고처리지침 제26조

3 지휘본부의 구성

① 지휘본부에는 통신망으로 전화 2대 이상을 설치하고 책임간부 외 직원 2
명이 정착하여 인원, 장비동원상황, 사고수습진행상황 등을 경찰청 교통
안전과 또는 종합상황실에 보고하여야 한다.

② 고속도로에서 발생한 사고는 관할지구대 또는 사고현장에 지휘본부를 설
치하고 지방경찰청 또는 관할 경찰서와 협조하여 사고를 처리하여야 한다.

4 대책위원회설치

(1) 위원회의 구성

사후 수습대책위원회구성은 관할시장, 군수를 위원장으로 하고 관할 경찰
서장을 부위원장으로 하며, 해당 시·도로국장 또는 운수과장, 기타 지역기
관장 등 약간 명을 위원으로 한다.

(2) 집행부의 설치

① 현장조사 및 처리반으로 해당 시도지방경찰청 교통·수사과 등에서 처리
한다.

② 유족확인 및 대표선출은 시·군 내무과장 및 읍·면·동·통·이장 및
관내 유지급으로 구성한다.

③ 유족수습으로 관할시장, 군수, 도운수과, 당해회사 대표, 기타 관내 유지급
으로 한다.

④ 사체처리는 관할 경찰서장 및 관할 보건소장, 장의사 등으로 한다.

(3) 경호 및 연락반

경호는 관할 경찰서장이 책임을 맡고, 연락은 관할 경찰서에서 2명, 관할
시·군에서 2명이 담당한다.

5 대책위원회의 임무

(1) 사상자에 대한 조치

관할 시장·군수의 소관으로 분산안치를 원칙으로 관, 수의, 분향대, 독경, 예장 등을 준비하고 보건소장으로 하여금 의사동원, 위생조치토록 한다.

(2) 유족확인 및 전권대표 선출

관할 시장·군수의 소관으로 유족은 사체 1구당 1명으로 국한하고 호적등 초본을 제출케 하여 주민등록증과 대조·확인한다. 유족에 대해서 일련번호 제를 실시, 검은 리본 또는 완장을 패용토록 해서 일반인과 구분하고 3명 이 내의 전권대표를 선출토록 한다.

(3) 위자료 조정

해당 시·도지사 책임 하에 1·2단계로 나누어 제1단계에서는 현지 위원회 가 유족대표 및 회사대표와 협의조정 처리한다. 제1단계에서 처리가 불가능 한 경우에는 시·도지사 및 지방경찰청장이 유족대표, 회사대표 등과 협의 조정처리 한다.

(4) 위자료지급 및 장례절차

수습대책위원장은 회사대표와 협의하여 유족에게 위자료를 지급하는 동시 에 장의는 개별 장의식을 원칙으로 한다.

(5) 사체호송 및 사후조치 확인

유족에게 사체인도의 정확을 기하고 호송은 경찰관 책임 하에 실시하며 안 장여부를 확인하여야 한다.

⑥ 최종결과보고

각 시 · 도 지방경찰청장은 대형교통사고 발생에 대한 사후수습 등 기타 필요한 조치를 한 후에는 반드시 사고발생 5일 이내에 다음 사항을 경찰청 교통안전과에 보고하여야 한다.[72]

① 대형교통사고 분석기록카드작성 보고

② 유가족의 동향 등 사후수습 최종결과 보고

20. 급발진 사고

대법원에서는 차량급발진 사고에서 제작회사의 책임이 없는 것으로 최종 판결했다. 재판부는 여러 단계의 실험결과 운전자가 가속페달을 밟지 않은 상황에서 차량의 급발진이 이루어 질 수 없다는 것이 증명되었고, 문제가 된 시프트 룩(shift look)이 급발진을 방지하기 위한 장치가 아닌 만큼 제작회사가 급발진 사고를 예방하기 위한 대체설계에 소홀했다는 지적도 수용할 수 없다고 밝혀 이에 대한 책임소재에 대하여 분명하게 한계를 정하고 있다. 그러므로 급발진사고에 대해서는 학계와 자동차연구소, 기계공학연구소 등에서도 이에 대한 해답을 내놓지 못하고 있다. 이상과 같은 여러 가지 사안을 감안할 때 모든 자동변속장치 운전자는 시동을 건 후 바로 출발하지 말고 일정시간 엔지의 작동이 정상적인 상태로 회전하고 있을 때 D드라이브로 이동하여 관찰한 후에 출발을 시도하여야 할 것으로 판단된다.

---

72) 교통사고처리지침 제29조

21. 수사상 유의사항

1 사고 발생시 피의자 추적

피해자 또는 목격자가 직접 도주하는 피의자를 추적 검거

2 도주로 차단, 검문검색 등

① 관내 지구대 · 파출소 등에 긴급배치
② 도주로 차단, 목배치 검문검색
③ 병원, 자동차정비소 등 탐문수사

3 목격자 확보, 탐문

① 사고현장 탐문수사로 목격자 확보가 우선
② 전단, 대중매체이용 목격자 신고 유도
③ 운수회사, 현장주변회사, 기타 목격자 신고 의뢰문 발송

4 사고현장 관찰

(1) 페인트 흔적 또는 도막 등 수거
국립과학수사연구소에 감정 의뢰하여 72종의 페인트 식별 가능

(2) 차량부속물, 라이트, 렌즈, 윈도우, 백미러 등 유리파편 수거

자동차 생산회사에 의뢰 제조년식, 부착차량 등 확인 가능

(3) 타이어흔, 유지, 토사, 적재물 등
국립과학수사연구소 등에 의뢰 해당차량 확인 가능

(4) 지문, 장문, 혈흔, 모발, 창상, 족적 기타 유류물품 등
현장에서 식별기법을 이용 피의자 추적 가능

(5) 피해자 사망시
접촉사망은 사체부검 및 의복 등을 감정하여 차종과 차색 등의 식별이 가능

교통사고 실황조사

경·찰·교·통·론

1. 개요

교통사고의 실황조사라 함은 이미 발생한 교통사고에 대하여 사고당시의 상황대로 다시 임의 실행하여 사고의 원인, 과정, 결과 등을 밝히기 위한 현장조사를 의미한다. 이 때 사고에 관여된 차량이나 보행자 등에 대하여 상세한 상황을 결정하기 위하여 사고 당시의 상황을 사실대로 현출시키는 것이 매우 중요하다. 그러므로 가해자, 피해자, 참고인 등의 진술을 토대로 증거물의 유무와 현장상황을 상세하게 확인하여야 한다. 교통사고의 실황을 조사하기 위하여 사고재현은 피해자 또는 가해자 등이 경찰의 교통사고처리결과에 대하여 불만을 품고 이의신청을 하거나 재조사요구를 할 때에는 반드시 재현하여 의혹을 안전하게 해결하여야 한다. 교통사고의 상황을 현장에서 조사하는 것을 실황조사라 하고 형사범죄의 현장조사를 현장검증이라 한다.

2. 실황조사의 과정

1 사고의 재구성

사고의 재구성은 수집된 증거물과 자료 그리고 피해자, 가해자 등의 진술 등을 토대로 사고 상황을 사실에 가장 근접하게 현출하여 사고의 원인과 과정을 분석하고 검토하여 결과를 확인하기 위한 실황을 의미한다. 이 때 주의할 사항은 재구성의 과정을 스케치하고 촬영하여 실황의 증거를 확보하여야 한다.

2 추리와 검증

교통사고의 실황조사는 피해자, 가해자, 참고인 등의 진술을 듣고 증거물을 수집하여 분석하고 검토하여도 실체적 진실에 도달하지 못하여 의혹에 휘말리는 경우가 있을 수 있기 때문에 사고의 전체상황을 참고하고 피해자, 참고인, 피의자 등의 진술과 증거물을 근거하여 역 추적하는 것을 의미한다. 그러므로 추리를 할 때에는 해결해야 할 문제점을 명확히 하고 이용 가능한 자료를 충분히 활용하여 발생할 수 있는 여러 가지의 가설을 설정하여 검증하여야 한다.

3. 실황조사의 실시

일반적으로 교통사고는 단 1~2초 이내의 매우 짧은 시간에 이루어지는 것이기 때문에 그 과정을 아무리 세심하게 주의를 하더라도 문제점이 발생할 수 있다. 그러므로 실황조사를 실시할 때에는 기본적인 자연의 법칙, 물리의 법칙, 자동차의 특성, 도로의 특성 등에 대한 해박한 지식이 필요하며 다음과 같은 내용을 반드시 숙지하고 있어야 한다.

1 운동의 법칙

(1) 관성의 법칙(law of inertia)

정지해 있는 물체는 계속 정지상태를 유지하고, 운동하던 물체는 직선상에서 일정한 속도를 계속하여 유지하려는 등속운동(uniform motion)을 하려고 하는 것으로 뉴턴의 제1운동법칙이라 한다. 그러므로 자동차가 주행 중 장애물을 발견하고 브레이크를 밟으면 바로 정지하지 않고 미끄러지면서 정지하는 것을 말한다.

(2) 가속도의 법칙(law of acceleration)

뉴턴의 제2운동법칙으로 자동차의 가속도는 힘의 크기에 비례하고 질량에 반비례하는 원칙을 의미한다. 운동의 방향과 속력을 함께 표현하는 것을 속도라고하며, 일정한 시간 사이에 나타나는 속도의 변화를 가속도라 한다.

(3) 작용과 반작용의 법칙(law of action and reaction)

한 물체가 다른 물체에 힘(작용력)을 주면 반드시 크기가 같고 방향은 반대인 힘(반작용력)을 되받는다. 작용력과 반작용력은 반드시 작용하는 곳이 다르다. 이와 같은 법칙에 의하여 자동차가 다른 자동차에 힘을 작용하면 상호 힘이 작용한다. 이 때 한쪽의 힘을 작용이라 하고 다른 쪽의 힘을 반작용이라 한다.

2 중력에 의한 운동

(1) 자유낙하운동

중력이라 함은 지구부근의 물체는 지구의 중심방향으로 끌어당기는 힘을 말한다. 손에 들고 있는 물건을 떨어뜨리면 중력에 의해 자유낙하운동을 하며, 중력가속도에 의해 등가속도 직선운동을 한다.

(2) 수평방향의 물체의 운동

수평방향의 운동은 공기저항 외에는 저항을 받지 않고 수직방향의 운동은 중력에 의한 자유낙하운동을 한다.

③ 마찰력과 계수

(1) 마찰력(friction force)

마찰력이라 함은 물체의 운동을 방해하는 힘을 말하는 것으로 두 물체가 마찰할 때 생기는 것으로 두 물체 사이의 저항력이라고도 한다. 마찰력=마찰계수ㆍ저항력=중력 등으로 표시하기도 한다.

(2) 마찰계수(coefficient of friction)

마찰계수라 함은 두 물체의 마찰면에 생기는 마찰력의 크기와 수직으로 작용하는 압력의 크기와의 비를 말한다. 자동차 바퀴의 마찰계수는 매우 다양하다. 예를 들면, 자동차의 전체바퀴가 제동이 걸린 상태의 마찰계수, 일부바퀴만 회전하고 있는 상태의 마찰계수, 모든 바퀴가 회전하고 있는 상태의 마찰계수 등 다양하다. 마찰계수는 물체를 횡으로 움직이는 힘을 무게로 나눈 수로 나타낸다.

(3) 견인계수(coefficient of traction)

가속도를 물체의 무게로 나눈 힘을 내기 위한 것을 말하는 것으로 끌어당기는 힘을 의미하기도 한다. 마찰계수와 혼동되기도 한다. 자동차에서 견인계수 값과 마찰계수 값이 동일한 경우는 모든 바퀴가 잠기고 평평한 도로를 미끄러질 경우에만 해당된다. 견인계수는 자동차의 구체적 상태와 도로의 기울기에 영향을 받는다. 실제 교통사고에 적용할 경우 자동차 바퀴의 잠김 여부 및 도로의 기울기 등을 고려한 견인계수를 사용하여야 한다.

4 회전운동

(1) 구심력(centripetal force)

물체가 원운동을 할 때 중심으로 쏠리는 힘을 말하며, 원운동을 하는 물체는 중심으로 힘의 방향이 작용하는 것을 말한다.

(2) 원심력(centrifugal force)

물체가 원운동을 할 때 그 물체에 작용하는 관성의 힘을 말하는 것으로 원의 중심에서 멀어지려는 방향으로 작용하는 힘을 말한다.

5 자동차의 특성

(1) 크립 현상(creep)

자동변속기 자동차는 시동이 켜진 상태에서 변속기를 D의 위치에 두게 되면 점점 전방으로 나아가게 되는 동력을 말한다.

(2) 노우즈다이브 현상(nose dive)

차량의 무게중심의 높이는 바퀴지지대 스프링(suspension spring) 보다 높기 때문에 진행하는 차량이 급제동을 하게 되면 계속 진행하려는 차체의 관성력으로 무게 중심이 앞쪽으로 쏠리면서 전륜의 지지대는 수축하게 되고 후륜의 지지대는 확장되어 차량 전면부가 지면을 향해 내려가는 현상을 의미한다.

(3) 한계선회 속도(limit turning speed)

곡선 도로를 진행하는 자동차는 직선도로를 진행할 때보다 주행 가능한 한계최고속도가 제한될 수밖에 없다. 이러한 한계속도를 넘어 진행하게 되면 차량은 도로의 옆으로 미끄러지면서 도로를 이탈하게 된다. 이렇게 곡선도로에서 차량이 미끄러지지 않고 주행할 수 있는 최고속도를 말한다.

(4) 수막현상(hydroplaning)

　자동차가 빗길을 주행할 때 타이어의 접지면과 도로 사이에 수막이 형성되는 것을 의미한다. 자동차가 고속으로 주행하면 타이어의 트레드의 홈 사이로 물이 미처 배출되지 못하여 타이어는 도로와의 접촉을 잃게 되어 물 위에 떠있는 것과 같은 상태가 되는 현상을 말한다.

(5) 과다선회(excess or little turning)

　자동차로 곡선도로를 회전할 때 나타나는 현상으로 핸들을 조향한 상태로 가속했을 때 조향한 선회반경보다 실제선회반경이 커지는 것을 과소선회라 하고, 조향한 선회반경보다 실제선회반경이 작은 경우를 과다선회라 한다.

(6) 선회력(cornering force)

　자동차가 선회운동을 할 때 발생하는 원심력에 대하여 저항하는 타이어와 노면상의 마찰력을 의미한다.

(7) 정지거리(stoppage distance)

　자동차 운전자가 위험을 인지하고 브레이크를 밟아도 자동차가 완전히 정지하기까지는 어느 정도 필요한 거리를 의미한다. 실제로 자동차의 브레이크가 작동되지 않고 있는 동안 자동차가 진행되는 공주거리를 말한다.

(8) 페이드(fade)

　자동차의 브레이크 기능이 점차적으로 떨어지는 것을 말한다. 고속주행 또는 내리막도로에서 짧은 시간에 브레이크를 많이 사용하면 브레이크슈와 드럼이 과열되어 마찰계수가 작아지면서 브레이크 기능이 떨어지는 현상을 의미한다.

(9) 스탠딩 웨이브 현상(standing wave)

　주행자동차는 타이어의 후면 트레드에 변형이 발생하고 이 변형은 복원과 변형이 반복되는데 고속으로 주행할 때에는 타이어의 변형부분이 복원이 되기 전에 다시 회전하기 때문에 타이어의 트레드부위가 물결모양으로 진동하는 것을 말한다.

(10) 베이퍼 록(vaper lock)

고속주행 또는 내리막 도로에서 브레이크를 계속사용하면 브레이크드럼과 라이닝이 과열되며, 이렇게 되면 브레이크 오일의 온도가 올라가면서 기포가 발생하게 되며 기포가 스폰지와 같은 기능을 하여 브레이크를 밝아도 유압전달이 되지 않아 브레이크가 잘 작동되지 않는 것을 말한다.

6 도로의 흔적

(1) 스키드마크(skid mark)

진행하는 자동차가 갑자기 브레이크를 조작하면 노면에 타이어의 마찰에 의해 타이어 흔적이 남게 되는 현상을 말한다. 브레이크가 중간에 풀렸다가 다시 제동될 때 스키드마크의 중간부분이 3m내외로 끊어지는 현상을 갭(gap) 스키드마크라 하고, 스키드마크가 반복적으로 끊어지거나 가늘어졌다가 넓어졌다가 하면서 1m내외로 만들어진 흔적을 스킵(skip) 스키드마크라 한다.

(2) 요 마크(yaw mark)

자동차의 바퀴가 돌면서 다소 차축과 평행하게 좌우 옆으로 미끄러진 타이어의 마찰흔적이 나타나는 것을 말하는 것으로 원심스키드마크, 측면미끌림, 편주마크, 편요마크 등으로도 불린다.

(3) 충돌 스크럽(collision scrub)

차량이 심하게 충돌할 때 차량의 손상된 부품이 타이어를 압박하여 회전을 방해하고 동시에 충돌에 의해 지면을 향한 큰 힘이 작용하게 되며, 타이어와 노면 사이에는 순간적으로 강한 마찰력이 생겨 흔적을 남긴다. 최대 접촉시의 바퀴위치를 의미하기 때문에 충돌지점을 나타내는 유일한 증거로 이용할 수 있다.

(4) 가속 스카프(acceleration scarp)

정지되어 있는 차량을 기어가 들어가 있을 때 고속으로 회전하다가 클러치 페달을 갑자기 놓아 급가속이 될 때 순간적으로 만들어지는 가속흔적을 의미한다.

(5) 눌림 흔적(imprint)

포장이 되어 있지 않은 느슨한 노면을 타이어가 회전하면서 노면의 타이어 접지면에 타이어의 자국을 그대로 남겨놓은 흔적을 의미한다.

(6) 펑크 타이어 흔적(flat · puncture tire)

타이어의 공기압이 지나치게 적거나 과적을 할 때 타이어가 지나치게 팽창되어 있는 상태에서 장시간 주행을 하거나 고속으로 주행할 때 쉽게 뜨거워져 건조한 포장도로 또는 콘크리트 면에 흔적을 남기는 것을 말한다. 한 쌍의 타이어중 다른 타이어가 펑크가 났을 때 다른 타이어는 과적이 뒤틀리게 되는 현상을 의미한다.

(7) 노면의 긁힘(scratch)

큰 압력 없이 미끄러진 금속성물체에 의해 포장된 노면에 가볍게 불규칙적으로 좁게 나타나는 긁힌 자국을 스크래치(scratch)라 한다. 차량의 전복위치와 충돌진행방향을 표시하는 매우 중요한 흔적이다. 그리고 넓은 지역에 걸쳐 나타난 여러 개의 줄무늬가 있는 흔적으로 최대접촉지점을 표시하는 긁힌 흔적을 스크레이프(scrape)라고 한다.

(9) 파인 자국(gauge)

차량하체의 강한 부품인 프레임, 미션, 콘트롤암 등이 지면에 떨어지거나 끌려가면서 여러 가지 모양의 자국을 만든 것으로 마치 장비로 노면을 판 것

같이 짧고 깊게 패인 흔적을 칩(chip)이라 한다. 이는 차량충돌의 힘에 의하여 금속부분이 노면과 부딪치면서 만들어지는 것으로 차량간의 최대접촉시에 발생한다. 또한 마치 큰칼이나 도끼로 노면을 깎아낸 것같이 넓고 얇게 파인 흔적은 찹(chop)이라 한다. 그리고 고랑처럼 깊고 좁게 파인흔적으로 직선 또는 곡선으로 차량하체의 돌출한 못이나 너트 등에 의해서 파여 만들어진 자국을 그루브(groove)라고 한다.

[사진 9] 얇게 파인자국(chip)

[사진 10] 좁고 길게 파인자국(chop · groove)

4. 실황의 확인과 결과의 보고

1 실황의 확인

교통사고의 실황은 문제가 될 수 있는 사항을 확실하게 조사하여야 한다. 사실을 확실히 하거나 의혹이 있는 부분을 해소하기 위한 것이기 때문에 실황조사의 현장에는 관계인 등이 모두 참석하여 실황조사과정을 확인할 수 있도록 하여야 한다. 그리고 실황조사의 결과가 나오면 관계인으로 하여금 확인하도록 하여 의혹을 해소하여 이의를 제기하지 않도록 하여야 한다.

2 결과의 보고

실황조사의 결과에 대하여는 실황현장의 실행과정을 사진으로 촬영하고 관계인 등의 진술을 종합하고 분석하여 의혹을 해소할 수 있는 결과를 도출하여야 한다. 결과에 대하여 합리적인 목적에 도달하였다고 판단된 때에는 보고하여 결재권자의 결재를 득한 후 관계인에게 확인시켜 주어야 한다.

음주운전 단속

1. 개요

    음주운전이라 함은 술을 마신 후 주취상태에서 자동차를 운전하는 것을 말한다. 술은 알코올(alcohol)성분이 1%이상 들어있는 음료를 통틀어 부르는 말이며, 알코올성분을 우리말로는 주정이라고 한다. 화학적으로 알코올은 사슬 또는 지방족고리 탄화수소의 수소원자를 히드록시기(hydroxyl group : 치환기) OH(알코올작용기)로 치환한 히드록시화합물을 의미하는 것으로 원명은 에틸알코올을 간단하게 알코올이라고 한다. 히드록시화합물은 탄소에 결합되고 히드록시기를 포함하는 유기화합물의 총칭으로 옥시화합물이라고도 한다.[73]

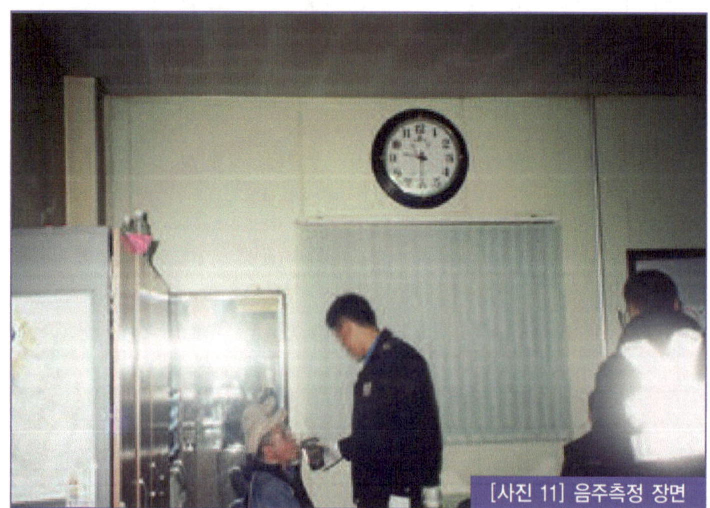

[사진 11] 음주측정 장면

---

73) 이강석, 1999 : 772

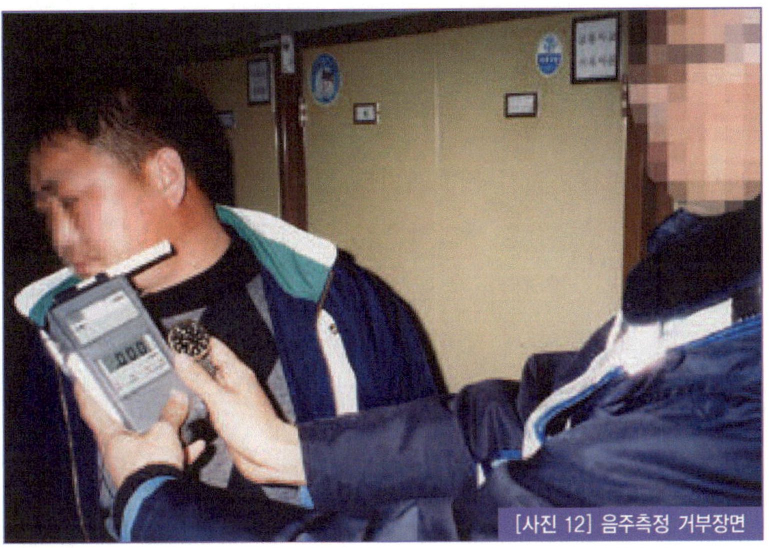

[사진 12] 음주측정 거부장면

2. 법적근거

1 주취중 운전금지

누구든지 술에 취한 상태에서 자동차 등을 운전하여서는 아니 된다.[74] 경찰공무원은 교통안전과 위험방지를 위하여 필요하다고 인정하거나 술에 취한 상태에서 자동차 등을 운전하였다고 인정할 만한 상당한 이유가 있는 때에는 운전자가 술에 취하였는지의 여부를 측정할 수 있으며, 운전자는 이러한 경찰공무원의 측정에 응하여야 한다. 술에 취하였는지의 여부를 측정한 결과에 불복하는 운전자에 대하여는 그 운전자의 동의를 얻어 혈액채취 등의 방법으로 다시 측정할 수 있다. 운전이 금지되는 술에 취한 상태의 기준은 대통령령으로 정한다.

74) 도로교통법 제44조

2 위험방지조치

경찰공무원은 자동차 등의 운전자가 무면허운전, 주취운전, 과로운전 등으로 인정하는 때에는 그 차를 일시 정지시키고 그 운전자에게 운전면허증의 제시를 요구할 수 있다. 경찰공무원은 무면허운전, 주취운전, 과로한 운전을 하는 사람에 대하여는 정상적으로 운전할 수 있는 상태에 이르기까지 운전의 금지를 명하고 그 밖의 필요한 조치를 할 수 있다.[75]

3 주취 중 운전벌칙

술에 취한 상태에서 자동차 등을 운전한 사람, 술에 취한 상태에 있다고 인정할 만한 상당한 이유가 있는 사람으로서 경찰공무원의 음주측정에 응하지 아니한 사람, 전문학원의 지정을 받지 아니하고 수료증 또는 졸업증을 교부한 사람, 허위 기타 부정한 방법으로 전문학원의 지정을 받은 사람, 기능검정이 정지된 기간 중에 기능검정을 실시한 사람 등은 2년 이하의 징역이나 1,500만원 이하의 벌금의 형으로 처벌한다.[76]

4 술에 취한 상태의 기준

술에 취한 상태의 기준은 혈중 알코올 농도가 0.05% 이상으로 한다.[77]

---

75) 도로교통법 제47조
76) 도로교통법 제150조의 2
77) 도로교통법 제44조 4항

5 처벌의 특례, 주취와 약물복용운전

차의 교통으로 업무상과실치상죄 또는 중과실치상죄와 도로교통법의 중대한 과실로 다른 사람의 건조물이나 그 밖의 재물을 손괴한 죄를 범한 운전자에 대하여는 피해자의 명시한 의사에 반하여 공소를 제기할 수 없다. 다만, 차의 운전자가 업무상과실치사상죄 또는 중과실치상죄를 범하고 피해자를 구호하는 등 조치를 취하지 아니하고 도주한 경우와 교통사고처리특례 10개항에 해당하는 때에는 해당되지 않는다. 그리고 주취 중에 운전을 하거나 약물의 복용으로 정상적인 운전을 하지 못할 염려가 있는 상태에서 운전한 경우 등도 제외된다.[78]

3. 주정중독

흔히 우리가 마시는 술을 주정이라고 하며, 다른 말로 표현하면 알코올음료를 의미한다. 주정을 섭취하면 우리의 인체는 일시적 반응을 나타내는데 이를 명정이라 한다. 일시에 대량의 주정을 섭취하여 정신적 및 육체적 장애가 초래된 상태를 급성 주정중독이라 하고, 장기간에 걸쳐 섭취함으로써 발생하는 부정적 반응을 만성 주정중독이라 한다. 음주에 의해서 생기는 가장 큰 위험은 시력장애이다. 소위 시야터널이라고 해서 볼 수 있는 범위가 좁아지는 것이다. 그러나 실제로 시야가 좁아지는 것은 아니고 시야가 좁아지는 듯한 느낌이 들어 그 좁은 부분에만 주의가 집중되는 상태가 되고 말초신경의 반사운동능력이 하강한다.[79]

이와 같은 명정의 정도는 간의 알코올 분해 능력에 따라 개인차가 매우 크기 때문에 인체의 반응 정도도 각각 다르다. 명정은 음주량보다 혈중 주정농도 즉, 뇌의 주정농도에 따라서 의학적으로 다음과 같이 나누어 볼 수 있다.[80]

78) 교통사고처리특례법 제3조 제2항 제8호
79) 高須俊明, 1992 : 68
80) McGibbon, 1998 : 279

1 미도명정

주정 농도가 0.05%이하로써 주정의 증상을 객관적으로는 전혀 볼 수 없으나 홍조, 근육이완, 현기증 등이 약간 있는 상태를 의미하는 것이다. 그러나 크게 신체적 증상이나 장애는 나타나지 않는다. 심리적으로는 편안하고 완전한 알코올 분해 시간은 2시간 정도 소요된다. 음주운전이라 함은 혈중 알코올 농도 0.05% 상당 또는 그 이상의 알코올이 내쉬는 날숨에서 검출되고 외관으로도 정상이 아니라고 판정되는 것을 말한다.

2 약도명정

주정 농도가 0.05~0.10%를 말하는 것으로 주정에 의한 증상을 거의 볼 수 없으나 근육조절 능력의 감소, 위의 자극으로 인한 구토와 출혈이 있을 수 있다. 심리적으로는 억제감의 탈피로 기분이 좋아지나 판단력의 상실, 조직적 사고는 떨어진다. 혈압이 약간 상승하고 완전한 알코올 분해는 4시간 정도 필요하다.

3 경도명정

주정의 농도가 0.10~0.15%를 말하며 얼굴과 피부가 붉어지고 기분이 좋아지며 자신감이 생기면서 말이 많아진다. 주의력은 감퇴되고 근육조절 능력의 격감으로 보행은 거의 정상이나 약간의 흔들림이 있다. 심리적으로 정신기능의 저하로 사고와 행동의 일관성이 결여되고 알코올 분해는 6시간 정도 필요하다.

4 중도명정

주정의 농도가 0.15~0.25%를 의미하며 안면이 창백해지는 경우가 많다. 사고력이 떨어지고 주의력이 산만해 지면서 판단 능력이 저하된다. 발음이 부정확하고 피부감각이 둔해지면서 운동실조가 발생한다. 심리적으로는 순간을 포착하지 못하고 알코올 분해는 8시간 정도 필요하다.

5 고도명정

주정의 농도가 0.25~0.35%를 의미하며 운동실조가 뚜렷하여 보행에 지장이 온다. 신체의 반사기능이 저하되어 말은 완전히 불명확해 진다. 감각이 마비됨과 동시에 의식이 혼탁해지고 혼수상태에 빠지는 경우가 있다. 심리적으로 완전히 취한 반응을 보이며 알코올 분해는 10시간 정도 필요하다.

6 중증명정

주정의 농도가 0.35~0.45%를 의미하며 치사량은 5-6㎖/kg로써 이 때에는 사망할 수 있다. 체온은 떨어지고 호흡은 깊고 느려지며 모든 반사와 의식이 소실되어 혼수상태에 빠지게 된다. 심리적으로 자극에 반응하지 못하고 알코올 분해는 12시간 이상이 필요하다.

7 치사명정

주정의 농도가 0.45% 이상인 경우를 의미하며 호흡 및 심박동 장애로 대부분 의식을 잃고 치명적인 결과를 가져온다. 육체적 · 정신적 자극에 전혀 반응하지 못하기 때문에 현실을 전혀 인식하지 못한다.

4. 단속대상

1 주취운전자

혈중 알코올농도 0.05% 이상인 상태에서 차를 본래의 사용방법에 따라 사용하는 운전자는 모두 단속대상에 포함되며, 도로에서 운전하는 경우만을 말한다. 대상자는 단순음주운전자, 음주운전사고야기자, 음주측정거부운전자 등이다. 그러나 운전자가 아닌 운전자의 옆좌석이나 뒷좌석에 동승한 사람은 술에 취해 있어도 단속대상이 되지 않는다.

2 대상차량

자동차, 원동기장치자전거 등과 굴삭기, 지게차 등 건설기계 총 26종은 모두 대상차량에 해당한다. 그러나 자전거, 경운기, 우마차, 손수레, 장애인용의자차 등은 해당되지 않는다.

5. 단속방법

1 단속준비

음주단속을 실시하기 위해서 현장책임자는 기기사용요령, 측정시 주의사항 등 필요한 사항에 대하여 사전에 충분한 교육을 실시한다. 그리고 단속지점 20m 이상의 상거한 지점에 단속예고 입간판, 경보등, 라바콘 등을 설치하여야 하며, 특별한 경우를 제외하고는 3차로 이상의 대로변에서 일제 검문식 단속을 해서는 안된다. 그리고 단속에 당하는 경찰관은 후레쉬, 야광X반도 등을 반드시 착용 또는 휴대하여야 한다.

단속을 실시할 때에는 예의를 정중히 하여 예를 벗어나는 일이 없도록 주의하고 교통의경은 차량유도 등 보조근무만을 하고, 운주운전용 차량을 대상으로 선별 검문단속은 경찰관이 직접 하여야 한다.

2 단속요령

단속은 직접 경찰관이 하여야 하며 음주운전자로 인정되는 사람이 도주하는 때에는 추적하여 검거하고 음주감지기로 음주사실이 감지된 경우 추돌사고 등 위험이 없는 도로변으로 안전하게 이동한 후 운전자에게 최종 음주시간을 확인하여 구강 내 잔류 알코올 성분으로 인한 과대 측정방지를 위하여 물로 입을 헹구는 기회를 부여한 후 음주측정을 하여야 한다.

음주측정결과 음주운전이 확인된 때에는 특별한 사유가 없는 한 지체 없이 경찰서로 동행하여 처리하고 측정불응자에게는 10분 간격으로 3회 이상 처벌내용을 고지하여야 한다.

3 단속장소와 시간

교통소통에 지장을 주지 않기 위하여 이면도로 등 취약장소를 선정하고 동일노선에 2중 또는 3중으로 배치해서는 안 된다. 특히 유흥가, 식당가, 유원지 등 음주용이 지역과 주말이나 공휴일에는 행락지, 공원 등 주변, 고속도로 TG, 휴게소, 간이주차장 등을 중점적으로 배치하는 것이 좋다. 그리고 현지 실정에 맞도록 하루 24시간을 주야 구분 없이 자율적으로 단속하는 것을 원칙으로 한다.

4 인원 및 장비

치안여건을 감안하여 최소 2인 이상으로 조를 편성하여 실시하고 경사 이상의 경찰관이 책임 있게 현장에서 감독과 단속을 하여야 한다. 장비로는 음주측정기, 음주감지기, 추적용 예비순찰차, 예고입간판, 전자신호봉, 야광조끼, 무전기, 차량유도등, 라바콘, 기타 적발보고서, 측정기사용대장 등을 준비하여 지참하여야 한다.

5 단속 후 조치

음주측정결과 혈중알코올농도가 0.05% 이상에 해당하면 채혈감정을 할 수 있음과 미란다원칙 등을 고지하여야 하고 음주측정기에 의한 측정 외에 운전자의 정황 등을 상세히 작성하여 공소유지 등 수사 자료를 확보하여야 한다. 그리고 지체 없이 경찰서로 동행하여 법적처리를 하여야 하고 운전자가 주취상태에서 운전을 금지하도록 하여야 한다.

6 음주운전 처벌기준

혈중알콜농도	형사처벌	내용(벌금)	행정처벌
0.05~0.09%	형사입건	50만원~1백만원	100일 정지, 벌점 100
0.10~0.15%	형사입건	50만원~1백만원	면허취소, 벌점 100
0.16~0.25%	형사입건	1백만원~2백만원	운전면허취소
0.26~0.35%	형사입건	2백만원~3백만원	운전면허취소, 2년간 면허취득자격정지
0.36%이상	형사입건(구속)	2년 이하의 징역	운전면허취소
0.05% 이상에서 인사사고 났을 때	형사입건(구속)	2년 이하의 징역	운전면허취소
음주측정불응	형사입건	형사입건	운전면허취소

6. 음주측정기

1 음주측정

음주측정이라 함은 음주를 한 사람을 대상으로 음주여부와 알코올 양을 측정하는 것을 말한다. 음주측정은 호흡분석법으로 호흡수중기 내의 알코올 함유량비율을 채취하여 측정하는 것으로 폐속의 공기 중에 혈중알코올농도가 얼마인가를 측정하는 방법이다. 음주측정기로 측정한 결과 0.05%(BAL : blood alcohol level)의 수치가 나타나면 이는 날숨(호기) 200ℓ에 대하여 알코올 0.05g이 들어 있다는 것을 의미한다. 이는 혈액 1㎖에 대하여 알코올 0.5㎎ 또는 호기 1ℓ에 대하여 알코올 0.25㎎을 의미한다.

2 사용법

(1) LA-SD-400작동원리

Lion Alcolmeter-SD-400은 전기화학적 분석원리로 두 개의 백금전극 감지기를 이용하여 호흡 중 알코올농도측정 및 검출을 위한 흡입시료채취시스템으로 호흡이 감지기로 전달되었을 때 작은 전압이 발생되며 이 전압이 피검사자의 혈중알코올농도에 비례한다. 이 전압은 증폭기에 의해서 공급되며 기계의 표준 숫자표시화면을 읽어내어 호흡측정과 혈중알코올농도의 수치로 곧바로 측정하게 된다. 만일 주위 온도가 낮을 때 감지기는 자동적으로 온도가 상승하여 정확한 호흡중의 알코올량을 측정하게 된다.

(2) 측정준비

현장에서 측정기를 사용하는 동안 보관용 상자를 제거하면 안 된다. 손목에 측정기 끈을 고정시켜 측정기를 손에서 놓치는 일이 없도록 해야 한다.

(3) 전원작동

측정기 전면 상단의 ON/OFF 스위치를 가볍게 눌러 전원을 넣으면 4개의 표시등이 각각 차례로 자체 진단하면서 각 부분이 정상인지의 여부를 자동적으로 점검한다.

기록된 시간, 날자 등이 판독되고 그 밖의 측정에 필요한 메시지를 추가로 기억시킬 수 있다.

(4) 대 기

준비(READY) 표시등에 불이 들어오기 전까지 대기(WAIT) 상태로 표시된다.

(5) 불대부착

불대(mouthpiece)끝이 손에 닿지 않도록 하여 포장지를 벗기고 불대 끝을 측정기분석구에 견고하게 밀착한다.

포장지를 제거했을 때 다른 이물질이 들어가지 않도록 주의하고 불대 끝 부분은 신체에 접촉되지 않도록 해야 한다.

(6) 검사실시

검사직전 피검사자에게 깊이 숨을 들이마시게 한 후 피검사자 입에 불대를 호흡공기가 새지 않도록 확실하게 물게 하고 검사자가 피검사자에게 측정기에서 삐-- 소리가 날 때까지 계속해서 힘껏 불게 하여야 한다. 검사 중에 측정기에 피검사자의 손을 대고 검사받게 하면 안 된다.

(7) 검사방법

피검사자에게 숨을 강하게 충분히 불게하면 시료채취중(Flow) 표시등에 불빛이 나오고 계속해서 강하게 불면 분석중(Analysing) 표시등에 불빛이 들어오면서 삐--소리가 난 후 피검사자에게 호흡을 중지하라고 하면 끝난다.

(8) 불대의 폐기

한번 사용한 불대는 다른 피검사자에게 재사용하도록 해서는 안 된다.

(9) 대기 및 전원 꺼짐

검사자가 다른 피검사자에게 즉시 검사를 계속할 때에는 준비표시등에 다시 불빛이 들어올 때까지 기다려야 한다. 지속적으로 검사하지 않을 때에는 측정기의 전원을 꺼서 축전지의 소모를 방지하는 것이 좋다.

7. 위드마크(Widmark)

1 위드마크공식

위드마크공식은 1914년 독일계 스페인 사람인 위드마크(Widmark)가 개발한 계산방법으로 운전자가 사고 전에 섭취한 술의 종류와 음주량, 체중, 성별 등을 조사하여 사고 당시의 주취상태를 계산하는 방법이다. 사고당시 음주측정이 이루어지지 못한 경우 음주 운전여부를 확인하는 중요한 자료로 세계적으로 통용되고 있다. 따라서 음주내용조사에 보다 정확을 기하여야 하며, 위드마크 공식 적용결과 음주 한계수치나 취소수치에 충분하지 않는 경우는 피의자에게 유리하게 적용해야 한다. 특히 측정시간과 사고시간이 많은 시간이 경과 된 경우 편차범위도 많아져 정확성 면에서 문제가 따르므로 신중히 처리해야 한다.[81]

(1) 음주측정결과 혈중알코올수치가 확인된 경우

$$Y=측정수치(\%)+0.008\sim0.03(\%) \cdot T$$

---

81) http://blog.naver.com/kcleo

(2) 음주측정결과 수치가 전혀 확인되지 아니한 경우

> $Y = A/P \cdot R - 0.008 \sim 0.03(\%) \cdot T$
> 성별계수는 남자 0.52~0.86%, 여자 0.47~0.64%
> T : 시간, A : 섭취한 알코올의 중량, P : 체중, R : 성별에 따른 계수

2 사용대상

사고당시 또는 음주단속당시 음주측정을 못하고 시간이 경과되어 운전자의 술이 깨어버린 경우 운전자가 사고 전 섭취한 술의 종류, 음주한 양, 체중, 성별 등을 조사하여 사고당시의 음주수치를 계산하는 것이다.

(1) 술의 종류와 알코올 함유량

각 주류회사에서 각종 술의 알코올 함유량이 다르게 출시되므로 반드시 각 술의 알코올 함유량을 직접 확인하여 계산하여야 한다.

• 막걸리 : 6%,	• 소주 : 25-20%,	• 맥주 : 6%,	• 포도주 : 13%,
• 청주 : 16%,	• 위스키 : 40-45%,	• 브랜디 : 40%,	• 보드카 : 60%

(2) 술잔의 양

통상적인 술잔기준으로 위드마크를 적용할 때에는 정확하지 않으므로 반드시 직접 양을 확인하여 계산하여야 한다.

• 소주2홉들이 : 360㎖,	• 소주4홉들이 : 720㎖,	• 소주한잔 : 60㎖,	• 양주한잔 : 51㎖,
• 한컵 : 200㎖,	• 한병 : 500㎖		

3 적용기준

(1) 음주측정결과 혈중알코올농도가 확인된 경우

시간당 감소수치를 0.008%로 적용하고 혈중알코올농도를 역산한다. 그리고 채혈할 때에는 단시간인 30분 이내에 이루어진 경우 채혈감정결과에 따라 처리하고 행정처분에 영향을 미치는 경우는 단 10분이라도 역산하여 처리하는 것이 옳다.

(2) 음주측정결과 수치가 전혀 확인되지 아니한 경우

피의자의 진술 등에 의거하여 음주사실을 확인한 경우에는 시간당 혈중알코올 감소수치를 0.03% 적용하여 사안별로 필요한 경우 검사의 지휘를 받아서 처리하고, 성별계수는 남자는 0.86%, 여자는 0.64%를 적용한다.

4 위드마크 공식적용의 예

① 음주사고 후 상당한 시간이 경과되었을 때
② 음주운전자가 중태로 음주 측정할 수 없을 때
③ 음주운전자가 음주사실을 자백하여 이를 근거로 사고 처리하는 때
④ 음주측정에 불응하여 운전자의 행적을 수사하여 사고 처리하는 때

5 유의사항

(1) 정확히 사실을 조사하여 적용한다.

반드시 현장 답사하여 확인한 후 적용하여야 한다. 사실을 조사하지 않고 진술만 믿고 공식의 적용을 해서는 안 되며, 마신 술이 가용주 또는 과일주 등 특이한 경우에는 표본을 수거하여 확인하여야 한다.

(2) 한계수치 이상이 확실한 경우에만 적용한다.

공식적용결과 취소수치가 나타날 경우에는 적용해서는 안 되고, 애매한 경우는 검사의 지휘를 받아서 처리하여야 한다.

(3) 반드시 주취운전자 적발보고서를 작성한다.

측정기로 측정한 경우 측정기 결과수치를 보고서에 기재하여 작성하고 보고서 여백에 적색으로 위드마크 적용수치를 기재한다.

8. 음주운전 의심점

음주운전자가 운전하는 차량은 정상인이 운전하는 사람의 행태와 운전하는 과정에서 다음과 같은 여러 가지 다른 점을 발견할 수 있으며, 각 항목에서 2개 이상의 현상이 나타날 때는 음주운전자로 지목하여 확인하는 것이 필요하다.

1 음주자의 행태

① 운전자의 안색이 지나치게 희거나 붉다.
② 눈동자가 초점이 없거나 눈이 감기는 듯 하다.
③ 말을 할 때 발음이 정확하지 못하다.
④ 대화의 과정이 앞뒤가 맞지 않는다.
⑤ 길게 한숨을 내쉰다.
⑥ 운전대에 고개를 숙이고 잠을 잔다.

2 음주자의 운전행태

① 안전거리를 유지하지 않는 차

② 갑자기 불안전하게 정지하는 차

③ 불안전하게 회전하는 차

④ 두개의 차선을 걸치면서 진행하는 차

⑤ 신호에 무관하게 진행하는 차

⑥ 지나치게 느리거나 급 가속하는 차

⑦ 브레이크를 자주 밟는 차

⑧ 지그재그(zigzag)로 진행하는 차

1. 개 요

　운전 중 업무상 과실 또는 중대한 과실로 교통사고를 일으킨 운전자에 관한 형사처벌 등의 특례를 정함으로써 교통사고로 인한 피해의 신속한 회복을 촉진하고 국민생활의 편익을 증진함을 목적으로 제정한 법률을 교통사고처리특례법이라 한다.

2. 목 적

　운전자가 교통사고로 사람의 신체를 상해하거나 재물을 손괴한 경우 형법상의 업무상 과실치상죄나 중과실치상죄 및 도로교통법상의 재물손괴죄 등의 규정에 피해자의 명시한 의사에 반하여 논할 수 없다는 반의사불벌죄의 규정이 없다. 그러한 이유로 피해자의 피해를 보상하고 원만한 합의를 보았더라도 형사적으로 공소되어 재판을 받아야 할 폐단을 시정하기 위한 것이 교통사고처리특례법이다.

　교통사고처리특례법은 운전자가 교통사고로 사람의 신체를 상해하거나 재물을 손괴한 경우에는 피해자의 명시한 의사에 반하여 공소를 제기할 수 없도록 한 것이다. 그러나 운전자가 피해자의 구호조치를 취하지 아니하고 도주하거나, 피해자를 사고 장소로부터 옮겨 유기하고 도주한 경우, 도로교통법상의 규칙을 위반하여 운전하다가 사고를 낸 경우에는 예외로 하고 있다. 그리고 교통사고를 일으킨 차가 보험업법 또는 육운진흥법에 의한 보험 또는 공제에 가입되어 있는 경우에도 운전자에 대하여 공소를 제기할 수 없게 하여 피해자의 피해보상을 촉진하기 위한 목적으로 제정한 법이다.

③ 처벌의 특례

① 신호위반, 통행의 금지, 일시정지 등의 안전표지가 표시하는 지시에 위반
② 중앙선 침범, 고속도로에서 횡단, U-turn 또는 후진 위반
③ 시속 20㎞ 초과속도 위반
④ 앞지르기 방법 · 금지시기 · 금지장소 또는 끼어들기의 금지 등 위반
⑤ 건널목 통과방법 위반
⑥ 횡단보도에서 보행자 보호의무 위반
⑦ 무면허 운전
⑧ 주취 및 약물복용 운전
⑨ 보도침범사고 및 보도횡단방법 위반, 승객의 추락방지 의무 위반
⑩ 사망사고, 도주, 피해자 유기 등

3. 사고처리

교통사고의 처리라 함은 경찰관이 교통사고의 신고를 받거나 인지하였을 경우에 즉시 현장에 출동하여 피해자의 구호, 사고원인의 조사, 2차 사고의 예방, 교통소통 등 제반 업무를 신속히 처리하기 위한 조치를 말한다. 교통사고의 처리는 교통사고가 발생되었을 때에는 경찰관서 인지 즉시 관할 지구대 · 파출소 등에서 초동 조치를 하여 본서에 보고한 후 본서의 사고 처리반에서 과실 유무 등을 수사하여 검찰에 송치하고 행정처분을 함으로써 종결된다.

4. 사고현장의 조치

1 사상자 유무확인

현장에 임해서는 우선적으로 사상자의 유무를 확인하고 부상자는 신속히 병원으로 후송하여 응급치료 할 수 있도록 한다. 그러나 이미 사망한 자는 현장의 증거 조사가 끝난 뒤에는 적당한 장소에 이동하여야 하고 이동시 사자에 대하여 결례되지 않도록 하여야 하고 신원이 확인 될 때까지 절차에 따라 보존한다.

[사진 13] 사상자 확인장면

2 재사고 방지

사고 현장은 교통이 통제되어 체증현상이 발생되고 질서가 문란하여 재사고의 발생 가능성이 있다. 그러므로 현장실정에 맞도록 안전한 방법으로 교통을 통제하여 재사고가 발생하지 않도록 한다.

③ 교통정리

교통사고가 발생할 경우에는 통행차량과 보행인, 구경꾼 등 혼란이 초래될 우려가 있으므로 신속한 교통정리로 현장의 질서가 유지되도록 한다.

④ 현장보존

사고 발생시에는 우선적으로 순찰 지구대·파출소 직원이 출동하여 필요한 조치를 하고 교통사고 처리 전담반 직원이 나올 때까지 현장을 보존하여 현장수사에 지장이 없도록 하여야 한다.

⑤ 참고인 확보

교통사고는 가해 운전자와 피해자 등이 첨예한 대립을 할 우려가 있으므로 현장 목격자 등 참고인을 확실하게 확보하여 수사에 지장이 없도록 하여야 한다.

⑥ 사진촬영

교통사고 현장은 분쟁의 문제가 발생할 가능성이 매우 높기 때문에 작은 부분도 빠뜨리는 일이 없도록 세밀하게 촬영하여 사후에 대비하여야 한다.

⑦ 교통회복

응급처치, 증거수집, 사진촬영 등 필요한 조치가 끝나면 교통을 원상태로 회복시켜 통행차량에 지체와 불편이 없도록 하여야 한다.

5. 사고조사

1 발생원인 조사

사고원인 조사는 과실의 유무와 책임을 결정하는 중요한 사항이므로 객관적으로 분명하게 실체를 밝혀야 한다. 그리고 발생원인은 법적인 책임은 물론이고 사후 교통사고 방지대책 등 정책에 반영되는 것이기 때문에 작은 사안도 간과하는 일이 없도록 하여야 한다.

2 사고의 유형 조사

사고의 내용이 무엇인가를 확실하게 한다. 자동차 대 자동차, 자동차 대 사람, 자동차 대 재물 또는 전복사고, 범죄에 의한 사고인지의 여부를 밝힌다.

3 사고관련 당사자

사고에 관련된 당사자에 대한 면허증, 인적사항, 피해사항, 주취, 약물중독, 피로, 차량결함 등에 대해서 확인한다.

4 사고지점 조사

충돌지점, 스키드마크,[82] 증거물(유리파편 등), 피해흔적, 방향, 사고지점의 측

---

82) 사고발생 직전의 속도와 진행방향 및 급정차 조치 상태를 파악하는 가장 중요한 증거이다. 스키드마크의 농도,

정, 정차위치, 충돌부분과 파손유무, 목격자의 위치와 목격경위 등을 조사한다.

5 노면상태

도로의 폭, 차도와 인도의 유무, 포장상태, 시야장애 유무, 일기관계, 교통량 등

6 차량관계(가해차량 #1)

제동 · 조향 · 주행장치, 경음기, 전조등, 탑승자, 적재량, 차폭, 차장, 속도, 방향지시등, 타이어간 거리, 기타 결함 여부 등

6. 사고전 자동차 운행상태

1 지각시간

시속 100㎞로 운전 중 얻은 정보를 보고 판단하는 시간

추월자동차 : 0.4초, 속도계 : 0.7초, 노면 : 0.2초, 표식 : 0.4초, 속도계 : 0.7초

관형, 곡직, 방향, 길이 등에 의해서 그 차량의 제동력이 개시된 지점, 급제동의 강약, 방향전환의 유무 등을 파악할 수 있는 중요한 요소다.

② 공주시간

① 반응시간 : 위험을 인식 가속페달에서 발을 떼는 시간(0.38~0.5초)
② 이동시간 : 가속페달에서 브레이크페달로 이동하는 시간(0.15~0.17초)
③ 작동시간 : 브레이크가 작동될 때까지의 시간(0.07~0.15초)

③ 제동시간

브레이크가 효력을 발생 제동력이 최고치가 될 때까지의 시간은 승용차는 0.1초, 버스나 트럭은 0.15초

④ 주제동

타이어 흔적(skid mark)이 만들어 진다. 자동차가 진행하다가 정지까지의 과정은 운전자가 위험을 감지하고 발을 브레이크에 이동하여 작동시키면 제동이 되고 타이어 흔적을 형성하면서 정지하게 된다.

⑤ 타이어 흔적의 형태와 자동차 운동

운동중인 자동차가 타이어흔을 노면에 남기면서 정지시 바퀴흔이 몇 개가 나타나 있는지와 관계없이 타이어 흔적이 시작된 지점에서 정지지점까지 차체가 일직선상에 있으면 제동력이 4바퀴에 균일하게 걸렸다고 생각할 수 있다. 오른쪽과 왼쪽의 제동력이 현저하게 차이가 나면 차체는 회전하며 꺽이게 된다.

7. 운전자 식별

1 차량운전자

① 안전띠 착용시 안전띠의 손상 및 착용자의 의복과 상처 부위를 확인하면 운전석과 조수석의 안전띠의 착용방향은 서로 반대로 된다.
② 차체에서 1차 및 2차 충돌에 의한 충격방향과 크기를 확인 후 승객 및 운전자의 운동상황을 해석하여 차체 내부의 충격부위인 변속기, 조향장치, 유리, 패널 등과 탑승자의 상처부위를 대조 확인한다.
③ 차체 내부의 충격부위에서 검출된 섬유, 인체조직, 혈흔 모발분석을 하여 확인하다.

2 페달흔 검사

운전자의 신발에는 반드시 페달흔이 남아있기 때문에 신발에 남아있는 흔적을 식별하여야 한다.

8. 파손부 검사

1 파손부

① 차체가 부서진 모양은 사고 당시의 충격각도를 확인하는 가장 중요한 단서이다. 또 차체의 부서진 정도는 충돌로 차체가 흡수한 에너지의 양을 추정할

수 있다. 충돌 후 최종위치에 놓여진 차량은 정지지점과 부서진 모양으로 충돌지점을 거슬러 올라가는 단서가 된다.

② 충격부위에 있는 부착물의 흔적에서 상대속도, 충격각도 및 방향을 추정하여 특징적인 파손, 찰과상, 페인트, 타이어, 합성수지 부착위치 등을 확인한다.

③ 눌린 부위와 튀어나온 부위가 운동해석에 매우 중요한 단서가 된다.

④ 타이어에 나타난 충격흔의 모양이 직선이면 충격당시 타이어는 정지상태이고 곡선이면 회전상태이다. 그러나 타이어가 정지상태에서 회전하는 다른 물체와 충돌되었을 때에는 곡선이 진행하는 형태로 나타난다.

[사진 14] 사고차량의 타이어의 흔적

② 충돌속도와 변형량

고정벽에 의한 실차 충돌시험을 보면 자동차가 고정벽에 부딪힌 후 정지하게 되고 이 때 운동에너지의 대부분이 충돌시의 차체변형에 의해 흡수된다. 그러나 실제 자동차 사고에서는 정면충돌 후 두 자동차가 움직이게 되고 운동량이 큰 차량이 밀고나간다. 이런 경우 정면충돌 후 사고차량의 에너지의 50%는 차체변형에 나머지는 50%는 운동에너지로 사용된다. 충돌 전후의 질량 중심은 계속 움직이고 있다.

그러나 질량이 같은 자동차가 같은 속도로 정면충돌하는 경우는 자동차가 고정 벽에 충돌하는 경우와 같이 두 물체들의 질량 중심이 고정되어 있어 운동에너지는 100% 차체변형 에너지로 변환된다. 변형량은 충돌속도에 비례하여 증대하게 된다. 질량이라 함은 물리학에서 모든 물질의 기본 특성인 관성의 정량적인 측정치를 말한다. 실제로 질량은 물체가 힘을 받았을 때 그것의 속도와 위치가 변화하는데 대한 저항의 정도이다. 물체의 질량이 클수록 외력에 의한 변화는 적다. 질량은 관성으로 정의되지만 일반적으로 무게로 나타낸다.

3 충돌 후의 자동차운동

정면충돌의 경우 운동량보존법칙에 의해 운동량이 큰 자동차가 작은 자동차를 밀고 나가게 된다. 이때 자동차는 회전모멘트에 의해 앞숙임 현상이 나타나 도로와 자동차 하부 구조물이 접촉하게 되어 도로에 긁힌 자국이나 깊이 페인 자국을 남기게 되며, 이 때 이자국은 충돌지점을 추정하는 결정적인 단서가 된다. 그러나 측면 충돌의 경우에는 이러한 현상은 나타나지 않고 구조물이 강한 자동차가 약한 자동차에 충격을 주어 크게 파손되면서 파편이 비산되고 충돌현장에는 많은 파손물이 흩어지게 된다.

9. 차 대 차 충돌 운동역학

1 정면충돌

2대의 자동차가 충돌하면 충돌전후의 운동량은 보존된다. 자동차가 충돌할 때 자동차의 변형량과 충돌 후 이동거리로 자동차의 속도를 구할 수 있다 이 때 마찰 계수의 보정계수로 4바퀴가 모두 잠겼을 때는 1, 두 바퀴 감겼을 때는 0.5를 적용하나 타이어 흔이 없는 경우에도 마찰력이 작용될 수 있고 차체와 도로에 끌린 흔적 등이 있을 때의 마찰계수 적용에는 상당한 주의가 필요하다.

[사진 15] 정면출돌 현장

[사진 16] 정면충돌 후 화재

2 추돌

추돌은 정면충돌과 같은 운동으로 해석할 수 있으나 자동차의 앞부분은 엔진 등의 탑재로 비교적 단단하나 뒷부분은 트렁크 등의 빈 공간이 많아 충격에 따른 변화가 심하다. 그러므로 탄성계수가 더욱 낮아 20㎞/h의 속도에서도 e(탄성계

수)=0이 된다. 탄성계수라 함은 탄성체에 작용하는 힘과 그에 의해서 생기는 변형과의 사이의 비례관계를 표시하는 상수를 말하는 것으로 탄성율이라고 한다.

[사진 17] 추돌후의 상황

3 직각충돌

직각 충돌은 크게 두 가지 경우로 나눌 수 있는데, 충돌점이 피충돌 자동차의 무게중심부에 있는 경우와, 앞 부위 및 뒷 부위에 있는 경우로 생각할 수 있다. 무게 중심부의 충돌일 경우 자동차는 병진운동을 하고, 앞부분과 뒷부분의 충돌일 경우는 병진운동과 회전운동이 동시에 일어나 2차 또는 3차 충돌을 예상할 수 있다. 도로교통사고에 있어서 사각 충돌이 가장 어려운 충돌현상이다. 사각 충돌을 이해하기 위해서는 기본적으로 사고차량의 원형과 사고차량의 최종위치를 알아야 하고 부수적으로 사고현장에 나타나 있는 흔적들을 토대로 충격지점과 이동경로를 알 수 있어야 한다.

[사진 18] 전신주에 직각충돌

[사진 19] 교차로측면충돌

10. 사진촬영

1 사고현장 촬영

사고현장을 중심으로 양 자동차의 진행방향에서 사진이나 비디오카메라로 촬영한 후 사고현장의 유류물과 물체의 최종위치, 물체의 충격부위를 정면과 비스

듬한 각도로 촬영한 후 미세부분을 촬영한다. 사고자동차 내부의 각종 기기가 놓여있는 위치, 조작상태를 세밀하게 촬영한다.

[사진 20] 자동차추돌지점과 유류품

② 영상에 의한 분석

사고차량과 현장상황을 여러 각도에서 촬영하면 이미 작성하여 놓은 사진모형을 이용 사고차량과 현장을 3차원 영상으로 변환시켜 다양한 접근을 시도할 수 있다. 이렇게 만든 영상은 컴퓨터재구성 프로그램에 입력하여 모의실험을 시행할 수 있어 효과적으로 재구성하여 현장을 분석할 수 있게 된다.

③ 컴퓨터 교정측정촬영법

현장에서 촬영한 사진을 평면사진으로 변환시켜 사고 장소의 측량이나 모의실험을 용이하게 할 수 있게 만든 프로그램이다. 이러한 프로그램을 응용하기 위해서는 교정할 부분을 선정한 후 교정부분 내에 4각형의 측량점을 설치한 후 현장사진을 촬영하는 것이 중요하다. 교정은 입체면을 평면으로 변환시키는 기술이 필요하기 때문에 현장에서 사용하기는 쉽지 않은 단점이 있다.

11. 사고현장의 중요한 흔적

1 흔적의 확인

사고현장에는 타이어흔, 자동차와 도로의 접촉흔, 충돌에 의한 유리파편, 프라스틱, 페인트, 자동차부품, 바퀴의 토양, 오일, 브레이크액, 냉각수, 화물 등의 낙하물이 흩어지고 이러한 흔적 등에 대한 정확한 기록과 사진촬영은 충돌의 방향, 속도, 충돌점을 추정하는 자료가 되므로 중요하게 취급해야 한다.[83]

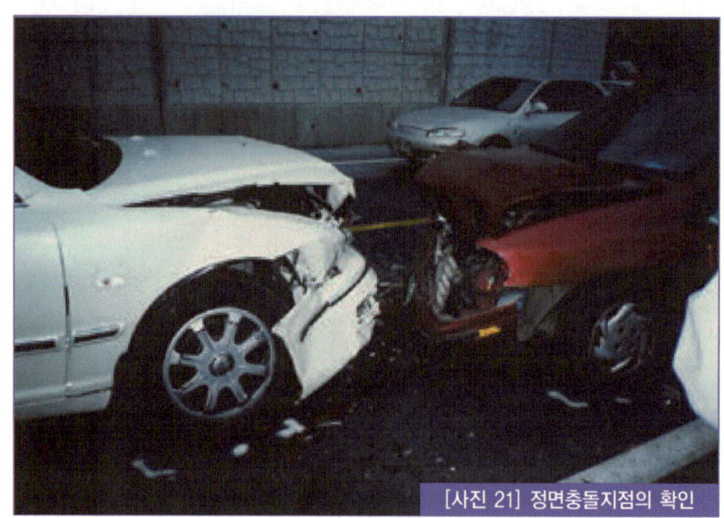

[사진 21] 정면충돌지점의 확인

2 중요한 흔적

① 마찰흔(skid)은 긴직선 또는 곡선 등으로 사고자동차의 속도를 의미한다.
② 뭉개진 흔(scrub)은 일정하지 않은 선으로 충돌지점을 확인한다.

83) 손봉선, 2004 : 407-425

③ 부드러운 흙은 기름 등에 오염여부를 확인하여 자동차의 최종위치를 확인한다.

④ 흩어진 물건 등은 종류에 따라서 충돌지점을 확인할 수 있다.

⑤ 파인 흔(gauges)은 차체 및 도로를 확인하여 충돌지점을 확인한다.

⑥ 긁힌 흔(scratches)은 차체 및 도로에서 확인 자동차의 이동경로를 확인한다.

⑦ 가는 홈(grooves)은 차체 및 도로를 확인 자동차의 이동경로를 확인한다.

⑧ 차량의 파편으로 흙, 유리, 페인트 등은 일반적으로 충돌지점에 있다.

⑨ 기타 주변 물체에 나타난 흔적은 자동차의 이동경로를 의미한다.

인명피해 교통사고

1. 개 요

교통기관의 발달로 우리생활에 편리함을 주는 대신 사고로 인한 피해는 너무나 많은 희생을 치루고 있다. 사고의 유형은 교통기관의 발달에 의한 교통사고에 의한 사망과 상해로 너무도 많은 피해를 입고 있다. 현대생활에서의 교통사고는 항공기, 선박, 자동차, 원동기장치자전거, 기타 이동수단으로 이용되고 있는 교통기기에 의한 사고 등이 있으며 이들 중 자동차 사고에 의한 피해가 가장 많다.

2. 피해의 유형

자동차에 의한 손상은 둔기손상의 일종으로 일반적으로 강력한 외력의 힘에 의하여 다음과 같은 피해자의 신체와 여러 충격부위가 동시적 또는 연속적으로 손상되어 사망하거나 중상 또는 경상 등 상해의 특징을 나타낸다.[84]

---

84) Osterburg, 2000 : 285–301

1 보행자

자동차에 의하여 보행자가 충격되면 대표적인 부위가 범퍼에 의한 손상부위가 나타난다. 성인의 경우 발목부, 종아리부, 무릎부, 허벅지부, 엉덩이부 등에서 주로 이러한 충격손상이 발생하고 어린이의 경우 엉덩이부, 허리부, 복부, 두부 등 상반신에서도 이러한 충격현상이 많이 발생한다.

앞 범퍼에 의한 손상은 멍(좌상), 피부찢긴상처(표피열창), 피부(표피)박탈, 피부(박피)손상, 찢긴상처(좌열창), 심부근육내출혈, 골절, 물렁조직(연조직)의 타박 등 다양한 형태의 손상을 일으킨다.

자동차에서 차체의 외부구조에 처음으로 충격되어 생긴 손상을 제1차 손상이라 하고, 제1차 충격 후 신체가 차의 외부구조에 재차 부딪혀 생기는 손상을 제2차 충격이라 한다. 제1차 또는 제2차 충격하여 뒤집힘(전도)되거나 공중에 떠받혀졌다가 지상에 떨어지면 전도상해 또는 제3차 충격이라 한다. 전도상해는 충격된 모든 피해자에게서 공통적으로 나타나게 되는데 지면에 낙하될 때 충격 속도와 사람의 무게 중심의 이동에 따른 관성력에 의하여 머리가 지면에 충돌할 경우 두개골골절, 뇌손상, 뇌진탕 등이 발생하여 치명적인 경우가 허다하다.

이러한 다중 충격에 의한 손상은 자동차의 속도, 차종, 적재량 등에 따라 달리 나타나는데 일반적으로 엔진덮개, 좌·우 후엔다, 후사경, 전면유리 등에 의하여 발생한다. 차량에 차깔림(역과)되어 생기는 손상을 역과손상이라 한다. 그러나 사망사고의 경우 시체에서 이러한 모든 손상이 반드시 나타나는 것은 아니다.

자동차의 측면에 충격되어 넘어졌다면 제2차 충격손상이 나타나지 않으며, 도로에 쓰러져 있거나 누어있는 사람을 역과하면 역과손상만 나타난다. 사람에 나타나는 역과손상은 일반적으로 피해자의 의류에 자동차의 바퀴흔 또는 하부 구조물에 충돌되었을 때에는 손상흔이 나타나게 된다.

인체표피에는 피하출혈 또는 표피박탈에 의한 손상흔이 역과과정과 일치되어 나타나는데 늑골의 골절, 흉부장기의 파열, 복부장기의 파열 및 탈출, 두개골의 파열, 두부의 변형, 사지골절 등과 같은 치명적인 손상이 초래되고 박피손상도 나타나게 된다.

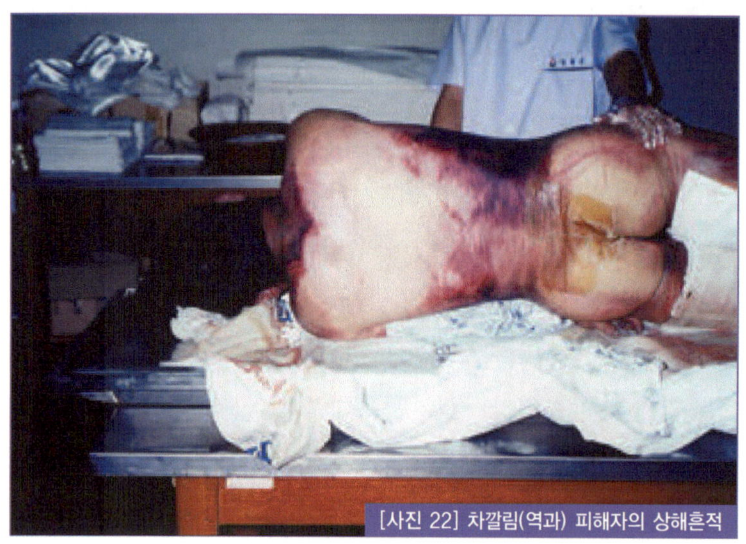

[사진 22] 차깔림(역과) 피해자의 상해흔적

2 제1차 충격

자동차 사고에 있어서 외피에서 범퍼손상을 볼 수 있다면 자동차의 진행방향이 결정되는 것이다.

범퍼는 차종에 관계없이 차체의 최전방에 위치함으로 정면충돌할 때 인체에 가장 먼저 충격을 가하는데 이로 인한 손상은 매우 강력하다.

범퍼에 의하여 충격될 때에는 거의 동시적으로 범퍼충격이 없이 자동차의 전조등, 엔진전면, 라디에이터, 후엔다, 엔진덮개 등에 의하여 상해를 줄 수도 있다. 엔진덮개 또는 후엔다 등에 충격되었을 때에는 대퇴부 상단, 둔부 등에 손상이 나타나는데 이러한 부위는 연조직으로 충격이 흡수되어 외피손상이 없거나 경미한 경우가 많다.

범퍼충격의 경우 차종에 따라 다소 다르기는 하나 하지에 주로 작용하며 어린이는 상반신 또는 경부이상 두부가 치명적이 될 수 있다. 손상의 정도는 차량의 속도 범퍼의 모양, 착의의 정도에 따라 다르다.

특히 옷을 많이 입는 겨울철에 발생한 교통사고에서는 옷이 충격을 흡수하여 손상이 대체적으로 경미하다. 그러나 충격의 강도에 따라서 매우 강하게 작용하였을 때에는 손상이 매우 심하게 나타난다. 이 때에는 외부에서는 일견 손상이 없거나 경미하더라도 X-ray 상에서는 손상이 있을 경우가 허다하므로 반드시 정밀진찰이 필요하다.

3 충격사망

자동차 사고에 의하여 사망하였을 때에는 하체부위를 최대한 박리하고 하퇴부와 대퇴부 등을 절개하여 확인하여야 사고의 충격부위를 알아낼 수 있다.

예를 들면, 범퍼손상이 없다면 차량의 측면에 충격되었거나 누워있었다는 것을 의미하는 것이다. 제1차 충격이 경미하여 사망의 원인이 되지 못한다 하더라도 이로 인한 제2의 충격에 의하여 사망할 수도 있다.

차량 범퍼에 의한 상해는 표피박탈, 좌열창, 박피손상, 좌상, 심부근육내출혈, 골절, 연조직의 파괴 등의 결과를 가져온다. 차량에 따라 범퍼의 높이, 형태가 다르므로 범퍼손상의 성상과 위치는 차량의 종류를 확인하는데 매우 중요한 단서가 된다. 그러므로 상해의 부위를 세밀하게 관찰하고 발뒤꿈치부터 정확하게 계측하여 높이를 확인하여야 한다.

승용차의 범퍼 높이는 지상에서 약 50cm 정도이다, 그러나 운행 중 고속에서는 상방, 저속에서는 하방, 급정차에서는 발목부위를 충격할 수도 있다. 차량의 속도와 무게에 따라 차이가 있다. 소형 승용차가 40㎞ 이상의 속도로 성인 보행자의 전방 또는 측방을 충격하면 하지에 골절이 일어난다.

후방에서 충격하면 무릎관절이 구부러지면서 비교적 경비한 상해를 입게 된다. 그러나 70㎞ 이상의 속도에서 충격하면 100% 골절이 일어난다. 상해가 하지의 전·후면에 같은 높이로 나타나 있으면 서있는 상태에서 충격한 것이고, 손상이 측면에 있으면 측면에서 충격한 것이다. 전면, 후면, 측면의 높이가 다르다면 보행 중에 충격한 것이다. 그리고 손상의 부위가 가장 높게 나타나 있는 쪽의 다리가 땅에 닿아 체중이 실여있을 때에 충격한 것이라고 보아야 한다.

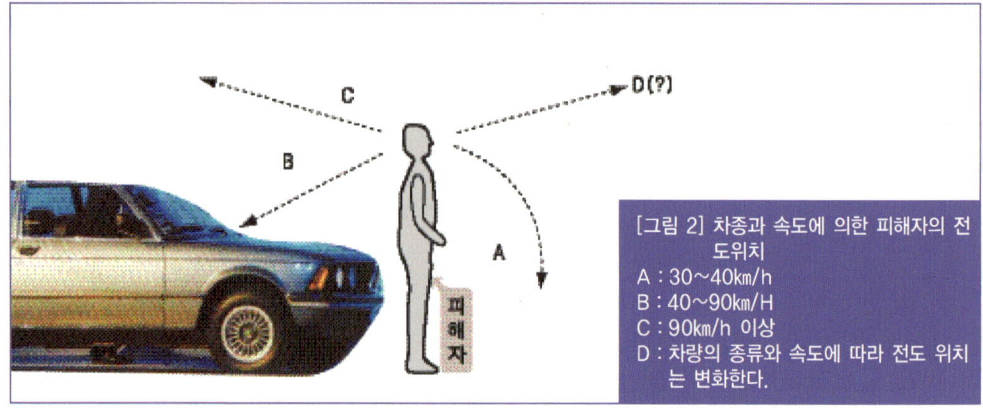

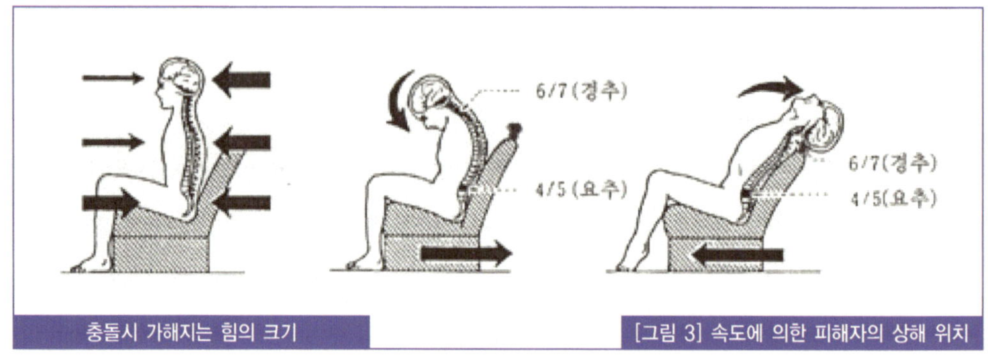

4 제2차 충격

자동차 사고에서 피해자의 상해정도에 따라 자동차의 종류와 속도를 파악할 수 있다. 승용차 사고의 경우 제1차 충격부위는 대체로 성인의 무게중심 보다 낮다. 일반적으로 시속 20~30㎞ 이하의 저속에서 충격했을 경우 인체는 차량의 전면이나 측면으로 직접 전도되어 제2차 충격손상이 나타나지 않는다.

충격부위의 고저에 영향을 받기는 하지만 시속 약 40~50㎞ 이하라면 보행자는 엔진덮개 위로 떠올려져 덮게 위에 놓이거나 전면 유리창, 와이퍼, 후사경 등에 의하여 어깨, 팔꿈치, 두부 등을 비롯하여 흉부, 배, 안면부 등에 손상이 나타난다. 상해의 정도는 국소적인 것부터 광범위하게 나타날 수 있다. 신체내부조직에까지 상해를 입히는 일은 거의 없다. 그러나 자동차가 시속 70~80㎞ 이상에서 정면 충격하였을 경우 차체의 상방보다는 측방으로 비행하여 낙하하는 경우가 많다. 그러나 상방으로 뜨더라도 차량의 지붕이나 트렁크나 차량 뒤쪽의 지면에 직접 떨어지게 되어 제2차 충격손상이 없을 수도 있다.

승합차, 화물차, 버스 등과 같은 자동차의 경우는 전면이 높고 수직이기 때문에 차체는 1차 충격된 후 차량의 전면이나 측면으로 직접 전도되어 제2차 충격손상이 발생하지 않고 역과되기 쉽다.

어린이 교통사고에 있어서 소형차량에 의한 경우라도 어린이는 무게중심의 상방을 충격하기 때문에 성인이 승합차, 버스, 화물자동차 등에 충격된 것과 같은 결과가 초래된다. 그러나 급제동을 하였을 때에는 어린이라도 무게중심의 대퇴부를 충격할 수 있다.

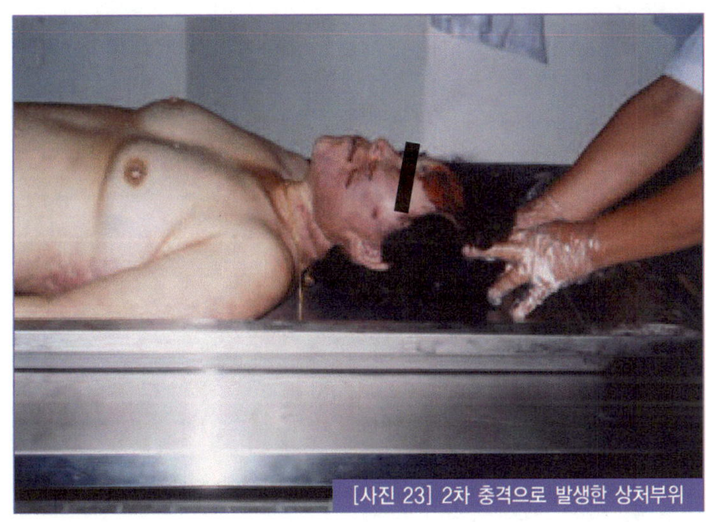

[사진 23] 2차 충격으로 발생한 상처부위

5 전도피해

자동차에 충격된 후 지상에 떨어지거나 비행하여 지상에 떨어지거나 지상구조물에 충격되어 피해를 입는 경우가 흔히 있다.

이러한 손상을 제3차 손상이라고 한다. 손상을 당한 사람과 사망한 사람 등의 신체에서 모두 이러한 현상이 나타난다. 이러한 경우 두부가 무겁기 때문에 지상에 넘어지거나 떨어지면서 충격되면 뇌손상 또는 두개골골절 등이 일어나며 사망의 직접적 원인이 되는 경우가 많다. 지면 또는 지상시설물에 충격되어 계속적으로 지면에 마찰되거나 옷이 차체에 걸려 끌려가면서 손상이 일어날 수도 있다.

　끌려가는 거리가 길거나 노면이 거친 경우에는 광범위하게 여러 부위에 조직손상이 일어난다. 그리고 노인의 경우에는 중상으로 골절상이나 장 파열과 같은 심한 손상이 나타난다.

　자동차 교통사고의 원인을 효과적으로 증명하기 위해서는 이러한 상해의 부위를 심도 있게 관찰하여야 한다.

[사진 24] 오토바이 전도피해 현장

[사진 25] 오토바이 사고 현장표시

6 차깔림(역과)피해

자동차 사고에서 가장 치명적 피해가 역과상해이다. 역과는 피해자가 지상에 넘어지면서 입게 되는 손상과 넘어진 뒤 차량이 그 신체를 넘어가기 때문에 심대한 충격을 가하여 치명적인 피해를 가하는 것이다. 충격을 가한 차량이 직접 역과한 경우와 후속하는 제2, 제3의 차량에 의하여 역과된 경우 더욱 치명적인 상해를 입을 수밖에 없다. 역과손상은 차량의 진행속도에 의한 바퀴의 충격과 차량의 하중에 의하여 운동하는 에너지에 의하여 피해를 가하기 때문에 매우 피해가 크다. 그리고 승용차와 같이 차체가 낮은 차량의 경우에는 차량의 하부구조에 의하여 충격을 가하기 때문에 형체를 알아볼 수 없을 정도로 피해가 크다.

피해의 상황은 차량의 바퀴에 의하여 역과되었을 때에는 바퀴와 접촉된 부분에 바퀴흔이 있고 그 하방의 골격과 장기는 차량의 중량에 의한 손상이 일어난다. 그리고 지면에 닿아있는 피부에서는 지면과 마찰되어 상해가 발생한다. 그러나 어린이를 역과 했을 때에는 골격의 탄력성이 크기 때문에 골절은 일어나지 않는 경우도 있다.

(1) 차륜흔적

자동차의 차륜이 인체를 역과하면 차량의 하중이 국소적으로 작용하여 차륜의 모양이 신체의 표면에 표피박탈과 피하출혈 등이 일어나는 피해가 나타난다. 이러한 경우에는 피해흔적으로 역과 여부를 판정할 수 있으며, 이러한 흔적을 차륜흔적이라 한다.

차륜흔적은 차륜이 피해자를 최초 접촉한 부위에서 가장 잘 나타나고 그 다음이 끝나는 부위에 현저하게 나타난다. 차륜흔적은 차량의 하중이 무거울수록 잘 생기며 하중이 가벼울 때에는 생기지 않는 경우도 있다. 경우에 따라서는 신체의 표면에서는 나타나지 않으나 의복에는 형성되는 경우도 있기 때문에 치밀하게 관찰을 해야 발견할 수 있다.

일반적으로 역과에 의하여 자동차에 나타나는 흔적으로는 차륜흔적 외에 앞 범퍼의 하단부, 번호판, 에이프런, 견인고리, 기타부품 등에서 사람과의 접촉에 의한 흙·먼지와 엔진하단부에서 엔진오일 등 기름기가 제거된 흔적이 발견된다. 충격부위에서는 착의한 섬유류, 혈흔, 모발, 인체조직편, 페인트도막 등이 관찰될 수 있다. 흙·먼지 등이 묻은 바퀴의 모양은 기본적으로 차량의 종류, 제작회사, 제조년도, 사용정도 등에 따라 그 형태가 다르게 나타난다. 그러므로 차륜흔적은 차량을 식별하는데 큰 도움을 준다. 차륜흔적을 발견하면 반드시 사진을 찍고 스카치테이프 또는 투명지를 대고 복사하여 증거자료로 사용하기 위한 조치를 하여야 한다.

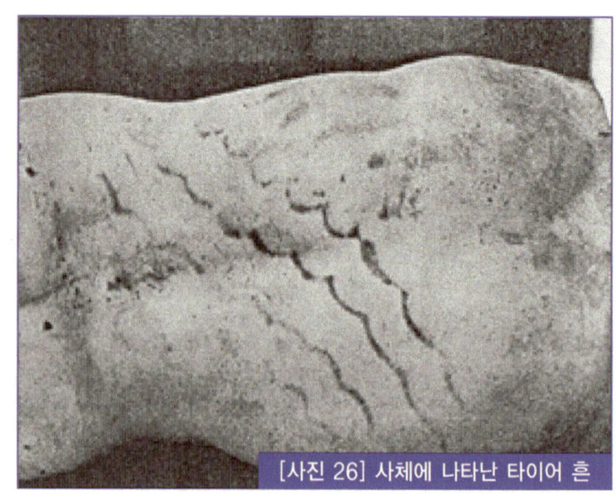

[사진 26] 사체에 나타난 타이어 흔

(2) 피부손상

　피부손상은 회전하는 둔력이나 사각으로 작용하는 에너지에 의하여 피부와 피하조직이 손상되어 근막과 피부가 벗겨지는 손상을 말한다.

　개방성일 때에는 박피창, 비개방성일 때는 박피상이라고 한다. 이러한 피부손상은 자동차의 바퀴가 역과할 때 가장 많이 나타난다. 두부나 귀 부위를 역과하면 귀 부위는 바퀴의 회전력에 의하여 열창이 형성된다.

　후방에서 전방으로 진행할 때에는 귀부위의 전면에 그 반대방향일 때는 후면에 나타난다. 그리고 피부손상은 사지와 대퇴부에 가장 잘 나타나며 복부, 두부, 요부 등을 역과 할 때에도 흔하게 나타난다. 피부의 외피에서 바퀴흔적을 보는 것이 가장 많으나 경미하거나 없는 경우도 있다. 그러나 역과 외에 자동차에 의한 직접적인 충격 또는 추락에서도 나타나므로 주의해야 한다.

(3) 장기 및 골절 손상

　지상에 전도된 인체위로 자동차의 바퀴가 통과했을 때에는 인체가 차량의 무게를 흡수할 수 있는 저항력이 떨어지면서 바퀴와 지면 사이에 압착되어 바퀴가 지나간 부위는 골절과 장기의 파열과 탈출 또는 조직의 심각한 손상과 변형이 일어난다.

사고의 상황에 따라서는 두개골 함몰골절과 파열 및 두부의 박피창이나 변형이 일어나 평편화 되며, 늑골과 사지의 골절이 발생할 수 있다.

(4) 편(신전)손상

편(신전)손상이라 함은 강력한 외력이 신체의 어떤 부위에 작용하면 에너지의 운동에 의하여 외력이 작용된 부위에 따라 피부가 찢어지거나 벗겨지는 것을 말한다. 이러한 상해는 자동차가 인체에 접촉되는 외력의 에너지가 크면 클수록 심각한 열창의 형태로 변형되어 나타난다.

신전손상은 대개 얕고 짧으며 서로 평행한 수개의 표피열창이 나타난다. 자동차 사고에 의한 신전손상은 역과사고에서 가장 많이 나타나며 자동차가 서행에서 둔부부위를 강력하게 충격하면 반대편의 하복부 또는 사타구니 등에 손상이 나타나는 경우가 많다. 그러나 빠른 속력으로 충격하였을 때에는 열창이 생긴다. 이 때 나타난 피해자의 피해상황에 따라 상해의 정도가 다르게 나타나게 되므로 역과에 의한 상해인가, 충격에 의한 상해인가의 여부를 반드시 판단해야 한다. 판단하는 방법은 피해자의 옷과 인체의 상해부위에서 차륜의 흔적을 사고현장에서 관찰하여 식별해야 한다.[85]

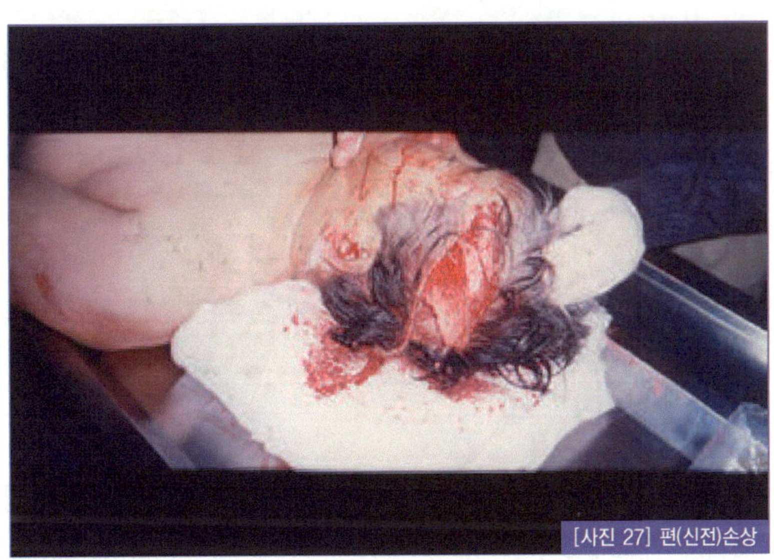

[사진 27] 편(신전)손상

85) Fishbein, 1999 : 371-373

(5) 의류의 흔적

사람이 자동차에 충격되면 당시에 입고 있던 의류에 흔적이 나타난다. 그 흔적을 면밀하게 관찰하면 압착흔, 열용융, 구김살 등 손상이 일어나고 경우에 따라서는 가해 차량의 페인트가 부착되어 있는 것을 발견할 수 있는데, 매우 중요한 증거자료가 될 수 있다. 그리고 자동차의 충격부위에서 이탈한 부품의 파편이나 자동차에 부착되어 있던 이물질 등이 발견되기도 한다.

의류를 구성하는 섬유류는 신축성과 복원력이 매우 뛰어나 일정한 한계치 이하의 충격에서는 충격혼적이 흡수되어 잘 검출되지 않으나 강한 충격에는 반드시 흔적을 남긴다는 사실을 잊지 말아야 한다.

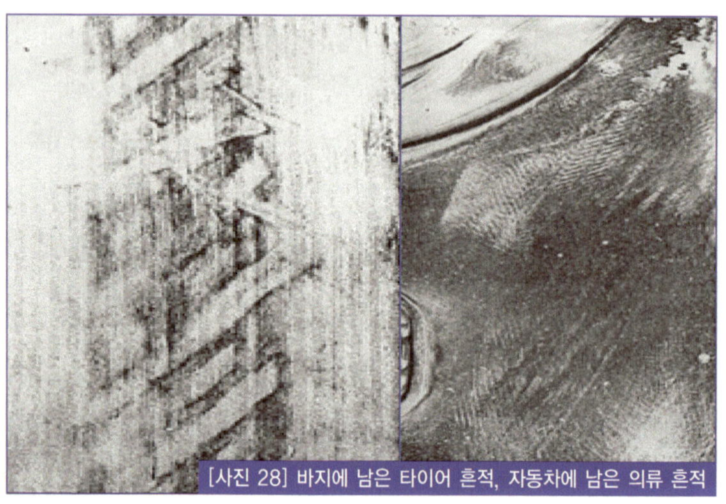

[사진 28] 바지에 남은 타이어 흔적, 자동차에 남은 의류 흔적

3. 탑승자

자동차사고에서 탑승자가 상해를 입었을 때에는 차내의 구조물과 상해와의 관계를 면밀하게 검토해야 한다. 진행하고 있는 차량이 다른 차량에 의하여 충격되었을 때 탑승자의 상해의 부위와 정도가 다르기 때문이다.

차량이 움직이는 다른 차량 또는 고정된 물체와 충돌하거나 급제동하면 탑승자는 차내 구조물에 의하여 손상을 가장 많이 받는다. 일반적으로 보행자가 자동차 사고에 의하여 손상을 입었을 때에는 대체적으로 일정한 경향을 보이는 것과 같이 탑승자에게도 일정한 경향을 보인다.

안전띠는 탑승자를 차외이탈, 계기판충격, 전면유리창충격 등을 예방하여 손상을 최소화하는 역할을 한다. 안전띠가 탑승자를 좌석에 고정시켜 치명적인 손상을 방지하여 주기 때문이다. 안전띠는 2점식과 3점식으로 분류할 수 있는데 2점식은 하복부 표피박탈과 좌상, 간, 체장, 방관 등 주로 복부 장기가 파열될 수 있고, 3점식은 흉부좌상, 늑골골절, 쇄골골절, 대동맥파열, 간파열 등 주로 흉부 손상이 일어난다.

안전띠에 의한 이러한 손상은 운전자는 경부의 좌측부위에 동승자는 경부의 우측부위에 선명하게 나타난다. 차량이 급작스럽게 가속이나 감속을 하게 되면 운동의 법칙에 의하여 경부가 전후좌우로 크게 흔들리면서 과신전과 과굴곡이 일어나 편타손상을 입게 된다. 그러나 탑승자가 안전띠를 매지 않았을 때 사고가 발생하였을 경우에는 탑승자가 고정되어 있지 않기 때문에 강력한 충격을 받으면 한정된 공간 내에서 좌충우돌하여 손상은 매우 다양하게 나타난다. 그리고 차량의 문이 고정되어 있지 않는 경우에 문이 열려 차량 밖으로 탑승자가 이탈되거나 차량이 전복되면 피해자의 상해의 정도는 다양하게 나타나게 되고, 이 때에는 면밀한 관찰이 필요하다.

이렇게 다양한 상해가 나타날 경우에는 손상의 부위와 차내의 구조물에 대해서 상세하게 분석하면 충격의 정도와 방향 등을 확인할 수 있다. 그리고 사고당시의 탑승자의 위치, 충격의 부위, 상해의 원인, 차종 등 자동차 사고의 원인을 규명하는 중요한 단서와 정보를 얻을 수 있다.

■1 운전자 손상

운전자는 주로 운전대에 의하여 가장 많은 손상을 입게 되고 안전띠의 착용여부에 따라 상해의 정도는 아주 다르게 나타난다.

운전자가 입는 손상은 진행하는 차량의 속도와 충격, 안전띠의 착용여부에 따라 현격한 차이가 있으나 주로 운전대가 복부, 흉부, 목부위 등을 충격하여 심각한 손상을 입게 된다. 이러한 손상은 경우에 따라 다소 차이가 있지만 주로 흉골, 늑골의 골절, 심, 간, 십이지장, 대동맥, 비, 신, 심장, 간, 폐, 위장 등에 심각한 상해를 입게 된다. 특히 안전띠를 착용하지 않았을 때에는 계기판이나 전면유리창 등에 두부를 충격하여 매우 심각한 상해를 입게 된다.

계기판에 의한 손상은 차량의 속도가 가장 큰 영향을 미치고 다음으로는 계기판의 모양과 재질에 따라 큰 차이를 나타낸다. 계기판에 의한 손상은 두부를 비롯하여 경부, 흉부, 복부, 대퇴부 등 신체의 전면부위에 다양하게 나타난다. 이러한 상해를 관찰하여 정면충돌 또는 측면충돌 여부를 판단할 수 있다.

[사진 29] 헨들에 머리를 충격 사망

2 운전석 옆 탑승자

운전석의 옆 좌석에 승차한 사람도 물론 신체의 전면부위에 다양하게 상해를 보인다. 일반적으로 운전자의 운전대에 의한 손상을 제외하고 유사한 피해를 나타낸다. 그러나 사고에 따라서는 운전자와는 다른 더 심각한 상해를 입을 수 있다. 차량의 속도, 차량의 종류, 안전띠의 착용여부, 충돌의 위치와 상황, 차내의 구조물, 전면유리창, 옆면유리창 등에 따라 다르게 나타나지만 매우 심각한 피해를 입게 된다.

만일 운전석 옆 탑승자가 안전띠를 착용하지 않았을 때 정면충돌할 경우 탑승자는 운동의 법칙에 의하여 전방으로 쏠리면서 계기판에 하체가 부딪쳐 신체가 공중에 뜨면서 전면 유리창에 두부가 먼저 충격되고 전면유리가 파손되고 차량 밖으로 신체가 빠져나오게 되면서 1차, 2차, 3차 충격을 받게 되어 전도손상과 역과손상 등 심각한 상해를 받게 된다. 그리고 다른 차량에 의하여 후면 충돌할 경우 진행할 때 또는 정차되어 있을 때 등에 따라 큰 차이가 있으나 주로 경부에 타격을 주어 목뼈가 골절되는 경우가 흔하게 발생한다.

[사진 30] 가로수에 충돌 운전자와 옆 탑승자 사망

3 뒷좌석 탑승자

뒷좌석 탑승자의 상해의 발생원인은 차량의 속도, 충돌의 위치, 안전띠의 착용여부, 차량의 구조물 등에 따라 큰 차이를 보인다. 그러나 대체적으로 전면좌석에 탑승자보다는 안전하다는 판단을 할 수 있다.

정면충돌의 경우 앞좌석의 지지대에 의하여 피해를 상당히 줄일 수 있기 때문이다. 그리고 앞좌석의 지지대에 목 받침대(headrest)가 설치되어 있을 때에는 전면 두부가 목 받침대에 충격되기 때문에 더욱 안전할 수 있으나 경추상해를 입을 수 있으며, 하체는 전면 좌석의 지지대에 충격하기 때문에 좌석지지대가 충격 에너지를 흡수하기 때문에 더욱 안전한 보호를 받을 수 있다.

뒷좌석 탑승자는 사고의 유형에 따라 피해의 상황이 다르지만 일반적으로 두부, 안면, 무릎 등에 경미한 상해를 나타낸다.[86]

4. 수사상 유의사항

1 사고조사

수사관은 자동차 사고조사에 임하여 현장을 정확하게 관찰하여 피해자가 있는지 여부를 먼저 확인하여 피해자를 발견하였을 때에는 상해의 정도를 확인하여 중상의 경우 즉시 병원으로 이송하여 치료를 받도록 하고, 경상의 경우에는 사고경위를 청취하여야 한다. 그리고 피의자를 확인하여 인적사항을 확인하고 음주여부, 약물여부 등을 확인한다. 현장의 상황을 조사하여 사고의 원인과 피해상황을 조사한다.

사고의 유형에 따라 다소 차이는 있으나 대체적으로 도로의 상황, 일기, 사고차량의 상태, 스키드마크, 야우마크 등을 먼저 조사한다. 그리고 사고 현장에 유류된 증거물로 도막, 페인트, 유리, 플라스틱, 차량의 부품, 바퀴흔적, 적재물, 족흔적, 모발, 조직편, 혈흔, 기타 유류물 등을 채취한다.

2 의류검사

교통사고에서 의류의 검사는 매우 중요한 위치를 점하고 있다. 사고 후 도주한

---

86) McGibbon, 2000 : 247-252

교통사고에서의 의류검사는 보행자의 위치, 방향, 충격부위, 충격의 정도, 충격 흔적 등을 추리할 수 있는 중요한 단서를 발견할 수 있기 때문에 철저하게 조사하여야 한다. 그러므로 피해자가 사망하였을 때에는 부검을 실시해야 하기 때문에 부검하기 전에 깨끗한 백지위에서 의류를 검사하는 것이 필요하다.

의류에 부착되어 있는 차륜흔적, 페인트흔적, 이물질, 혈흔, 유리파편, 머리카락 등이 유실되지 않도록 유의하여야 한다.

[사진 31] 의류(바지), 자동차타이어, 확대한 바지의 타이어 흔

③ 차량검사

차량검사에서는 피해차량과 가해차량을 모두 검사하는 것이 필요하다. 차량의 검사는 외부에서 내부로 순서대로 시행하면서 메모하여 작은 것이라도 기록하여 빠짐없이 실시해야 한다. 차량의 외부에서는 전면, 차량의 밑부분, 바퀴의 모양, 차량의 충격부분, 손상의 정도, 차량에 부착되어 있는 이물질, 혈액, 섬유면, 조직편 등을 검사하고, 내부에서는 같은 차종이라도 다를 수 있기 때문에 차량의 내부에 들어있는 물건, 구조변경, 충격부위, 파손부위, 부착물 등을 검사해야 한다. 그리고 사고의 원인이나 유인이 될 수 있는 차량의 각종 계기판, 브레이크, 기타 기계장치 등의 작동여부와 결함여부를 확인하는 것이 매우 중요하다.

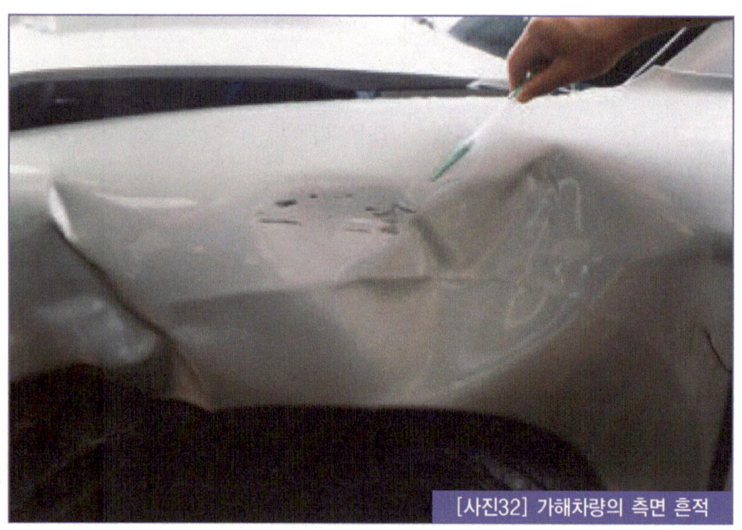

[사진32] 가해차량의 측면 흔적

4 피해자 조사

교통사고에서 피해자가 사망하였거나 중상을 입었을 때에는 사고의 원인이나 요인이 무엇인지를 밝혀야 하기 때문에 피해자와 운전자 모두를 정밀하게 조사해야 한다.

예를 들면, 운전자나 피해자인 보행자 등이 심장병 등 급사할 수 있는 질병의 유무, 사고의 원인이 될 수 있는 신체적 장애, 운전이나 보행에 문제가 있는 약물이나 음주여부 등을 확인하여야 한다. 그리고 단순 충격에 의한 상해의 여부, 역과에 의한 상해의 여부, 치명적 요인이 될 수 있는 상해의 부위, 신체에 부착되어 있는 각종 흔적이나 유류물의 유무를 반드시 확인하여야 한다.

5. 사고현장

1 스키드 · 요 마크(skid · yaw)

자동차가 일정한 속도로 진행하다가 장애물이 나타나면 브레이크를 신속하게 밟아 급격한 감속을 하게 되면 이때 달리는 자동차의 운동에너지가 마찰에너지로 변화하는 과정에서 타이어의 흔적이 직선으로 노면에 생성되는데 이 흔적을 스키드마크 또는 제동흔적이라고 하고, 위와 같은 상황에서 자동차가 좌우로 쏠리거나 흔들리면서 발생하는 타이어의 흔적을 요마크 또는 편주 · 편요 마크라고 한다.

스키드마크 또는 요마크가 노면에 생성되는 과정에서 자동차의 외부와 충격되면 스키드 또는 요마크 등이 미묘하게 변화되거나 흔적이 불안전하게 생성되는데 이러한 흔적이 발견된 지점을 충돌지점이라고 판단하면 된다.

2 마손 · 마찰흔(gouge · scratch)

교통사고가 발생하면 충돌차량은 운동량의 교환으로 충격부위가 맞물려 파손하는 과정에서 차량이 관성에 의하여 차량의 앞부분이 지상에 접지되는 현상이 나타나는데 이러한 현상을 '앞숙임 현상'이라 한다.

앞숙임 현상은 급브레이크를 작동하였을 때에도 발생하는데 파손차량 바닥면의 금속성구조물이나 펑크난 타이어의 바퀴 휠 등이 노면에 충돌하면서 진행하는 경우에 돌출부분이 파손되면서 지면에 패인흔이 나타난다.

교통사고 현장에서 육안으로 확인할 수 있는 지면에 자동차의 돌출된 부분이 접촉하면서 금속성 물체의 패인 흔적을 마손흔(gouge mark)이라 하고, 파손차량의 금속성물체가 노면에 길게 접촉하면서 노면이 길게 패이고 차량의 접지면에 할킨 흔적을 마찰흔(scratch mark)이라 한다. 일반적으로 마손흔과 마찰흔은 파손차량의 유류물과 타이어흔적과 같이 나타난다. 그러나 타이어흔적과 상관없이 나타나는 경우도 있으며, 마손흔과 마찰흔을 실측하여 차량이 충돌한 지점과 충돌 후 이동한 거리를 참작하여 충돌의 강도를 추리할 수 있다.

③ 잔재물의 확인

사고 자동차가 진행하는 과정에서 장애물이 나타나면 무의식적으로 운전자는 브레이크를 밟아 제동을 시도하는데 제동의 효과가 미흡하여 보행하는 사람을 충격하게 되면 여러 가지의 파편들이 비산된다.

사고차량자체의 충격부분의 일부가 파손되면 사고 장소의 노면에 낙하물이 남게 되는데 낙하물의 낙하위치는 낙하법칙에 의하여 파손된 위치와 자동차의 진행방향, 속도, 적재량 등에 따라 달라진다. 그러므로 도로상에 잔재물을 확인하였을 경우에는 증거물로 수거하기 전에 잔재물의 종류와 위치를 분필 또는 마크펜으로 표시하고 사진촬영한 후 증거물을 수집하여야 한다.

④ 피해자 유류품

교통사고 현장에서는 일반적으로 충돌지점에서 흔적을 쉽게 발견할 수 있다. 그러나 특수한 사고에서는 아무런 유류품이 발견되지 않는 경우도 있다. 사고현장부근에서 유류품이 발견될 경우에도 수거하기 전에 유류품의 명칭과 위치를 표시하고 사진을 촬영한 후 증거물로 수집하여야 한다.

사고지점의 부근에는 피해자가 보행 중에 사고를 당했을 경우에는 신발이 벗겨져 있거나 가방 등 휴대품이 흩어져 있으면 그 부근을 충격지점으로 추정하고 정밀하게 실황조사를 하여야 한다.

보행자가 충돌된 경우에는 피해자의 소지품인 모자, 목도리, 시계, 안경, 기타 물건 등이 사고장소 주변에 흩어지게 마련이다. 이러한 유류물은 사고현장 모의실험에 의하여 사고의 원인과 유형을 소상하게 밝혀낼 수 있기 때문에 매우 중요한 수사 자료가 될 수 있다는 것을 잊지 말아야 한다.

6. 검증의 실시

자동차 사고에 있어서 의류검사, 차량검사, 현장조사, 인체검사, 증거물조사 등이 끝나면 수집된 자료와 피해상황 등을 종합하여 분석하고 판단해서 검증해야 한다. 검증을 하지 않고 일방적으로 추정해서 사건을 처리하면 반드시 문제가 발생하기 때문에 주의하지 않으면 안 된다.

1 운전자의 확인

자동차 사고에서 운전자와 동승자가 있는 경우 동승자가 사망하거나 뇌사상태 또는 식물인간이 되어 있을 때에는 운전자는 동승자가 운전을 했다고 거짓 진술을 할 수 있다. 이 때에는 상해의 부위와 성상 등을 조사하면 운전여부를 확인할 수 있다. 그리고 지문을 채취해서 운전자를 확인하는 방법도 있다는 사실을 간과해서는 안 된다. 그리고 사망자인 동승자가 운전을 했다고 주장하면 반드시 운전대에 사망한 사람의 지문이 있어야 한다.

지문을 채취해서 운전자의 지문으로 쉽게 확인할 수 있으며, 자동차 페달에 묻어있는 흙이나 먼지 또는 페달이나 신발에 각인된 문형 등을 조사해서 동승자의 신발에 묻어있는 것과 비교하면 쉽게 확인이 된다.

2 실황의 검증

자동차 사고조사에서는 실황을 조사하여 피의자나 피해자의 진술이 일치하는

지의 여부를 반드시 확인하여야 한다. 실황의 검증은 피의자가 허위 진술을 하는지 여부를 확인하여 실체적 진실을 발견해야 하기 때문에 사고 상황과 피해정도가 일치해야 하는 것이다.

피해자가 사망하였을 때에는 출혈의 여부, 사체의 위치, 충격부위, 자동차의 파손여부, 유류물 등을 종합하여 판단하여야 한다. 예를 들면, 피해자를 다른 곳에서 살해한 후 사고지점에서 교통사고로 위장할 수도 있기 때문이다.

③ 가해차량의 확인

자동차사고에서 가해차량이 어느 차량인지를 모를 경우에는 피의자의 검거, 보상 등에 큰 문제가 발생할 수 있다. 그러므로 목격자 등이 없을 때에는 현장조사에 의하여 가해차량을 확인하여야 한다.

가해차량을 확인하기 위해서는 자동차와 피해자를 모두 확인하여 판단을 해야 한다. 특히 사고 후 도주차량(뺑소니)을 확인하는 것은 사고차량이라는 사실을 증명해야 하기 때문에 충격부위, 피해의 정도, 스키드마크, 요마크(편주·편요), 파손부위, 유류물, 차륜의 흔적, 혈액, 조직편, 유리파편, 접촉한 부위의 페인트 흔적, 모발 등을 수집하여 종합적으로 판단하여야 한다.

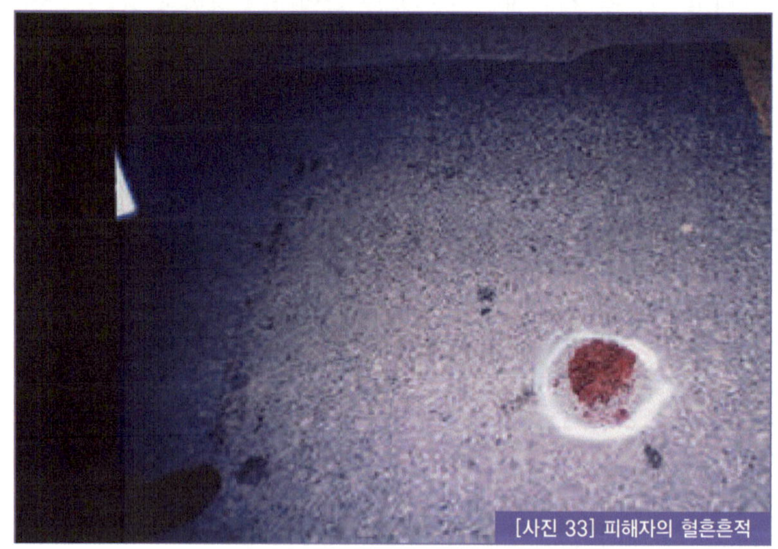

[사진 33] 피해자의 혈흔흔적

4 브레이크 장치

브레이크는 자동차 · 전동차 · 엘리베이터 등과 같이 운동하고 있는 기계의 속도를 감속하거나 정지시키는 장치를 말한다. 자동차 브레이크도 달리고 있는 차량의 속도를 줄이거나 정지시키는 기능을 하도록 되어 있는 장치를 말한다.

브레이크는 보통 운전자의 조작력 또는 보조동력으로 발생한 마찰력을 이용해 자동차의 운동에너지를 열에너지 등으로 바꾸어 제동 작용을 일으키는 방식으로 작동한다. 승용차에는 대부분 마찰식으로 유압식이 많이 사용되는데, 운전자가 폐달을 밟는 힘이 중간 매체인 유압을 거쳐 바퀴의 제동력으로 변화되도록 되어 있다. 그러나 버스나 트럭 등 대형 차량에는 공기브레이크가 많다. 그리고 승용차의 경우 ABS브레이크를 장착한 차량이 증가하고 있는데 ABS는 차량이 급제동 조치를 취하면 속도에 따라 회전하는 바퀴는 1초 동안 순간적으로 정지와 회전을 수차례 반복하므로 급제동상태에서도 운전석에 위치한 스티어링 휠의 조작으로 차량의 운동방향을 변화시킬 수 있어 안전한 주행상태를 유지할 수 있다. 또한 ABS를 장착한 차량은 급제동 조치를 하면 스티어링 휠의 조작으로 차량의 비정상적인 운동방향을 제어할 수 있어 보행자 또는 장해물과의 충돌을 쉽게 피할 수 있다.

80km/h 이상의 속도에서 ABS차량은 콘크리트나 아스팔트도로에서 유압식 또는 공기식 브레이크보다 짧은 거리에서 제동할 수 있으나 자갈과 흙으로 된 도로에서는 제동거리가 길어지고 40km/h의 저속에서는 일반적인 브레이크와 거의 차이가 나타나지 않는다. 그러므로 브레이크에 의한 스키드마크에 의하여 속도를 측정할 때에는 주의를 해야 한다.

5 타이어 흔적

교통사고 현장에 아무런 증거도 남기지 않은 체 도주한 사고의 경우 현장에 남아있는 타이어 자국 등으로 가해차량을 추적해 낼 수 있는 시스템이 개발되어 있다. 이러한 시스템은 전조등, 후사경, 방향지시등, 차폭등, 안개등, 라디에이터

그릴, 사이드 미러 등 뺑소니사고를 낸 차량이 현장에 남긴 부품의 종류와 일련번호를 추적해 자동차 제조업체와 차종, 생산시점 등을 알아냄으로써 용의차량을 쉽게 찾아낼 수 있도록 개발한 것이다.

타이어 관련 정보도 데이터베이스로 만들어 사고현장에 부품이 남지 않아도 스키드마크나 피해자 옷에 남은 바퀴자국을 분석해 가해차량을 추적할 수 있는 시스템도 갖췄다. 자동차 부품업체 101곳, 정비업체 3만277곳, 부품판매점 3413곳, 자동차 제원정보 6만1163건, 부품정보 1만1223종, 타이어 정보 152종 등 정보가 전산처리 되어있다. 이에 따라 인적이 드문 곳이나 야간에 사고를 낸 뒤 달아나도 범인을 검거하기가 매우 용이해 졌다.

현재 우리나라의 사고 후 도주차량 검거율이 74.5% 수준에 불과한 검거율이 90%를 넘어설 것으로 기대하고 있다. 이러한 이유로 뺑소니사고조사 기간을 평균 2일 정도 단축할 수 있으며, 범인이 일반적으로 사고 후 1~2일 이내에 차량의 부품을 교체하여 증거인멸을 시도하기 때문에 뺑소니 사범의 검거에 큰 도움이 되고 있다.

교통사고 후 도주범죄

1. 개요

교통사고 야기 후 도주(hit and run : 뺑소니)는 교통사고를 발생시킨 후 구조행위 등 현장조치를 하지 않고 도주하는 행위를 의미한다.

국가 경제의 급속한 발달에 따라 우리나라에서는 1970년대부터 자동차의 보유대수가 급속하게 증가하여 2006년 12월말 현재 1,589만대 이상으로 국민 3인당 1대의 자동차 보유국이 되어 교통사고의 발생과 교통체증 현상이 심각하게 나타나고 있다.

교통사고의 발생은 피해자가 양산됨으로써 심각한 사회문제로 대두되고 있다. 특히 교통사고 후 도주하는 속칭 뺑소니는 피해자의 생명과 신체에 중대한 위험을 초래하여 그 가족은 물론 생계문제와 치료비 등으로 심각한 고통을 안겨주는 결과를 가져온다.

뺑소니사고는 비인간적인 범죄로 사회적 비난을 받아 마땅할 뿐 아니라 법정최고형으로 중하게 처벌해야 한다는 국민적 공감을 받을 정도로 심각한 현실적 문제에 직면해 있다. 뺑소니사고는 음주운전과 무면허운전상태에서 많이 발생하는데 시골의 한적한 도로 또는 야간의 어두운 도로에서 많이 발생한다.[87]

87) 손봉선, 2004 : 417

2. 법적근거

1 특정범죄가중처벌등에관한법률

형법 · 관세법 · 조세범처벌법 · 산림법 및 마약류관리에관한법률 등에 규정된 특정 범죄에 대한 가중처벌 등을 규정함으로써 건전한 사회질서의 유지와 국민경제의 발전에 기여함을 목적으로 한다.

2 교통사고처리특례법

업무상과실 또는 중대한 과실로 교통사고를 일으킨 운전자에 관한 형사처벌 등에 특례를 정함으로써 교통사고로 인한 피해의 신속한 회복을 촉진하고 국민생활의 편익을 증진함을 목적으로 한다.

3. 법적판단

1 사고 운전자

사고운전자라 함은 도로교통법 제2조에 규정된 자동차, 원동기장치자전거 또는 궤도차 등으로 자동차관리법 제3조의 규정에 의한 승용자동차, 승합자동차, 화물자동차, 특수자동차, 이륜자동차, 건설기계관리법 제26조 제1항 단서의 규정에 의한 건설기계6종 등을 말한다. 원동기장치 자전거는 도로교통법 제2조 제18호에 규정된 이륜자동차 중 125cc 이하의 이륜자동차와 50cc 미만의 원동기를 장착한 차를 말한다. 궤도차는 궤도[88] 또는 삭도[89] 등에 의하여 육상을 움직이는 기차, 전차, 케이블카 등이 해당하며, 법률에 사고 운전자로 한정하고 있으므로 운전자를 제외한 승무원 등 직접운전을 하지 아니한 사람은 해당되지 않는다. 그리고 경운기, 우마차, 자전거 등의 운전자는 교통사고를 야기하고 도주하였다고 하더라도 특정범죄가중처벌등에관한법률 제5조의 3에는 해당하지 않으며, 교통사고처리특례법과 도로교통법 등에 의하여 처리한다.

② 교통사고의 범위

특정범죄가중처벌법에서 의미하는 교통사고는 교통사고처리특례법에서 의미하는 차의 교통과 같은 뜻으로 도로교통법상의 도로, 도로에 해당하지 않는 곳 또는 주정차 등에 의한 사고와 같이 비전형적인 운전행위에서 발생한 사고에도 적용된다. 그리고 피해자가 상해의 정도에 이르지 않은 일시적인 고통의 경우, 상해가 예상되었으나 실제로 상해가 없는 경우, 단순히 신체에 위험만 초래한 경우 등은 미수범처벌규정이 없기 때문에 사고의 범위에 해당하지 않는다.

③ 구호조치

교통사고를 야기하여 피해자가 발생하였다면 당연히 구호조치를 취하여야 함에도 불구하고 도주 또는 방치하거나 피해자를 유기한 경우 인간적·사회적으로 비난받아야 마땅하다. 그리고 준엄한 법의 심판으로 가중 처벌해야 한다는 국민의 요구와 국가형벌권의 적정한 운영으로 피해자의 구호의무와 사고수습을 확보

88) 기차나 전차 등이 달릴 수 있도록 일정하게 마련해 놓은 길로 레일이라고도 한다.

89) 기계공학에서는 로프웨이, 케이블 선로 등으로 부르며, 주로 목재, 광석 등을 운반하기 위하여 긴 스팬에 케이블을 설치한 후 지지대차를 매달아 주행시키는 장거리 운반 장치를 말하고, 토목건축의 삭도(索道)는 산악지역 등에서 두 지점 사이에 설치된 케이블에 의하여 사람이나 자재를 운반하는 장치를 말한다. 그리고 금속공학에서의 삭도는 강삭에 지지대차를 매달아 주행시키는 장거리 운반 장치를 말하고, 조선해양에서는 전로(電路)로 전선이 부설되는 길을 의미한다.

하려는 취지에서 본법의 의미를 찾아야 한다.

사고운전자가 취하여야 할 조치로는 사고의 내용, 피해의 정도, 당연히 요구되는 내용으로는 현장의 상황에 따라 합리적 조치를 취하여야 하며, 자기의 신분을 제시하여 사고운전자임을 확인할 수 있도록 다음과 같은 조치를 취해야 한다.

① 사고 즉시 정차하여 피해자의 피해상황을 확인한다.
② 상해가 확인되면 즉시 병원으로 이송하여 치료할 수 있도록 한다.
③ 피해상황을 확인하여 치료 및 치료비 등의 지불의사를 확실하게 한다.
④ 경찰과 보호자에게 연락하여 사후 조치를 할 수 있도록 한다.
⑤ 피해자가 사망한 경우 가급적 사고현장을 사실대로 보존하고 경찰의 수사에 협력해야 한다.

4 피해자 유기도주

피해자를 사고 장소로부터 옮겨 놓고 도주한 때에는 가중 처벌한다. 유기라 함은 사고운전자가 범행을 은폐하거나 죄증을 인멸할 목적으로 사고 장소로부터 피해지를 옮겨 피해자의 발견과 구호, 사고경위의 파악, 가해자의 신원파악 등을 어렵게 하거나 현저하게 곤란하게 한 경우 등의 행위를 의미한다.

[사진 35] 피해자 유기사체

5 신고의무

차의 교통으로 인하여 사람을 사상하거나 물건을 손괴한 때에는 그 차의 운전자 등은 6하 원칙에 의하여 경찰공무원이 현장에 있는 때에는 그 경찰공무원에게 신고하여야 하며, 없는 때에는 가장 가까운 경찰관서에 지체 없이 신속히 신고하여야 한다. 특가법상의 신고의무는 당해 운전자만 해당하고, 도로교통법상의 신고의무는 사고차량의 운전자, 조수, 안내원 등이 모두 해당한다.

4. 범죄의 특징

사고를 발생시킨 후 도주하는 뺑소니 범죄는 가중범으로 비난 가능성이 매우 높고 인명을 경시하기 때문에 엄중하게 책임을 묻지 않을 수 없는 행위로 다음과 같은 특징을 가지고 있는 범죄이다.

① 자기행위에 대한 책임을 회피하는 반인륜적 범죄
② 도주로 사망 또는 중상으로 이어지는 인명경시 범죄
③ 피해자는 물론 그 가족까지 고통을 안겨주는 가정 파괴 범죄
④ 생명을 유기하는 미필적 고의의 살인범
⑤ 타인의 생명을 위협하는 반인륜적 범죄
⑥ 자기만 존재하겠다고 생각하는 극단의 이기주의적 범죄

5. 범죄의 유형

뺑소니 범죄는 운전자가 사고를 야기하고 환자 등에 대한 구호조치를 하지 않고 현장을 이탈한 경우를 말하는 것으로 치사상 도주, 대물손괴 도주, 무과실 운전자의 사고도주 등으로 나누어 볼 수 있다. 현행법상의 관계규정에 의하여 분류하면 다음과 같다.

1 법률의 규정

자동차 사고에 대한 처벌규정이 형법 제268조(업무상과실·중과실치사상) 및 도로교통법상의 처벌규정과는 별도로 교통사고 후 도주 등의 운전자에 대하여 가중 처벌하는 특정범죄가중처벌법 제5조의 3(도주차량운전자의 가중처벌)에 해당하는 것으로 사형, 무기 또는 5년 이상의 징역으로 규정되어 있다. 이에 해당되는 차량은 자동차와 원동기장치 자전거로 교통으로 인한 인적피해의 결과가 발생하여야 한다.

2 자동차와 원동기장치 자전거

자동차라 함은 승용, 승합, 화물, 특수, 이륜, 건설기계6종(덤프트럭, 콘크리트믹서트럭, 콘크리트펌프, 아스팔트살포기, 타이어식기중기, 타이어식굴삭기), 군용차량 등을 의미한다.[90] 그러나 자전거, 우마차, 농기계, 건설기계(20종) 등은 사고 후 도주시 도로교통법 제54조 제1항[91]만 적용하여 처벌한다. 원동기장치 자

---

90) 도로교통법 제2조

91) 교통사고발생시의 조치 ① 차의 교통으로 인하여 사람을 사상하거나 물건을 손괴한 때에는 그 차의 운전자 그 밖의 승무원은 곧 정차하여 사상자를 구호하는 등 필요한 조치를 하여야 한다.

전거는 125cc 이하의 이륜자동차와 50cc 미만의 원동기를 장착한 차를 의미한다. 그리고 궤도차라 함은 궤도(철길, 레일) 또는 가선(삭도)에 의해 육상의 움직이는 기차, 전차, 케이블카 등을 말한다.

3 보호법익

① 공공교통에 해당되는 곳으로는 공중에게 허용되는 공중 주차장, 공공이 출입하는 상가, 불특정 고객을 위해 마련된 주차장, 공공 이용의 관공서 주차장, 주유소, 병영 앞 주차장 등
② 발생장소가 꼭 도로임을 필요하지 않고 도로에 접한 점포, 사유지 등의 돌진 사고 후 도주의 경우를 포함한다.

4 인적피해 결과발생

① 사람을 치사 또는 치상케 한 사고결과의 발생시 적용
② 사상의 결과 발생이 있었다고 볼 수 없는 경우는 생명이나 신체에 대한 단순한 위험, 일시적 쇼크는 제외하고 신체의 건강이 상당한 정도로 그리고 일정한 시간동안 지속적으로 침해된 경우로 피해자의 피부가 약간 할퀸 것 또는 몇 군데 푸른 멍이 든 것으로는 불충분하다.
③ 본인의 신체적 피해는 제외한다.

5 업무상 과실 · 중과실치사상[92] 적용대상

① 사고발생 방지를 위한 업무상 주의의무

92) 형법 제268조 업무상과실 또는 중대한 과실로 인하여 사람을 사상에 이르게 한 자는 5년 이하의 금고 또는 2천만원 이하의 벌금에 처한다.

② 과실 없는 피해차량(#2 차량) 운전자 적용제외
③ 쌍방과실사고의 #2 차량의 운전자에게는 적용
④ 고속도로, 자동차전용도로, 주·정차 차량 뒤에서 튀어나오는 보행자를 충돌한 경우에는 운전자에게 업무상주의 의무가 없으므로 특가법적용을 하지 않고 도로교통법의 환자조치 불이행죄를 적용한다.

6. 도로교통법상의 도주

1 관련근거

차의 교통으로 인하여 사람을 사상하거나 물건을 손괴한 때에는 그 차의 운전자나 그 밖의 승무원은 곧 정차하여 사상자를 구호하는 등 필요한 조치를 하여야 한다.[93]

본법은 도로에서 차의 교통으로 과실여부를 불문하고 인적·물적 피해결과가 발생하였을 때에는 운전자나 그 밖의 승무원은 필요한 조치를 하여야 한다.

2 성립요건

① 피해자의 사상 사실의 인식(예견)이 가능하여야 한다.
② 병원 이송 등 필요한 조치가 없을 때이다.
③ 피해자를 방치한 채 사고현장을 이탈하여야 한다.

---

93) 도로교통법 제54조

7. 특가법과 도로교통법

1 행위주체

특정범죄가중처벌법은 자동차·원동기장치자전거·궤도차의 운전자는 모두 해당되나 도로교통법은 교통사고를 낸 차의 운전자나 승무원만 해당된다.

2 행위내용

특정범죄가중처벌법은 도로에서든 도로 이외에서든 교통사고를 내고 구호 조치를 하지 아니 함으로써 성립하고, 도로교통법에서는 도로에서 교통사고를 내고 구호조치를 하지 않은 행위만이 성립한다.

3 과실유무

특정범죄가중처벌법은 사고에 대한 운전자의 과실이 요구되나, 도로교통법은 사고에 대한 운전자의 과실유무는 묻지 않는다.

4 피해내용

특정범죄가중처벌법은 당해 사고로 사람을 치사상하는 경우에만 해당하나, 도로교통법은 당해 사고로 사람을 치사상하거나 물건을 손괴한 경우를 의미한다.

8. 도주가 인정되는 경우

1 피해자에 대한 사상 사실 인식하고도 도주한 경우

① 차로 변경하다가 후속차량이 충돌하고 중앙선을 넘어가 대향차와 다시 충돌 사고 발생케 된 사실을 알면서 그대로 진행해 갔다면 도주에 해당한다.[94]

② 도주라 함은 치사 내지는 상해 등 사실을 인식하고 피해자의 구호 조치함이 없이 현장을 이탈하면 도주에 해당한다.[95]

③ 피해자의 구호조치를 취하지 아니하고 도주한 때라 함은 사고운전자가 사고로 인하여 피해자가 사상을 당한 사실을 인식하였음에도 불구하고 구호의무 이행 이전에 사고현장을 이탈하면 도주에 해당한다.[96]

④ 도주사고에서 사고운전자가 사고로 인하여 피해자가 사상을 당한 사실을 알았다는 것은 사고가 자신의 업무상과실로 발생하였다는 것까지 알았음을 요하나 그 인식의 정도는 반드시 확정적으로 인식함을 요하지 아니하고 미필적으로라도 인식하면 족하다.[97]

⑤ 피고인이 상해를 입은 피해자를 보고도 차에서 내리지도 않고 그대로 갔다가 약 20분 후 구호를 위하여 제3자와 함께 현장으로 되돌아온 경우 도주에 대한 혐의가 있었다고 본다.[98]

2 피해자 방치한 채 사고현장을 이탈한 경우

① 교통사고 차량운전자가 피해자를 구호하는 등 규정에 의한 조치를 취하지

---

94) 대판 83도1328
95) 대판 85도1462
96) 대판 92도3437
97) 대판 95도833
98) 대판 96도2407

않고 도주한 때에는 가중 처벌한다.[99]

② 차창이 열려있고 수명이 사고 났다고 고함을 질렀다면 사고를 모르고 갔다고 인정키 어렵다.[100]

③ 버스에 충격 돼 땅에 넘어진 피해자가 일어나는 것을 보고 상해가 있을 수도 있을 것이라는 예견을 할 수 있었고 구호조치를 취해야 함에도 불구하고 그대로 버스를 운행한 것은 도주에 해당한다.[101]

④ 교통사고를 낸 사람이 사고현장에 자신의 자동차를 둔 채 현장을 떠났더라도 사고 후 부상자 구호나 사고신고 등을 하지 않았다면 도주에 해당한다.[102]

⑤ 피고인이 피해자가 교통사고로 인해 차에 왼쪽 다리가 끼어 빠져 나올 수 없어 고함을 지르는 상태에 있었음에도 상처부위와 정도를 살피는 등의 조치를 취하지 않았음은 물론 피해차량 부근에도 가지 않은 채 집으로 돌아왔고 피고인의 차도 현장에 남아 있다가 피해자의 친구에게 병원으로 데려가라고 말 한 후 집으로 돌아갔고 피고인이나 그 처가 피해자 등에게 인적사항이나 연락처를 스스로 이야기한 사실도 없다면 도주한 것으로 본다.[103]

⑥ 사고 직후 바로 정차해 구호 조치하지 않고 100여m 더 나아가다 돌아와 구호조치 했어도 도주에 해당한다.[104]

⑦ 피의자가 사고를 야기하고 피해자가 하반신 마비에 이르는 큰 부상을 입었음에도 차에서 내리지 않은 채 조수석 창문으로 연락처를 적은 메모지를 전하고 가버렸다면 도로교통법 제50조 제1항의 의무를 다하였다고 볼 수 없어 특정범죄가중처벌법위반죄가 적용된다.[105]

---

99) 대판 85도1462
100) 대판 88도1945
101) 대판 87도1118
102) 서울고법 94. 5. 21.
103) 대판 95도1680
104) 대판 97노5592
105) 대판 98도33

3 사고현장에 있었어도 사고사실 은폐키 위해 거짓 신고한 경우

① 사고내고 피해자 구호조치 없이 40여m 정도 지나쳐 진행정차한 후 방관하다가 경찰관에게 피해자인양 거짓말하고 신고하려 경찰서에 갔다면 도주에 해당한다.[106]

② 사고운전자가 이미 사고현장으로 오고 있는 것을 발견하고도 자기가 사고운전자임을 알릴 것도 아니면서 이미 사고사실을 알고 있는 파출소까지 계속하여 걸어감으로써 구호조치를 소홀히 하였고 그 사이에 피해자가 경찰 순찰차에 실려 병원으로 이송되었다면 도로교통법 제54조 제1항이 규정하는 '사상자를 구호하는 등 필요한 조치'를 다하지 아니하였다고 할 것이고, 이러한 조치를 취하지 아니한 상태에서 사고현장에 남아 목격자로 행세하다가 비록 경찰관에게 자기의 신분을 밝힌 후 귀가한 것이라고 하더라도 도로교통법 제54조 제1항에 규정된 의무를 이행하기 전에 사고현장을 이탈한 경우로 이는 도주에 해당된다고 본다.[107]

③ 피고인이 자신의 차량으로 피해자를 충격한 직후 차에서 내려 범행을 부인하면서 단지 술에 취하여 길에 쓰러져 있는 피해자를 방치하면 사고가 날지 몰라 신고한 경우 사고 야기자 확정과 관계없이 도주차량에 해당된다.[108]

4 부상피해자에 대한 적극적 구호조치 없이 가버린 경우

① 사고현장에서 피해자를 구호하는 등 일련의 사후조치를 취함이 없이 사고현장을 이탈하여 차주에게 사고발생을 보고하러 갔다면 도주한 경우에 해당한다.[109]

② 운전자의 보호자에게 사고를 알리려 현장을 떠난 경우 환자의 구호 등 조치

---

106) 대판 91도2134
107) 대판 97도770
108) 대판 96도1997
109) 대판 4394형상252

를 취하지 않았다면 죄책을 면할 수 없다.[110]

③ 도주라 함은 사고로 인하여 피해자가 부상을 당한 것이 명료하여 현장에서 응급조치를 할 필요가 있음이 분명한 경우임에도 그대로 방치한 채 그자리를 떠난 경우를 말한다.[111]

④ 차량에 충격되어 스스로 일어나 걸어갔다 하더라도 운전자는 피해자의 상해 여부 등을 확인하고 병원에 데려가는 등 구호조치를 하여야 하며 상호말다툼을 하다 해결 없이 그냥 가버렸다면 도주한 경우에 해당한다.[112]

⑤ 교통사고를 일으킨 후 피해자와 경찰서에 신고하러 가다가 음주운전이 발각될 것이 두려워 피해자가 경찰서에 들어간 후 그냥 돌아간 경우 피해자에게 피고인의 직업과 이름을 알려 주었다는 등의 여러 사정이 있었다 하더라도 피해자의 구호의무를 이행하지 아니하고 사고현장을 이탈하여 도주한 것으로 본다.[113]

⑥ 사고 운전자가 사고 후 당황한 나머지 차 안에 잠시 앉아 있다가 밖으로 나와 보니 이미 피해자들은 다른 차량에 실려 가고 없고 피해차량만 주차되어 있는 것을 보고 순간적으로 겁이나 사고현장을 곧바로 떠난 것이라면 교통사고 낸 뒤 적극 구조 안하고 도주한 경우에 해당한다.[114]

⑦ 교통사고를 일으키고 차를 현장에 둔 채 도주하였다가 8시간 후에 사고사실을 신고한 개인택시 운전사에 대하여 도주사실 인정하여 면허 취소한 것은 정당하다.[115]

⑧ 피해자를 차량에 태우고 가다 통증을 호소하였음에도 큰 외상이 없으니 괜찮겠지 생각하고 병원에 데려가거나 연락처 등을 알려주지 아니한 채 버스터미널에 내려주고 간 경우 도주에 해당한다.[116]

⑨ 피의자가 사고야기하고 피해자가 하반신 마비에 이르는 큰 부상을 입었음에

---

110) 대판 84도1144
111) 대판 79도2900
112) 대판 93도1384
113) 대판 96도252
114) 대판 94도2670
115) 대판 96두5773
116) 대판 97도3079

도 차에서 내리지 않은 채 조수석 창문으로 연락처를 적은 메모지를 전하고 가버렸다면 도로교통법 제54조 제1항의 의무를 다하였다고 볼 수 없어 특정범죄가중처벌법 위반죄가 적용된다.[117]

⑩ 사고 내고 자신의 차에 피해자 태운 후 병원으로 옮긴다며 1시간 40여분 지나서야 병원에 입원시킨 경우 장시간 경과되어 피해자를 구호할 의사가 없었다고 보아 도주에 해당한다.

5 사고 야기자로 확정될 수 없는 상태를 초래한 경우

① 사고야기 후 피해상태 확인결과 피해 경미하여 피해변제조로 금원을 지급하려고 하였으나 피해자가 이를 거절하면서 사고신고 하자고 하였는데 인적사항이나 연락처를 알려주지 않은 채 도주하였다면 도로교통법 제54조 제1항의 조치를 하였다고 볼 수 없다.[118]

② 버스에 피해자가 충격되어 넘어졌다가 일어나는 것을 보았다면 상해여부를 확인 구호할지 여부를 취함이 없이 피해자가 걸어가는 것을 보고 그대로 운행해 갔다면 도주의 경우에 해당한다.[119]

③ 사고운전자가 피해자들이 차내의 의자에 기대있자 당해 교통사고로 가벼운 부상을 입은 택시운전자에게 약을 사먹고 올테니 신고하여 달라고 말한 후 사고를 낸 차를 두고 현장을 떠나 신고를 받고 온 경찰관이 피해자를 후송하였고 사고운전자는 약 사먹고 2시간 후 현장에 왔다 견인작업까지 끝난 것을 보고 귀가하였다면 사고운전자가 피해자에게 성명과 주소,전화번호 등을 알려주지 않아 사고를 야기한 자가 누구인지 쉽게 확인할수 없는 상태를 초래하였으면 도주한 경우에 해당한다.[120]

④ 피해자의 상해여부를 확인하지 않은 채 자동차 등록원부만을 교부하고 임의

117) 대판 98도33
118) 대판 93도2346
119) 대판 87도1118
120) 대판 94도2204

로 사고현장을 이탈한 사고운전자는 사고 야기자로 확정지어 놓지 않았기 때문에 도주의 의사가 있었다고 본다.[121]

⑤ 불과 11세 남짓한 피해자를 아무런 보호조치도 없이 돌아가게 한 것은 특정 범죄가중처벌법 소정의 도주에 해당한다.[122]

6 피해자가 이미 사망했어도 사체안치 등 조치 없이 가버린 경우

① 사고운전자는 피해자가 사망한 것으로 보이더라도 병원후송조치와 신고의 의무를 이행해야 한다.[123]

② 교통사고로 인해 피해자가 이미 사망했다고 하더라도 사고차량의 운전자로 서는 사체의 안치, 후송 등을 위해 병원과 경찰관서에 연락 또는 신고를 하 는 등 필요한 조치를 취해야 함에도 위와 같은 조치를 취하지 않은 채 사고 현장을 이탈해 사고야기자로서 확정될 수 없는 상태를 초래했다면 도주에 해당한다.[124]

7 피해자를 병원으로 후송하고 치료 대기 중 가버린 경우 도주 인정 되나 피해자의 행방을 몰라 찾다가 귀가한 경우 등 특별한 때는 도주가 인정되지 않은 경우

① 교통사고 피해자를 병원으로 후송하여 의사가 응급조치하는 것을 보고 있다 가 병원비를 구하기 위해 피고인의 부친으로 하여금 병원에 있는 피해자를 찾아가 사고운전자의 부친임을 알게 해 주었다면 구호의무는 다 이행하였다 고 봐야 한다.[125]

---

121) 대판 96도1415
122) 대판 96도1461
123) 대판 91도52
124) 대판 95도1605

② 교통사고를 낸 후 피해자를 병원으로 데리고 가 접수시켜주고 도망했다면 도로교통법 소정의 사고야기자로서 취해야 할 구호의무를 모두 이행한 다음 사고현장을 이탈한 것으로 봐야하고 비록 사고현장에서나 그 직후 자신의 신원을 안 밝혔어도 도주로 볼 수 없다.[126]

③ 피고인이 교통사고 야기 후 사고현장에서 다른 사람들과 같이 피해자들을 구급차에 나눠싣고 자신도 구급차에 동승하여 피해자를 병원 응급실로 후송한 후 간호사가 혈압을 재는 것을 보고 응급실 밖에서 담배를 피우고 있던 중 피고인 자신과 위 피해자가 타고 온 구급차가 다른 곳으로 가는것을 보고 응급실에 다시 가본 결과 위 피해자가 보이지 않자 간호사에게 피해자의 행방을 문의하였으나 그녀가 다른 곳으로 후송하였다고 만 이야기하여 하는 수 없이 자신의 사무실로 돌아 간 경우 피고인이 비록 사고현장에서나 그 직후 경찰관서 등에 사고신고를 하지 않았거나 또는 타인에게 자신이 사고야기자라고 적극적으로 고지하지 아니하였다고 하더라도 피고인의 행위는 특정범죄가중처벌등에관한법률 제5조의 3 제1항 소정의 도주차량에는 해당되지 아니한다고 본다.[127]

8 운전자를 바꿔치기하여 신고한 경우

사고 후 피해자를 병원으로 이송치료 할 수 있도록 하였으나 운전자의 지위를 보호하기 위하여 부하, 종업원, 운전자의 지휘감독을 받는 자를 운전자로 바꿔치기하여 신고한 경우는 도주로 볼 수 없다.

---

125) 대판 96도2514
126) 서울지법 96노8687
127) 서울지법 96도358

9 부상피해자를 장시간 방치한 후 이송 치료한 경우

사고 후 부상피해자를 즉시 병원으로 이송하지 않고 죽음을 기다렸다가 숨을 거둔 후에 병원으로 이송하는 경우 도주에 해당한다. 피해자가 살아 있으면 가해자의 입장이 불리하게 전개될 우려가 있을 때에는 자기의 과실을 은폐하기 위하여 죽음을 기다렸다가 이송하는 사례가 있다.[128]

9. 도주가 성립되지 않는 경우

1 피해자의 부상이 없거나 극히 경미하여 구호조치가 필요 없는 경우

① 도주사고에서 피해자의 사상결과는 생명과 신체에 대한 단순한 위험에 그치거나 상해로 평가될 수 없을 정도의 하찮은 상처로써 굳이 치료할 필요가 없는 경우에는 상해로 볼 수 없어 도주운전자라고 할 수 없다.[129]

② 사람을 치상한 사실이 인정되지 아니하는 때에는 도로교통법 제54조 제1항의 규정에 의하여 취하여야 할 필요한 조치를 하지 아니한 사실이 인정되더라도 범죄사실의 증명이 없는 것으로 보아 도주가 인정되지 않는다.[130]

2 피해자가 괜찮다고 하여 간 경우

① 교통사고 운전자가 사고현장에서 다친 곳이 없다고 말한 피해자와 합의중 경찰차의 사이렌 소리가 들리자 피해자에게 자신의 운전면허증을 건네주고

---

128) 손봉선, 2006 : 390
129) 대판 97도2396
130) 대판 93도656

가버린 경우 도주에 해당하지 않는다.[131]

② 피해자가 사고 후 자신의 신체상태를 살펴본 후 괜찮다고 하여 사고 운전자가 아무런 연락처 등을 주지 않은 채 현장을 떠난 경우에도 도주의 혐의는 인정되지 않는다.[132]

3 경찰이 환자후송 조치하는 것을 보고 연락처 주고 간 경우

경찰이 이미 사고현장에 도착하여 피해자를 병원으로 이송하고 있는 것을 목격하고 연락처를 주고 사고현장을 이탈한 경우에는 도주에 해당하지 않는다고 판단해야 한다.

4 사고운전자의 부상 때문에 타인의뢰 피해자를 이송 조치한 경우

① 사고운전자가 사고 직후 바로 자신의 차량으로 피해자를 자신의 집으로 데리고 갔고 사고운전자 부모들이 즉시 피해자를 병원에 데려가 입원케 하였다면 비록 사고 후 입원시까지 다소 시간이 지체되었고 사고운전자가 직접 피해자를 병원으로 이송하지 아니하였더라도 필요한 구호조치를 하지 아니한 경우에 해당한다고 할 수 없다.[133]

② 사고운전자의 현장이탈이 중상을 입고 출혈이 심하여 주위 행인 및 통행차량까지 드물어 2㎞ 걸어가 동네 사람에게 구호부탁 하였다면 도주의사에 기한 것이라 보기 어렵다.[134]

---

131) 대판 97도1024
132) 대판 94도1850
133) 대판 94도2691
134) 대판 85도602

5 피해자 일행의 구타 · 폭언 · 폭행이 두려워 현장을 이탈한 경우

사고현장에서 피해자 일행의 구타, 폭언, 폭행 등을 피하려고 현장을 떠난 사고 운전자의 경우에는 도주라고 인정할 수 없다.[135]

6 피해자에게 자기의 연락처 건네주고 헤어진 경우

① 사고 후 가해운전자가 많이 다쳐 병원에 가기 위해 피해자에게 성명과 연락처를 적은 쪽지를 건네주고 사고차량을 현장에 둔채 사고현장을 이탈한 경우 도주의 범의가 있었다고 볼 수 없다.[136]

② 사고현장에서 피해자가 별다른 부상을 입지 않은 것을 확인하고 차량 피해 변상을 약속하면서 면허증을 건네준 후 현장을 이탈하였다면 피해자가 사후에 진단서를 수사기관에 제출했더라도 도주한 것으로 볼 수는 없다.

7 사고 운전자 자신과 차량 사고에서 조치 없이 가버린 경우

운전자 자신과 자기의 차량은 도로교통법상 사고발생시의 사람이나 물건에 해당되지 않기 때문에 구호조치 및 신고의무는 없다.[137]

8 사고 장소 혼잡으로 다소 진행 후 되돌아와 조치한 경우

① 경미한 교통사고로써 사고현장에서 구호조치를 하는 것이 교통에 방해가 되는 경우 피해자를 한적한 곳에 유도할 의사로 깜빡이등을 켜고 시속 약 10㎞

의 저속으로 운전하며 갔다면 도주한 때에 해당되지 않는다.[138]

② 사고차량이 시속 70㎞ 속력으로 진행타가 피해자를 충격한 후 제동장치를 취함이 없이 그대로 60m정도 진행한 후 정차하여 피해자를 신고 병원으로 이송조치 하였다면 당시 속력으로 보아 도주하였다고는 볼 수 없다.[139]

9 급한 일로 탑승자에게 사고처리 위임 탑승자가 사고 처리한 경우

교통사고 가해자가 피해자와 사고여부에 관하여 언쟁하다가 동승했던 아내에게 사고처리를 위임하고 현장을 이탈하고 그의 아내가 사후처리를 한 경우 도주한 경우에 해당하지 않는다.[140]

10 사고운전자를 알고 있는 동승피해자에 대한 조치 없이 가버린 경우

자동차에 동승하여 진행하다가 사고가 발생하여 동승자가 부상을 입고 있으나 운전자가 그에 대한 적절한 조치를 취하지 않고 현장을 이탈하였다 하더라도 상호간에 알고 지내는 처지에 있다면 도주로 인정하기 어렵다. 그러나 동승자가 중대한 부상을 입고 신속히 병원에 이송해야 할 필요가 있을 경우에 현장을 이탈하였다면 도주로 인정하여야 할 것이다.

11 피해자에 대한 고의 상해 후 도주하거나 경찰관에 대한 공무집행 방해하고 도주한 경우

피해자에 대하여 고의로 교통사고로 위장하여 상해를 가한 후 도주하였다면 고

138) 대판 94도460
139) 대구지법 87고합456
140) 대판 96도2843

의적인 범죄에 해당함으로 운전자는 폭력행위등처벌에관한법률로 처리하여야 하고, 경찰관에 대하여 공무집행을 방해한 사실에 대하여는 특수공무집행방해죄를 적용하여 처벌하여야 타당하다.

10. 무과실차량 운전자

무과실차량 운전자(피해자 #2)는 특정범죄가중처벌법에서 당해 차량 운전자란 업무상주의 의무위반 등 과실 있는 경우에 적용되며 귀책 없는 #2 차량 운전자는 특가법 적용 대상은 아니나 도로교통법 제54조 제1항 환자조치불이행을 적용하여 처리해야 한다.

① 귀책사유 없는 사고차량의 운전자도 환자구호조치의무 및 신고의무는 부과된 의무라고 해석함이 상당할 것이다.[141]

② 특가법에서 소정의 죄를 범한 당해 운전자란 과실로 인하여 사람을 사상에 이르게 한 자를 가르키는 것이지 과실이 없는 사고운전자까지 포함하는 것은 아니다.[142]

③ 택시운전자가 무단횡단키 위해 중앙선에 서있던 피해자가 반대방향에서 오던 차에 충격되어 택시전방으로 날아 떨어지는 것을 전방 15m에서 발견 급제동했으나 충돌 사망한 경우 당시 제한속도 40km를 50km로 운행중이었다 해도 업무상 주의의무가 있다고 할 수 없어 특가법을 적용할 수 없다.[143]

④ 도주의 적용은 업무상 주의의무가 있는 경우 적용되므로 진행차로 정중앙에서 다른 차로와 근접한 위치에서 운전하였다는 것만으로 업무상 주의의무 위반의 과실이 있다고 볼 수 없어 이를 인용한 도주죄를 적용할 수 없다.[144]

---

141) 대판 90도978
142) 대판 91도711
143) 대판 95도715
144) 대판 98도297

⑤ 도로교통법상 사고발생시 환자조치와 사고신고의무는 당해 차량 운전자에게 그 사고발생에 있어서 고의 또는 과실 혹은 유책 위법의 유무에 관계없이 부과된 의무라고 해석함이 상당할 것이다.[145]

11. 사고 후 유기도주

피해자를 사고 장소로부터 옮겨 유기하고 도주한 때[146] 라고 함은 사고운전자가 범행을 은폐하거나 죄증을 인멸할 목적으로 사고 장소로부터 피해자를 옮기는 행위를 감행하였고, 그 결과 피해자를 단순히 방치하고 도주한 때에 비하여 피해자의 발견과 그 구호, 사고경위의 파악, 범인의 신원파악 등을 불능 또는 어렵게 만든 행위를 말하는 것이다.

12. 물적 피해 후 도주

1 법률상의 규정

사고 운전자가 물적 피해를 야기하고 교통상의 위험과 장애를 제거하는 등 안전하고 원활한 교통을 확보함이 없이 도주한 경우 도로교통법 제54조 제1항(사고발행시 조치)의 사고 발생시 조치불이행의 과실이 인정되므로 동법 제106조(벌칙)를 적용하여야 한다.

---

145) 대판 80도3320
146) 특정범죄가중처벌법 제5조 제2항

② 대물사고의 조치불이행

운전자가 대물사고를 야기한 경우 도로교통법 제54조 제1항의 조치는 교통사고의 위험과 장애를 제거하여 안전하고 원활한 교통을 확보함을 목적으로 적절한 사고조치를 의무화한 것으로 피해자의 물적 피해를 회복시켜 주기 위한 규정은 아니라고 보아야 하며, 이때 사고운전자가 하여야 할 조치는 사고의 내용, 피해의 정도 등 사고현장 상황에 따라 적절히 강구되어야 할 것으로 그 정도는 우리의 건전한 양식에 비추어 통상 요구되는 정도의 조치로 보아야 할 것이다. 예를 들면, 주차차량을 충돌하고 주인이 없을 경우 메모를 차에 남기고 간다거나 물적 피해를 내고 차량의 소유자를 찾을 수 없어 주변 사람에게 연락처를 남겨 두거나 부탁하고 현장을 떠나는 등의 필요한 조치가 있어야 한다.

③ 조치불이행으로 처리할 경우

(1) 대물사고 후 현장 이탈한 때

대물사고 후 아무런 조치를 하지 않고 현장을 떠난 경우에는 사고 후 조치불이행으로 처리되어야 한다. 현장을 떠나야 할 상당한 이유가 있는 경우에는 이에 상응한 사유를 메모로 남기든가, 주변사람에게 자기의 신분을 밝히면서 부탁하고 이탈하여야 한다.

(2) 대물사고 후 현장을 떠났다가 일정한 시간이 지난 뒤 나타난 경우

대물사고 후 일정한 시간동안 현장을 떠났다가 되돌아오는 것은 사고 후 조치불이행에 해당된다. 사고 후 즉시 현장을 떠났다가 일정시간이 지난 후 되돌아오는 것은 도주에 해당한다.

(3) 가축을 친 후 도주한 경우

도로교통법 제44조에서 자동차 운전자는 교통상황에 따라 안전하게 운전하여야 할 업무상 주의의무가 있기 때문이다. 운전자가 주의의무를 소홀히 하여 가축을 사상한 경우 주인의 과실을 상계한 손해에 대해 배상책임이 있다. 현행 자동차 보험에서도 가축의 사고를 일종의 대물사고로 분류하여 배상항목으로 규정하고 있다. 이러한 경우 사고를 유발하고 상당한 조치를 하지 않은 경우, 사고 후 조치불이행으로 처리하여야 한다.

(4) 대물사고 후 조치불이행으로 적용할 수 없는 경우

① 차체 뒷부분과 경미하게 스쳐 사고사실 인식치 못한 경우

② 사고 후 정비소 또는 파출소 가던 중 정체로 상대차량을 놓친 경우

③ 사고현장에서 차번호와 연락처를 주고 사후 처리키로 하고 헤어진 경우

④ 피해자가 폭언, 구타하여 이를 피하기 위하여 현장 이탈한 경우

⑤ 차량손괴 후 주인이 없어 메모나 연락처를 남겨두고 떠난 경우

⑥ 사고 후 동승자에게 신고수습 의뢰하고 운전자가 이탈한 경우

⑦ 타인의 피해 없이 운전자와 자기차량만 피해를 입고 현장을 이탈한 경우

⑧ 대물사고 후 피해자와 원만하게 합의한 경우

(5) 재물손괴 사고야기 후 미조치의 경우

대물피해 사고를 야기하고도 필요한 조치를 하지 아니하고 도주한 경우 재물손괴와 사고 후 미조치죄는 실체적 경합관계로 별개의 죄를 구성하므로 양죄를 모두 의율하여 사고처리 하여야 한다. 그러나 재물손괴 부분은 종합보험에 가입되었거나 피해자가 처벌을 원치 않으면 '공소권 없음'으로 처리한다. 이때 합의서는 차량소유자의 합의서이어야만 효력이 있으므로 소유자가 아닌 운전자의 합의서로 사고 처리되는 일이 없어야 한다.

(6) 음주 또는 무면허 운전 중 사고로 재물 손괴 후 도주

음주나 무면허로 자동차를 운전 중 사고를 내고 도주한 경우에는 실체적 경합관계가 성립됨으로 양 죄를 모두 의율하여 처리하는데 적용법조를 음주운전의 경우 죄명별로 기재하는 것이 아니라 피의사실로 기재하여야 하며, 도로교통법 제148조~제161조(벌칙), 제150조의 제2호(주취측정거부), 제44조 제1항(주취 중 운전금지)으로 처리하여야 한다. 특히 실체적 경합범 규정인

형법 제37조(경합범)[147], 제38조(경합범과 처벌 예)를 추가 적용하여야 한다. 이때 범죄사실 기재에는 손괴하였다는 내용과 수리비 내역을 반드시 명시하여야 한다.

13. 비도로 대물사고 도주

사고 장소가 주택가의 공터, 주차장 등 도로가 아닌 장소에서 대물사고 후 도주한 경우 교통사고로 인한 어떠한 교통상의 위험과 장애가 발생하거나 조직적인 조치가 필요하다고 볼 수 없어 도주한 경우라도 조치 불이행죄는 해당되지 아니하므로 대물사고 야기 도주한 부분은 혐의 없음으로 처리한다. 그러나 재물을 손괴한 부분은 처벌하여야 한다. 그리고 다음과 같은 곳에서의 대물사고 후 도주한 경우에는 도로교통법에 해당되지 않으므로 도주한 경우에도 도주한 부분에 대해서는 처벌할 수 없다.

① 도로가 아닌 주택가 공터에서 대물사고 후 도주
② 신축공사 현장 내 도로에서 대물사고 후 도주
③ 학교의 운동장 또는 캠퍼스 내의 도로
④ 아파트나 건물부설주차장에서 대물사고 후 도주
⑤ 기타 도로가 아닌 곳에서 대물사고 후 도주

---

147) 경합범이라 함은 판결이 확정되지 아니한 수개의 죄 또는 판결이 확정된 죄와 판결확정 전에 범한 죄를 경합범으로 한다.

14. 교통사고신고 불이행

1 미신고 · 지연신고

입법목적과 헌법상의 보장된 진술거부권에 비추어 볼 때 교통사고를 낸 자의 신고의무는 교통사고를 일으킨 모든 경우에 항상 요구되는 것이 아니라 사고의 규모나 당시의 구체적인 상황에 따라 피해자의 구호 및 교통질서의 회복을 위하여 경찰공무원이나 경찰관서의 조직적인 조치가 필요한 경우에만 요구되는 것이다.

2 경합관계

도로교통법 제54조 제1항(사고발생시의 조치) 위반의 구호의무 위반죄와 신고불이행죄는 이를 상상적 경합의 관계로 보는 견해가 있으나 뺑소니사고로 입건되면 미신고 사항이 흡수되어 따로 의율할 필요는 없다.[148]

15. 공범과 교사 · 방조범

1 범죄성립 여부

사고 후 도주차량 운전자의 가중처벌 규정인 특가법은 신분범으로 신분 없는 자가 그 도주에 가공하였다고 하더라도 특가법상의 범죄나 그 방조는 성립하지 않

---

[148] 도로교통법 제54조 제1항, 제2항

는다. 그러나 차량의 조수와 같이 당해 차량 운전자를 보조하는 사람이 사고 발생시 사상자의 구호 등 조치 없이 도주한 경우에는 사고 발생시 환자구호 등 필요한 조치 불이행에 해당한다.[149]

② 특정범죄가중처벌의 대상

(1) 운전자

도주차량 운전자의 가중처벌 규정인 특정범죄가중처벌법은 신분범으로 신분 없는 자가 도주에 가공한 경우에도 특가법의 방조죄는 성립되지 않으므로 도주차량 운전자만 특정범죄가중처벌법을 적용한다.

(2) 승무원

차장이나 조수와 같이 운전자를 보조하는 사람이 사고발생시 사상자의 구호 등 조치 없이 가버린 경우 도로교통법의 환자구호조치 등 조치불이행으로 처리한다. 그러나 단순한 동승관계에 있는 경우에는 교통사고 발생시의 조치 불이행의 책임을 물을 수 없다.

③ 도주차량운전자의 가중처벌

도로교통법 제2조(정의)에서 규정하는 자동차·원동기장치 자전거 또는 궤도차의 교통으로 인하여 형법 제268조(업무상과실·중과실 치사상)의 죄를 범한 당해차량의 운전자가 피해자를 구호하는 등 도로교통법 제54조(사고발생시의 조치) 첫째, 제1항의 규정에 의한 조치를 취하지 아니하고 도주한 때에는 다음의 구분에 따라 가중처벌한다.

① 피해자를 치사하고 도주하거나 도주 후에 피해자가 사망한 때에는 무기 또

---

149) 도로교통법 제54조 제1항

는 5년 이상의 징역에 처한다.

② 피해자를 치상한 때에는 1년 이상의 유기징역 또는 500만원 이상 3천만원 이하의 벌금에 처한다.

둘째, 제2항에서 사고운전자가 피해자를 사고 장소로부터 옮겨 유기하고 도주한 때에는 다음의 구분에 따라 가중 처벌한다.

① 피해자를 치사하고 도주하거나 도주 후에 피해자가 사망한 때에는 사형·무기 또는 5년 이상의 징역에 처한다.

② 피해자를 치상한 때에는 3년 이상의 유기징역에 처한다.

4 가중처벌의 법률적 판단

과실로 사람을 치상하게 한 자가 구호행위를 하지 아니하고 도주하거나 고의로 유기함으로써 치사의 결과에 이르게 한 경우에 살인죄와 비교하여 그 법정형을 더 무겁게 한 것은 형법체계상의 정당성과 균형을 상실한 것으로서 헌법 제10조[150]의 인간으로서의 존엄과 가치를 보장한 국가의 의무와 헌법 제11조[151]의 평등의 원칙 및 헌법 제37조 제2항[152]의 과잉입법금지의 원칙에 반한다. 이 사건 법률조항의 구성요건은 두 가지 유형으로 구분해 볼 수 있는데, 첫째는 사고운전자가 피해자를 치어 사망케 한 후 사고 장소로부터 옮겨 유기하고 도주한 경우이고, 둘째는 사고운전자가 피해자를 치여 상해를 입힌 상태에서 사고 장소로부터 옮겨 유기하고 도주한 후에 사망한 경우나 옮기던 도중에 사망하여 유기한 경우로서

---

150) 모든 국민은 인간으로서의 존엄과 가치를 가지며, 행복을 추구할 권리를 가진다. 국가는 개인이 가지는 불가침의 기본적 인권을 확인하고 이를 보장할 의무를 진다.

151) ① 모든 국민은 법 앞에 평등하다. 누구든지 성별·종교 또는 사회적 신분에 의하여 정치적·경제적·사회적·문화적 생활의 모든 영역에 있어서 차별을 받지 아니한다. ② 사회적 특수계급의 제도는 인정되지 아니하며, 어떠한 형태로도 이를 창설할 수 없다. ③ 훈장 등의 영전은 이를 받은 자에게만 효력이 있고 어떠한 특권도 이에 따르지 아니한다.

152) ① 국민의 자유와 권리는 헌법에 열거되지 아니한 이유로 경시되지 아니한다. ② 국민의 모든 자유와 권리는 국가안전보장, 질서유지 또는 공공복리를 위하여 필요한 경우에 한하여 법률로써 제한할 수 있으며, 제한하는 경우에도 자유와 권리의 본질적인 내용을 침해할 수 없다.

일종의 결합범의 형태를 띠고 있다고 할 수 있다. 만일 특정범죄가중처벌법에 해당되는 범죄행위에 대하여 특정범죄가중처벌법을 적용하지 아니하고 일반형법만을 적용하는 경우라면 형법상 수개의 죄에 해당하여 경합범으로 가중되어 처단된다. 또한 특정범죄가중처벌법상의 법정형이 최하 징역 10년 이상 무기징역 또는 사형에 처한다고 되어 있어 일반형사범의 법정형을 정하는 일반원리를 무시하고 지나치게 높은 가혹한 형벌을 가함으로써 국민의 자유와 생존권을 불안하게 하는 위헌적인 법률이라고 평가하지 않을 수 없다. 물론 특정범죄가중처벌법은 형법보다 높은 법정형을 규정하는 특별법이기 때문에 법정형의 단순한 높낮이 또는 산술적 비교에 의하여 형의 합리성이나 적정성을 판단할 수는 없는 것이라고 볼 수 있지만 지나치게 높은 법정형을 설정함에 있어서는 헌법상 합리적인 근거가 있고 그 목적이 정당하여야 할 것이다.[153]

16. 자동차사고의 보상

1 보험가입

자동차 보험은 보험가입이 강제되어 있는 자동차 손해배상 보장법에 근거한 책임보험과 종합보험으로 되어 있다. 책임보험은 의무적으로 가입해야 하며, 종합보험은 책임보험 초과손해에 대한 것으로 대인배상과 자동차 사고로 인한 그 밖의 손해를 보상한다.[154]

---

153) 헌판 1992. 4. 28. 헌바 24.
154) 손봉선, 2006 : 393

2 보험의 종류

(1) 책임보험

모든 차량은 의무적으로 책임보험에 가입하도록 하여 자동차사고로 인한 피해자가 발생할 경우 최소한의 보상이 이루어지도록 하고 있다.

(2) 종합보험

종합보험은 대인보상보험, 대물보상보험, 자기신체보상보험, 자기차량보상보험 등으로 구분하여 가입자의 선호에 의하여 가입할 수 있도록 구분하고 있다.

3 무보험자의 처벌

자동차를 소유하고 있으면 반드시 책임보험은 가입하여야 한다. 보험에 가입하지 않고 자동차를 운전할 경우에는 자동차손해배상보장법 제5조 동법 시행령 제27조 별표5에서 책임보험 미가입자에 대한 처벌규정을 두고 있다.

① 책임보험 대인배상을 미가입한 경우에 비사업용의 경우 10일 이내에는 1만원, 10일 초과하면 매1일당 4천원을 추가하여 최고액은 60만원의 범위에서 과태료를 부과하고 사업용의 경우 미가입 10일 이내는 3만원, 10일을 초과하면 매1일당 8천원을 추가하여 최고액 100만원까지 과태료를 부과한다.

② 책임보험 대물배상을 미가입한 경우에는 비사업용의 경우 10일을 초과하면 매1일당 2천원, 최고 30만원까지 과태료 처분하고, 사업용의 경우 10일 초과하면 매1일당 8천원, 최고 100만원의 범위에서 과태료를 부과한다.

17. **뺑소니의 보상**

1 보상체계

뺑소니사고의 피해자는 가해자를 알 수 없기 때문에 사고로 인한 피해보상을 받을 수 없어 피해자는 매우 불리한 입장이 된다. 이러한 사고로 인한 피해를 최소화하기 위해 자동차손해배상보장법에 의하여 자동차손해보장사업을 통해 책임보험액의 한도 내에서 보상을 하도록 하고 있다.

이는 동부화재해상보험에서 전담 처리하고 있으며 피해자는 사고를 관할하는 경찰서에서 '보유불명자동차사고증명'을 발급 받아 진단서와 치료비명세서, 치료비 납부 영수증 등을 첨부하여 제출하면 보상을 받을 수 있다.

2 보상정도

(1) 사망자의 유족

사망자의 유족은 최고 6,000만원까지 보상을 받을 수 있다.

(2) 부상자

상해 등급에 따라 최고 1,500만원~최저 20만원(상해 1급~14급)

(3) 후유 장애자

장애의 등급에 따라 최고 6,000만원~최저 240만원(장애 1급~14급)

18. 교통사고 공탁제도

공탁제도(deposit)라 함은 법령의 규정에 의하여 금전·유가증권 또는 그 밖의 물품을 공탁소 또는 일정한 자에게 임치하는 것을 말한다.

공탁을 하는 것은 공법과 사법에 걸쳐 대단히 많으나 크게 몇 가지로 나누어 본다.

1 변제공탁

채무소멸을 위하여 하는 공탁으로 채무자가 채무를 면하는 수단으로서 가장 중요한 실체법상의 의미를 가진다.

2 담보공탁

채권담보를 위하여 하는 공탁으로 상대방에게 생기는 침해의 보상을 담보하기 위한 수단으로서 주로 민사소송법 및 세법에서 그 예를 볼 수 있다.

3 보관공탁

단순히 보관이란 의미로 하는 것으로 타인의 물건을 즉시 처분할 수 없는 경우에 일시공탁에 의하여 보관하는 것을 말한다.

4 특수공탁

특수한 목적을 위하여 하는 것으로 예를 들면, 공직선거의 입후보자가 하는 공탁을 말한다.

5 교통사고(형사사건)공탁

교통사고에서 형사합의를 대신하여 공탁을 한 경우 피해자와 직접 형사합의를 보는 것보다는 그 효력을 기대하기 어려운 점이 있으나 가해자의 입장에서는 그냥 형사처벌을 받는 것보다는 형사합의의 대안으로 고려할만한 가치가 있다. 이 때 소요되는 공탁금은 형사합의금과 마찬가지로 특별하게 정해져 있지 않고 변호사 및 공탁 담당 공무원과 상의하여 결정하게 되지만 피해자 진단결과에 따라 주당 50~100만원 정도가 통상적이라 할 수 있다. 피해자는 공탁금을 찾아가지 않으면 형사합의가 이루어지지 않은 것으로 판단하고 공탁금을 포기하는 경우가 있는데 그것은 잘못된 판단이다.

공탁금은 공탁금출금청구권에 의하여 그 소멸시효가 10년이므로 10년 내에는 언제든지 피해자가 찾을 수 있고 가해자의 형사처벌은 그 이전에 마무리됨으로 피해자가 공탁금을 찾아가든, 그렇지 않든 간에 가해자의 형사처벌에는 영향을 미치지 않는다. 그러므로 가해자가 공탁했다는 통지가 오면 피해자는 공탁금을 찾는 것이 더 유리하다.[155]

---

155) 손봉선, 2004 : 417-425

19. 관련판례

【판례1】 특가법에서 소정에 죄를 범한 당해 운전자란 과실로 인하여 사람을 사상에 이르게 한 자를 가르키는 것이지 과실이 없는 사고 운전자까지 포함하는 것은 아니다(大判 91도 711).

【판례2】 사람을 치상한 사실이 인정되지 아니하는 때에는 도로교통법 제54조 제1항(환자구호 등 조치)의 규정에 의하여 취하여야 할 필요한 조치를 하지 아니한 사실이 인정되더라도 범죄 사실의 증명이 없는 때에 해당한다고 본다(大判 93도 2562).

【판례3】 가해 운전자와 운전하던 차량은 도로교통법에서 말하는 사람 또는 물건에 해당되지 아니한다(大判 79도 444).

【판례4】 경운기는 특정범죄가중처벌등에관한법률 위반죄의 대상차량에 포함되지 아니하므로 도주 운전죄는 성립하지 아니한다(大邱高法 88노 343).

【판례5】 군수품관리법에 의한 군용차량은 자동차 관리법 적용이 배제되지만 도로교통법 제2조 제14호의 소정의 자동차에 해당한다(大判 94도 1519).

【판례6】 도주차량의 적용대상인 자동차에 덤프트럭이 적재용량 16톤의 중기로 등록된 것이라면 소정의 자동차에 해당하지 아니한다(大判 92도 3216).

【판례7】 귀책 없는 사고차량(피해차량)의 운전자도 환자구호의무 및 신고의무는 부과된 의무라고 해석함이 상당하다(大判 80도 3320).

【판례8】 도로교통법상 사고발생시 환자조치와 사고 신고의무는 당해 차량 운전자에게 그 사고발생에 있어서 고의, 과실 혹은 유책 위법의 유무에 관계없이 부과된 의무라고 해석함이 상당할 것이다(大判 80도 3320).

【판례9】 사람을 치상한 사실이 인정되지 아니하는 때에는 도로교통법 제50조 제1항의 규정에 의하여 취하여야 할 필요한 조치를 하지 아니한 사실

이 인정되더라도 범죄사실의 증명이 없는 것으로 보아 무죄를 선고하여야 한다(大判 93도 656).

【판례10】 도주사고에서 사고 운전자가 사고로 인하여 피해자가 사상을 당한 사실을 알았다는 것은 사고가 자신의 업무상 과실로 발생하였다는 것까지 알았음을 요하나 그 인식의 정도는 반드시 확정적으로 인식함을 요하지 아니하고 미필적으로라도 인식하면 족하다(大判 95도 833).

【판례11】 교통사고 차량운전자가 피해자를 구호하는 등 규정에 의한 조치를 취하지 않고 도주한 때에는 가중 처벌한다(大判 85도 1462).

【판례12】 사고직후 바로 정차해 구호 조치하지 않고 100여m 더 나아가다 돌아와 구호조치 했어도 뺑소니에 해당한다(서울地法 97노 5592).

【판례13】 차량에 충격되어 스스로 일어나 걸어갔다 하더라도 운전자는 피해자의 상해여부 확인하고 병원에 데려가는 등 구호조치를 하여야 하며 상호 말다툼을 하다 해결 없이 그냥 가버렸다면 도주한 때에 해당한다(大判 93도 1384).

【판례14】 피해자를 유기하고 도주한 때란 자신의 범죄를 은폐하거나 죄증을 인멸하기 위하여 사고 장소로부터 상당한 거리 또는 발견이 용이하지 않은 곳에 이동시키고 도주한 때로 해석해야 한다(大邱高法 87도 518).

【판례15】 유기하고 도주한 때라 함은 단순방치 도주에 비하여 피해자의 발견과 그 구호 사고 경위의 파악, 범인의 신원 파악 등을 더 어렵게 만든 때를 말한다라고 봄이 상당하므로 차도에서 인도로 옮겨 놓은 경우는 유기라고 볼 수 없다(大判 91도 1737).

【판례16】 차량운전자가 사람을 치상케 함과 동시에 재물을 손괴하고 구호조치 없이 도주하였을 경우 재물손괴 행위와 도주한 행위의 각 죄는 실체적 경합범의 관계에 있다(大判 85도 3721).

【판례17】 사고 후 구호조치 아니하고 도주한 특정범죄가중처벌등에관한법률 위반행위가 있는 경우에 별도로 미신고의 죄를 구성하지 아니한다(大判 79노 853).

【판례18】 교통사고의 신고의무는 운전자의 사고발생에 있어서 고의, 과실 혹은 유책위법의 유무에 관계없이 부과된 의무라고 해석할 것이다(大判

80도 3320).

【판례19】 사고의 내용이 자동차의 전면 우측 부분을 손괴한 정도의 경미한 것이라면 소정의 신고 의무가 없다(大判 85도 2504).

【판례20】 교통사고처리특례법에서는 도로 이외의 장소에서 발생한 교통사고에 대해서도 적용을 받으나 신고의무는 발생한 교통사고에 국한한다(釜山地法 86노1756).

【판례21】 길거리에 어린이를 방치하거나 차에 유아용 보호 장구가 없어 교통사고로 숨진 사고에 대해 법원이 부모의 책임을 각각 50%와 30% 인정한 판결이 나왔다. 서울중앙지법 민사 68단독 전우진 판사는 10일 도로를 무단횡단하다 차에 치여 사망한 아들(당시 4세)의 아버지 윤모씨(32)가 가해차량 보험사를 상대로 낸 손해배상 청구소송에서 '가해자 책임을 50%만 인정 9천여만원을 지급하라' 고 판결했다. 또 같은 법원 민사 61단독 한소영 판사는 승용차 뒷좌석 할머니 품에 안겨 있다 가벼운 차량 충돌로 머리를 다쳐 사망한 딸(당시 1세)의 아버지 이모씨(42)가 가해차량 보험사를 상대로 낸 소송에서 원고의 15% 과실을 인정 '1억 5천만원을 지급하라' 며 원고 일부승소 판결했다(서울中央地法 民事 68. 2004. 10. 10).

【판례22】 차량의 추돌로 인하여 머리가 멍멍하고 약1주일의 치료를 요하는 요추부 통증상을 입었으나 주사 및 물리치료 등을 받지 않고 약을 처방받아 2~3회 정도 복용한 경우는 형법상 상해에 해당하지 않는다(大判 99도 3910).

【판례23】 생명·신체에 대한 단순한 위험에 그치거나 상해로 볼 수 없을 정도의 극히 하찮은 상처로서 굳이 치료할 필요가 없는 것이어서 건강상태를 침해한 것으로 보기 어려운 경우에는 도주운전죄가 성립하지 않는다(大判 97도 2396).

【판례24】 설 명절에 친척들과 술자리를 하다 집 앞 도로에 세워둔 차량을 빼주기 위해 5m 정도 운전했다는 이유로 면허를 취소한 것은 너무 가혹하다는 판결이 나왔다. 서울고법 특별 11부는 19일 개인택시 운전자 오모씨(41)가 경기도지방경찰청장을 상대로 낸 자동차운전면허취소처분

취소청구소송에서 원심을 깨고 원고 승소 판결했다고 발표했다. 오씨는 지난해 음력설인 2월 1일 오후 10시쯤 영업을 마치고 경기 성남시에 있는 처가에 가서 술을 마시며 고스톱을 치다 오후 11시 10분쯤 집 앞 도로에 세워둔 자신의 택시를 빼달라는 전화를 받았다. 오씨는 뒤차를 위해 공간을 내주고는 다시 제자리에 주차를 하다 연이어 오는 다른 차량을 미처 보지 못하고 부딪쳤다. 마침 그곳을 순찰 중이던 경찰관이 다가와서 오씨의 혈중 알코올 농도를 측정한 결과 면허취소 수치인 0.1888%로 나와 오씨는 현행범으로 검거됐다. 오씨는 '명절에 그 정도 술도 못 하냐' 며 소송을 냈지만 1심을 맡은 수원지법은 '음주로 인한 운전면허 취소사유에 해당 한다' 며 오씨의 청구를 기각했다.[156)]

【판례25】 주차 공간이 좁은 곳에 차를 세워둘 때 다른 차량 운전자를 배려한답시고 차에 열쇠를 꽂아뒀다가는 예기치 않은 낭패를 볼 수 있다. 다른 사람이 차를 운전하다 사고가 났더라도 열쇠를 꽂아둔 차량의 실제 소유자도 20% 책임을 져야 한다는 법원판결이 나왔다. 식품 납품업체 ○○사 직원 신모씨는 지난해 2월 회사 승합차에 제품을 싣고 ○○백화점 지하 주차장에 차를 세워둔 뒤 일을 마치고 돌아와 보니 김모씨 소유의 1톤 트럭이 자기 차를 가로막고 있었다. 신씨는 트럭 운전석에 열쇠가 꽂혀있어 차를 빼낼 생각으로 몰다 그만 자재창고에서 일하던 직원을 치어 숨지게 했다. 서울고법 민사9부는 19일 '열쇠를 꽂은 채 차를 떠나면 제3자가 운전해 실수로 사고를 낼 가능성이 커진다' 며 차 주인 김씨에게도 20%의 책임을 인정했다.[157)]

156) 경향신문, 2004. 9. 20.
157) 매일경제, 2005. 2. 5.

교통추적

1. 개요

교통추적(traffic pursuit)이라 함은 자동차를 이용하여 도주하는 자동차의 뒤를 경찰관이 자동차로 쫓아가 검거하거나 단속을 하는 것을 말한다. 경찰관은 주위의 사정을 합리적으로 판단하여 범죄를 범하였거나 범하려 하고 있다고 인정되는 자 또는 교통법규를 위반하고 경찰관의 검문검색에 불응하고 도주하는 것을 추적하는 것을 의미한다. 일반적으로 교통추적은 교통법규를 위반하거나 사고를 유발하고 도주하는 자를 검거하기 위하여 뒤를 쫓아가는 것을 의미하는 것으로 추적에 의하여 교통사고를 발생시킬 우려가 충분하기 때문에 매우 위험한 업무 중의 하나이다.

[사진 36] 도주하다가 빗길에 전복된 승용차

2. 추적의 필요성

1 추적의 판단

교통추적을 하는 경찰관은 범죄인 또는 교통법규를 위반하고 도주하는 자에 의하여 발생하는 위험과 경찰관이 추적함으로써 발생하는 위험의 정도를 비교하여 합리적인 판단을 하여야 한다.

교통추적을 하는 것은 추적에 의하여 발생하는 교통사고로 인한 또 다른 피해자가 발생할 수 있다는 것이다. 추적으로 인하여 제3자의 피해자가 발생할 경우 그 책임의 문제가 발생한다. 이러한 경우에는 추적을 포기하든가 아니면 비밀추적(undercover pursuit)을 하여야 한다. 그러므로 경찰관은 추적을 실행할 때에는 매우 신중한 판단을 하여야 하는 것이다.

2 추적의 선택

추적을 할 때에는 추적으로 인하여 발생할 수 있는 여러 가지 사항을 참고하여야 한다. 추적을 하지 않을 때에는 범죄인 또는 교통법규위반자를 묵인하는 결과로 인하여 국민들로부터 따가운 질타를 받아야 하는 책임감, 추적을 할 경우 추적에 의하여 발생할 위험성, 추적에 의한 제3자의 피해자가 발생할 경우 그 책임 등 여러 가지 문제가 발생할 수 있다는 것을 고려해야 한다.

3 추적의 종류

(1) 공개추적

공개추적은 범죄인 또는 교통법규위반자를 발견하면 경찰순찰차를 이용하여 경광등을 켜고 사이렌을 울리면서 추적하는 것으로 주위의 사람들이 즉시 알아볼 수 있는 환경에서 추적하는 것이기 때문에 피 추적자가 도주하면서 사고를 발생시킬 가능성과 다른 사람에게 피해를 줄 위험성이 대단히 높으나 일반적으로 공개추적에 의하여 문제를 해결한다.

(2) 비밀추적

비밀추적은 범죄인 또는 교통법규위반자가 도주하는 것을 발견하고 경찰이 추적하고 있다는 사실을 감지하지 못하도록 위장차량을 이용하여 비밀리에 뒤따라가서 차에서 피 추적자가 하차하거나 주정차하고 있을 때 검거하거나 단속하는 것으로 사고의 위험성을 현저하게 줄일 수 있다.

(3) 미행추적

미행추적은 범죄인이 운전하는 차량으로 인정되는 자를 발견하였으나 확신이 없어 망설여지는 경우 위장차량을 이용하여 지속적으로 뒤를 따라가면서 피 추적자의 위법행위를 발견하거나 어느 정도 확신이 설 때 피 추적자를 검거하거나 검문을 실행하는 것을 의미하는 것으로 위험성은 거의 없다고 말할 수 있다.

3. 추적의 방법

추적을 할 때에는 여러 가지 여건을 고려하여 판단하여야 하며, 욕심을 부리거나 실적을 올리기 위하여 생사를 걸고 실행하는 것은 금물이다. 큰 문제가 없이 추적하기에 타당한 조건이 만들어졌을 때 단행하여야 하며 다음과 같은 몇 가지 방법을 반드시 지켜야 한다.

1 도주차량의 특징을 파악한다.

도주하는 차량은 생사를 걸고 도주하기 때문에 순식간에 놓칠 위험이 있다. 그러므로 도주하는 차량의 특징 즉 차량번호판, 색상, 차종, 승차인원, 예상도주로 등을 파악하여야 성공할 수 있다.

2 도주로의 전방을 관찰한다.

도주하는 차량의 전방을 관찰하여 장애물의 유무를 확인하고 안전을 최우선시 하여야 한다. 차도로 진입하는 차량, 노유질병자의 무단횡단, 오토바이, 자전거, 교차로, 주유소, 기타 진행에 장애가 될 수 있는 문제를 잘 관찰하는 것이 중요하다.

3 신호기에 유의한다.

신호기에 의하여 교차로를 진행하거나 횡단보도를 진행할 때에 적색등화가 시작되었을 때 특히 주의하여야 한다. 신호기의 신호를 무시하고 추적을 시도하다가 사고로 연결되었을 때에는 모든 책임을 져야하기 때문이다.

4 추적의 불가피성을 판단한다.

반드시 지금 추적하지 않으면 안되는 이유, C3의 협력가능성, 차량의 소유주 또는 차적 등의 파악, 추적의 성공여부, 추적의 위험성유무 등을 감안하여 판단한다.

4. 추적의 유의사항

1 추적차량의 대기

추적을 하기 위해서는 추적하는 차량을 적절한 위치에 주차하고 경찰관은 추적차량을 즉시 추적할 수 있도록 만반의 준비를 하고 있어야 한다. 그리고 추적의 대상이 확정되었을 때 즉시 출발할 수 있어야 하며, 추적차량은 추적하기에 가장 좋은 위치에서 언제든지 출발할 수 있도록 하여야 한다.

추적차량을 대기시킬 때에는 경찰관이 가장 집중하여 관찰하고 있는 도로의 진행방향, 출발할 때 다른 차의 진행을 방해하지 않을 장소, 가급적 분주하게 왕래하는 보행자나 차량 등의 장애물이 없는 장소 등에서 대기하여야 한다.

2 추적의 판단

추적할 때에는 교통량, 통행인, 차량의 속도, 도로의 환경, 기상상태 등을 반드시 감안하여 판단하여야 한다. 예를 들면, 결빙된 도로에서의 추적, 안개나 농무 등이 짙은 지역에서의 추적, 차량과 보행인이 뒤섞여 혼잡한 도로, 기타 사고의 위험성이 높은 지역 등에서는 추적시작 전에 반드시 숙고하여 결정하여야 한다.

3 2인 이상 탑승

도주차량을 추적할 때에는 추적차량에는 2인 이상의 경찰관이 탑승하여야 한다. 왜냐하면, 1명은 운전에 집중하고, 다른 1명은 보고와 협력을 요청하면서 도주하는 차량을 감시하여 시야에서 놓치는 일이 없도록 해야 한다. 그리고 도주하는 차량을 정지시켜 도주자를 검거하였을 때에도 도주자가 저항하거나 공격할 경우를 대비하여 안전을 유지할 수 있도록 하기 위해서 반드시 2명 이상이 탑승하여야 한다.

4 추적 장비의 준비

도주차량을 추적하기 위해서는 반드시 추적에 필요한 장비가 준비되어야 한다. 추적에 필요한 장비는 망원경, 무전기, 응급의료킷 등을 추적 차량에 준비하여야 한다. 망원경은 도주차량과의 거리가 멀어졌을 때 확인하기 위한 것이고, 무전기는 수시로 보고와 협조를 요청하기 위한 것이며, 응급의료킷은 도주 또는 추적으로 인한 사고에 대비 응급처치를 하기 위해서 반드시 필요하다.

자전거도로 교통사고

1. 개 요

자전거라 함은 공산품으로 이동을 빠르고 용이하게 하기 위하여 사람이 올라타고 두발로 페달을 밟아 바퀴를 돌리면서 앞으로 나아가게 만든 교통기구를 말한다. 자전거도로는 안전표지, 위험방지용 울타리 그 밖의 이와 비슷한 공작물로써 그 경계를 표시하여 자전거의 교통에 사용하도록 만든 도로의 일부분을 의미한다.

2. 자전거도로의 종류

1 자전거 전용도로

자전거만이 안전하게 통행할 수 있도록 분리대, 연석 또는 연석선 기타 이와 유사한 시설물에 의하여 차도 및 보도와 구분하여 설치한 도로를 의미한다.

2 자전거 · 자동차 겸용도로

자전거 외에 자동차도 일시 통행할 수 있도록 차도에 노면표시 등으로 구분하여 설치한 도로를 의미한다.

③ 자전거 · 보행자 겸용도로

자전거 외에 사람도 통행할 수 있도록 분리대, 연석 또는 연석선 기타 이와 유사한 시설물에 의하여 차도와 구분하거나 별도로 설치한 도로를 의미한다.

④ 자전거 횡단도

자전거가 일반도로를 횡단할 수 있도록 도로교통법(제4조)의 신호기 등의 종류 등의 규정에 의한 안전표지에 의하여 지정된 도로의 부분을 의미한다.

3. 자전거 통행방법

자전거운전자는 자전거도로를 이용하여 통행하여야 한다. 그러나 자전거도로 가 설치되지 않은 도로에서는 다른 법령에 통행방법이 따로 규정되어 있는 경우 를 제외하고는 보행자를 주의하면서 우측가장자리부분으로 통행하여야 한다. 차 도와 보도가 구분되어 있는 도로에서는 차도를 이용하여야 하고, 자전거운전자가 자전거를 탑승한 채로 도로를 횡단하고자 할 때에는 자전거횡단도를 이용하여야 한다.[158]

---

158) 자전거이용활성화에관한법률 제15조

4. 차마의 통행방법

① 차마는 보도와 차도가 구분된 도로에서는 차도를 통행하여야 한다. 그러나 도로외의 곳에 출입하는 때에는 보도를 횡단할 수 있다.

② 도로 외의 곳에 출입하기 위해 보도를 횡단하는 경우에 차마는 보도를 횡단하기 직전에 일시 정지하여 보행자의 통행을 방해하지 아니하도록 하여야 한다.

③ 모든 차는 같은 방향으로 가고 있는 앞차의 뒤를 따르는 때에는 앞차가 갑자기 정지하게 되는 경우에 그 앞차와의 충돌을 피할 만한 필요한 거리를 확보하여야 한다.

④ 모든 차의 운전자는 진로를 변경하고자 하는 경우에 그 변경하고자 하는 방향으로 오고 있는 모든 차의 정상적인 통행에 장애를 줄 우려가 있는 때에는 진로를 변경하여서는 안 된다.

⑤ 모든 차의 운전자는 차의 조향장치, 제동장치 그 밖의 장치를 정확히 조작하여야 하며, 도로의 교통상황과 그 차의 구조 및 성능에 따라 다른 사람에게 위험과 장해를 주는 속도나 방법으로 운전하여서는 안 된다.

5. 자전거통행의 보호

자동차 등의 운전자는 도로에서 운전 중인 자전거의 옆을 지날 때에는 자전거 운전자의 안전을 고려하여 일정한 거리를 두고 운행하여야 한다.[159]

---

159) 자전거이용활성화에관한법률 제17조

6. 자전거도로의 이용제한

① 자동차 및 원동기장치자전거의 운전자는 자전거전용도로와 자전거보행자 겸용도로를 통행하여서는 안 된다.

② 자동차 및 원동기장치자전거의 운전자는 자전거자동차겸용도로를 계속하여 통행하여서는 안 된다.

③ 자전거도로를 횡단하고자 할 때에는 자동차가 횡단을 할 수 있도록 표시된 부분을 이용하여 가장 짧은 거리로 횡단하여야 한다.

④ 자동차 및 원동기장치자전거의 운전자는 자전거도로에 주차 또는 정차하여 서는 안 된다. 그러나 자동차자전거겸용도로에서는 자전거 통행에 지장을 주지 아니하는 범위 안에서 일시 정차할 수 있다.

⑤ 보행자는 자전거전용도로 안에서 자전거도로를 따라 보행하여 자전거의 통행을 방해하여서는 안 된다.

7. 자전거전용도로 교통사고

과실에 의하여 자동차 등이 자전거전용도로를 통행하거나 횡단하던 중 자전거 전용도로를 통행하는 자전거를 충격하여 인적 피해와 물적 피해를 발생시킨 경우에는 다음과 같이 처리한다.

1 자동차

① 자전거전용도로를 계속 통행하다가 위와 같은 사고가 발생한 때에는 통행금

지위반(자전거이용활성화에관한법률 제18조 제1항), 안전거리확보(도로교통법 제19조), 안전운전의 의무(도로교통법 제48조) 등을 적용한다.

② 자전거전용도로를 횡단하다가 위와 같은 사고가 발생한 때에는 주의규정인 가장 짧은 거리로 횡단, 진로변경금지 등을 적용한다.

2 원동기장치 자전거

① 자전거전용도로를 계속 통행하다가 위와 같은 사고가 발생한 때에는 통행금지위반(자전거활용성화에관한법률 제18조 제2항), 안전거리확보(도로교통법 제19조), 안전운전의 의무(도로교통법 제48조) 등을 적용한다.

② 자전거전용도로를 횡단하다가 위와 같은 사고가 발생한 때에는 진로변경금지를 적용하여 처리한다.

3 피해자와 합의

① 형사책임으로 도로교통법 위반부분은 통고처분을 하고, 교통사고처리특례법위반은 '공소권 없음' 으로 불기소의견 송치한다. 그리고 자전이용활성화에관한법률 위반 부분은 기소의견으로 송치한다.

② 행정책임으로 안전거리확보 위반부분은 벌점 10점과 피해결과에 따른 벌점을 부과한다.

4 피해자와 미합의

① 형사책임으로 교통사고처리특례법 위반인 안전거리확보위반과 인적피해, 자전거이용활성화에관한법률 위반 등은 기소의견으로 송치한다.

② 행정책임으로 안전거리확보 위반 벌점 10점과 피해결과에 따른 벌점을 부과

한다.

5 자전거전용도로 계속통행 인적피해

① 피해자와 합의되었을 때의 형사책임으로 도로교통법위반인 안전거리미확보 등은 통고처분을 하고, 교통사고처리특례법위반인 인적피해는 '공소권 없음'으로 불기소의견으로 송치한다. 그러나 자전거이용활성화에관한법률 위반에 대해서는 기소의견 송치한다. 행정책임으로 안전거리미확보에 대한 벌점 10점과 피해결과에 대한 벌점을 합산하여 부과한다.

② 피해자와 합의되지 않았을 때에는 형사책임으로 교통사고처리특례법 위반인 안전거리미확보와 인적피해, 자전거이용활성화에관한법률 위반 등은 기소의견으로 송치한다. 행정책임으로 안전거리미확보에 대한 벌점 10점과 피해결과에 따른 벌점을 합산하여 부과한다.

6 자전거전용도로 횡단 인적피해

① 피해자와 합의되었을 때의 형사책임은 도로교통법 위반부분은 통고처분, 교통사고처리특례법 위반인 인적피해에 대해서는 '공소권 없음'으로 불기소의견 송치한다. 피해자와 합의되지 않았을 때에는 진로변경 위반부분과 인적피해부분 등을 기소의견으로 송치한다.

② 피해자와 합의되었을 때의 행정책임으로 진로변경방법위반에 대한 벌점 10점과 피해결과에 따른 벌점을 부과한다. 피해자와 합의되지 않았을 때에도 진로변경위반에 대한 벌점 10점과 피해결과 벌점을 부과한다.

7 자전거전용도로 통행 물적피해

① 피해자와 합의하였을 때의 형사책임으로 도로교통법 위반인 안전거리미확
  보 부분은 통고처분을 하고, 물적 피해에 대해서는 '공소권 없음'으로 내사
  종결하고 자전거이용활성화에관한법률 위반에 대해서는 기소의견으로 송치
  한다. 행정책임으로 안전거리 위반 벌점 10점을 부과한다.
② 피해자와 합의되지 않았을 때의 형사책임으로 안전거리미확보와 물적 피해
  는 도로교통법 위반과 자전거이용활성화에관한법률 위반 등은 기소의견으
  로 송치하고, 행정책임으로 안전거리미확보 부분은 벌금 10점을 부과한다.

8 자전거전용도로 횡단 물적피해

① 피해자와 합의하였을 때의 형사책임으로 도로교통법위반인 진로변경방법위
  반은 통고처분하고, 물적 피해에 대해서는 '공소권 없음'으로 내사 종결한
  다. 행정책임으로 진로변경방법위반에 대해서는 벌점 10점을 부과한다.
② 합의되지 않았을 때에는 도로교통법위반인 진로변경방법위반과 물적 피해
  는 기소의견으로 송치하고, 행정책임으로는 진로변경방법위반으로 벌점 10
  점을 부과한다.

8.　자전거도로 보행자 충격사고

1 자전거전용도로 계속통행 보행자 충격

① 피해자와 합의하였을 때의 형사책임으로 도로교통법위반인 안전운전불이행
  에 대해서는 통고처분을 하고, 교통사고처리특례법위반인 인적피해에 대해

서는 '공소권 없음'으로 불기소의견 송치한다. 행정책임으로는 안전운전 불
이행으로 벌점 10점을 부과한다.

② 피해자와 합의되지 않았을 때의 형사책임으로 교통사고처리특례법위반인
안전운전불이행과 인적피해는 기소의견 송치하고 행정책임으로 안전운전불
이행에 대한 벌점 10점과 피해결과에 따른 벌점을 합산하여 부과한다.

2 자전거전용도로 횡단 보행자 충격

① 피해자와 합의하였을 때의 형사책임으로 도로교통법위반인 안전운전불이행
은 통고처분을 하고, 교통사고처리특례법위반인 인적 피해에 대해서는 '공
소권 없음'으로 불기소의견으로 송치한다. 행정책임으로는 안전운전불이행
에 대한 벌점 10점에 피해결과에 따른 벌점을 합산하여 부과한다.

② 피해자와 합의되지 않았을 때의 형사책임으로 교통사고처리특례법 위반인
안전운전불이행과 인적피해 등은 기소의견으로 송치하고, 행정책임은 안전
운전불이행으로 벌점 10점과 피해결과에 따른 벌점을 합산하여 부과한다.

선진외국의 교통대책

1. 미국

1 교통여건

미국에서는 차가 없으면 아무런 일을 할 수 없을 정도로 자동차 문화가 잘 발달되어 있다. 자동차 문화가 잘 발달되어 있다는 것은 도로가 잘 정비되어 있으며 남과 북, 동과 서의 방향을 즉시 알아볼 수 있도록 도로의 구분도 쉽게 되어 있다.

2 음주운전기준

미국은 우리와는 달리 각 주마다 법률을 제정하여 적용하기 때문에 음주행위와 관련하여 생각보다 엄격한 금지조항이 많다. 수도인 워싱턴 DC는 길거리에서 술을 마시거나 주정을 하기만 해도 두 손을 허리 뒤로 하여 수갑을 차게 된다. 또한 뉴욕주에서는 주류 판매점에서 술을 사서 차에 실었을 때 운전자가 술을 전혀 마시지 않았다 하더라도 차내에 술병뚜껑이 조금이라도 개방되어 있기만 해도 경찰서에서 하루 정도 신세를 져야 한다.

미국은 일반적인 음주단속기준이 혈중 알코올농도 0.05~0.08%지만 만 20세 이하 운전자에 대해서는 주에 따라 '무음주' 혹은 0.01%를 적용하고 있다. 그리고 도로에서 담배꽁초, 휴지 등을 버리다가 적발되면 벌금 1,000불을 내야 한다. 그렇기 때문에 운전자는 각별한 주의를 기울여 운전해야 한다.

③ 초등학생 교통교육

미국은 초등학교 1학년 때 가장 강조하는 교육내용이 바로 눈 맞추기 운전(eye contact)이다. 길을 건널 때는 반드시 '손을 들어 제가 먼저 갈테니 멈춰 주세요' 라고 눈으로 의사표시를 하고 차량이 멈추는 것을 확인한 다음 길을 건너는 교육 방법을 채택하고 있다.

2. 영 국

① 보행자 우선정책

영국은 어디를 가든지 보행자 우선정책으로 보행자의 천국이다. 영국의 시가지에 설치되어 있는 교통시설물을 보면 쉽게 알 수 있다. 도로에 흰색사선을 칠한 주요횡단보도를 지브라 횡단보도(zebra crossing)라고 하는데 큼지막한 노랑색 전구를 설치하고 보행로를 밝게 하여 보행자를 쉽게 알아볼 수 있도록 특별히 배려한 것이다.

영국은 보행자 우선정책으로 교통약자인 보행자 사고가 상대적으로 적으며 도심지에서 발생하는 사고 발생 점유율이 매우 낮다. 예를 들면, 교통표지판에는 야간조명등을 설치하여 밤에도 교통 표지판이 쉽게 눈에 들어오게 만들었으며, 보행자가 도로에 한 발자국이라도 내딛기만 해도 신호와 관계없이 모든 차량은 반드시 정지해야 한다. 만약 이를 무시하고 진행하다가 사고를 냈을 때에는 5,000파운드(약 1,000만원)에 달하는 벌금을 내야한다.

② 다양한 교통시설물

영국의 도심 도로는 오랜 도시의 전통으로 인하여 2차선 도로가 많아 매우 비좁아 옛날에 마차가 다니던 길을 포장해 자동차도로로 사용하는 곳이 많다. 대도시의 주요도로도 2차선 도로가 많아 차량의 비율에 비해 매우 비좁다. 그러나 교통사고 발생율은 우리나라의 절반수준에 불과하다.[160]

교통사고 발생율이 낮은 것은 지브라 횡단보도와 같은 교통시설물을 다양하게 설치하고 있기 때문에 보행자와 운전자가 모두 주의를 기울이기 때문인 것으로 판단된다.

주요 교통시설로는 노인, 어린이 등 주의력이 약한 교통약자들이 안전하게 횡단할 수 있도록 횡단보도 중앙에 보행섬을 만들어 두 번에 걸쳐 횡단하게 만드는 펠리컨 횡단보도와 횡단거리를 축소하기 위해 횡단보도 양끝에 인도를 만든 험프식 횡단보도 등이 있다. 초등학교 앞 횡단보도에는 운전자에게 주의를 촉구하기 위하여 횡단보도 전방에 미끄럼 방지 컬러포장이나 지그재그 표시를 하도록 규정하고 있다. 그리고 초등학교 주변의 교통표지판에는 어린이보호구역과 제한속도 등을 확대표지판에 동시에 표시해 운전자에게 주의를 환기시키는 시설과 보행자 주의표지판은 야간에도 눈에 잘 띄게 야간조명으로 표지판을 밝게 하여 주의를 기울이게 하고 있다. 그리고 과속방지를 위해 영국 내 모든 주택가에는 30마일로 주행하라는 원형표지판이 붙어 있으며 학교 주변에는 20마일 표시가 어김없이 붙어 있다.

운전자 시야가 충분히 확보되지 않은 곳은 직선도로를 S자로 만드는 식으로 감속시설을 설치하고 표지판을 통해 운전자들에게 사전에 주의를 환기하고 있다. 교통량이 많은 지역에는 교차로 중앙에 원형 섬을 설치해 차량이 순환하며 통행하도록 회전형교차로를 두고 있다.

주차구획선을 지그재그(zigzag)로 배치해 도로를 S자형으로 굴속시키는 엇갈림 주차도 대표적인 감속시설이다.

---

160) 2002년 기준으로 교통사고 사망자 가운데 보행 사망자가 차지하는 비율이 22.5%에 불과하다. 사망자의 수도 1,408명으로 우리나라 2,354명, 일본 4,881명보다 현저히 낮다(매일경제 2005. 2. 25).

③ 철저한 사고분석

영국에서 교통사고가 발생하였을 때에는 경찰이 출동하는 외에 반드시 교통사고분석팀(transport research laboratory)이 출동한다. 사고 분석팀에서는 독자적으로 개발한 운전시뮬레이터를 이용하여 사고현장조사, 운전자상태, 피해상황, 도로문제점 등을 정밀 분석한다.

운전 시뮬레이터는 건강음료 개발과 제약회사 실험연구 등에 까지 활용될 정도로 성능을 인정받고 있다. 사고분석이 완벽하게 이뤄져야 유사한 사고가 재발되는 것을 방지할 수 있다. 교통사고 원인 중 상당 부분을 단순히 운전자 과실로 몰아가는 우리나라의 현실과는 전혀 다른 면이 있다.

교통사고 분석팀원은 교통안전과 관련된 전문가로 다양하고 철저한 연구 활동을 벌이고 있으며 연구결과는 영국교통부에 보고하여 도로교통 관련정책을 수립하는데 결정적인 영향을 주고 있다.

④ 어린이 교통교육

영국의 어린이 교통교육에 대해서는 왕실에서 직접 챙기고 있다. 어린이 교통사고를 방지하기 위하여 1961년에 터프티클럽을 결성하여 활동하고 있으며 2만여개에 달하는 전국적인 조직망을 갖추고 3~7세 사이의 어린이를 대상으로 교통사고 줄이기, 안전지식의 습득, 올바른 행동의 습관화 등 교육과 운동을 병행하고 있다.

이러한 교육은 이론에 그치는 것이 아니고 반드시 직접 도로에 나가 훈련을 실시하고 이론과 실제가 부합하는지의 여부에 대해서도 체험을 통하여 확인하는 기회를 제공하고 있다. 그리고 실제 발생한 사고를 재구성하여 어린이에게 시청각 교재로 사용하고 사고를 당하지 않도록 훈련을 시키고 있다. 이러한 훈련은 4주간 진행되며 훈련이 끝나면 시험을 치르게 하고 합격자에게는 교통안전 모범어린이 자격증을 부여하고 친구들을 안전하게 지도하는 교통안전홍보를 하는 리더로 활동하게 함으로써 어린이들이 자연스럽게 관심을 가지고 교통사고 예방에 주의를 기울이도록 교육하고 있다.

5 현실적 신호체계

영국에서는 교통신호체계에 대해서는 매우 실용적 합리성을 추구하고 있다. 도심에서는 교통신호체계에 대해서 엄격하게 법률을 적용하면서도 교외 또는 시골 도로에서는 매우 현실적으로 운용하고 있다. 도심에서 직진인 경우 녹색등화가 켜지면 진행하도록 하고 위반자가 발생하면 엄격하게 법규위반으로 단속을 하고 있으며, 교외 또는 시골 도로에서는 적색등화시에도 통행차량이나 통행인이 없을 때에는 진행할 수 있도록 규정하고 있다. 우리나라의 비보호좌회전과 같은 규정을 두어 적색등화에서도 안전하게 진행할 수 있을 때에는 진행하고 만일 운전자가 판단을 잘못하여 사고가 발생하였을 때에는 책임을 지도록 하고 있다. 이러한 규정은 교통의 소통을 원활하게 하고 교통비용을 절감하고 엔진의 공회전으로 인한 공해를 줄일 수 있어 현실적인 교통정책이라고 할 수 있다.

3. 　싱가포르

1 엄격한 규제

싱가포르는 도시국가로서 인구밀도가 높고 차량의 보유대수도 많아 엄격한 규제를 하지 않으면 사고를 예방할 수 없다. 그래서 시내 곳곳에 과속·신호위반 단속 카메라를 주요지점마다 설치해 위반자를 철저히 감시하고 있다. 안전띠 미착용은 소형차 74,400원, 대형차 93,000원의 벌과금을 부과하고, 과속으로 적발된 차량은 6단계로 소형과 대형차로 구분하여 최소 12만4천원부터 범칙금을 초과속도에 상응하도록 구분하여 부과하고 있다. 난폭운전 또는 위험운전을 하면

31만원, 휴대전화를 사용하면 64만원과 최고 6개월 징역형, 음주운전은 반복 위반시 벌금으로 최고 620만원을 부과한다. 그리고 벌점누점제도를 만들어 2년 동안 벌점 합계가 24점을 초과하면 운전면허가 정지되고 취소정지기간은 3개월, 한 번 정지당한 운전자가 이후 1년 동안 벌점을 12점이상 받으면 최대 3년까지 운전할 수 없도록 규제를 엄격하게 하고 있다. 그러나 정부에서는 도로시설물과 표지판 등을 현실에 맞게 정비하여 운전자에게 최대한 정보를 제공하여 사고와 위반을 최소화하고 있다. 도심지 도로에서는 물건을 싣는 곳, 내리는 곳 등이 각각 붉은 색으로 따로 표시돼 있어 아무 곳에서나 주·정차를 할 수 없도록 하고 있다.

일반도로에서도 잠시 주·정차할 수 있는 곳, 잠깐 정차도 주차도 할 수 없는 곳 등으로 나누어 표시하고 있어 운전자에게는 주의를 계속해서 환기시키고 있다. 그리고 어린이 보호구역과 주택가 이면도로 횡단보도는 과속방지턱을 만들어 차량이 자연스럽게 감속하도록 유도하고 이면도로 교차로에는 길이 좁아지는 느낌을 주어 감속하도록 유도하고 있다.

2 교통안전위원회

싱가포르 교통안전위원회(NTSC : National Traffic Safety Council)는 1966년에 결성된 40년의 역사를 가진 민간주도형위원회로 교통경찰, 도로교통국, 자동차관련회사, 시민단체 등이 합동으로 운영하는 기구이다. 싱가포르 교통사고 사망자 중 50%가 이륜차와 연관돼 있을 만큼 오토바이 교통사고는 싱가포르 교통사고의 핵심을 이루고 있다. 이러한 이유로 교통안전위원회에서는 매년 오토바이 안전운전 경주대회를 열고 대회참가자들은 오토바이 운전 중 꼭 알아야 할 안전수칙을 익히는 것은 물론, 관람하는 보행자들이 가장 안전하게 운전하는 사람, 올바른 운전복장을 한 사람을 뽑아 시상하고 있다. 그리고 방어운전교실을 개설해 택시 운전자, 물류 등 운전자 등을 대상으로 드라이빙 스쿨을 운영하고 있다. 싱가포르 휴대폰 회사들은 젊은 오토바이 운전자들 중 상당기간 무사고를 기록하면 칭찬편지를 보내주고 보험료를 할인하여 주는 등 보상책으로 기업들도 무사고를 유도하고 있다.

3 혼잡료 징수

싱가포르 도심의 도로는 거침이 없이 물 흐르듯이 차량이 진행하고 있다. 이는 도심에 차량이 몰리는 것을 방지하기 위하여 도심 혼잡료를 징수하고 있기 때문이다. 1998년부터 시행중인 전자식 도로요금 징수제(electronic road pricing)는 출퇴근길 혼잡시간에 중심업무지구로 들어오는 차량에 평균 5,000원의 요금을 자동으로 징수하는 제도이다. 요금은 차내에 설치된 소형 카드리더기에 카드를 꽂아 놓으면 전용 라디오 주파수를 통해 구역 내에 진입함과 동시에 자동으로 카드에서 빠져나가며 카드가 꽂혀 있지 않으면 7만원의 벌과금, 요금이 부족하면 7천원의 벌과금을 별도로 부과한다. 실제로 이 제도를 시행한 후 중심업무지구에서는 출근시간대 2시간 동안 교통량이 약 13%나 감소하는 효과를 나타냈으며 평소에도 9%의 감소효과를 나타내고 있다.

4. 프랑스

1 엄격한 법집행

프랑스는 우리나라와 교통 환경이 매우 비슷하다. 인구 5천 700만, 운전습관, 자동차등록대수, 교통시설 등에서 유사성을 찾을 수 있다. 그러나 자동차 사고율은 우리나라보다 훨씬 낮다. 그 이유는 교통안전에 대한 정부의 강력한 의지와 엄격한 법집행으로 교통사고율을 감소시키고 있는 것이 현실이다. 시라크 대통령이 2002년 5월 교통사고와의 전쟁을 선포하고 강력한 단속과 처벌위주의 정책으로 일관하여 교통사고 사망자 수가 감소하고 교통안전이 정착돼 국민과 정치인들에게 열렬한 환영을 받고 있다. 프랑스에서는 교통사고로 사망하면 1인당 13억원(100만유로)이나 지출되고 15~25세의 젊은 사망자 가운데 19%가 교통사고로 사망하는 등 심각한 상황에 도달했다는 위기의식이 작용했었다. 그래서 경찰에서는 과속, 음주운전, 신호위반 등 3대 법규를 위반하면 강력한 처벌이 뒤따른다는 인식을 운전자들에게 심어준 것이 교통사고율을 낮추는 계기가 된 것이다. 과거 범칙금 징수율이 50%선에서 99%선에 이른 것을 보면 쉽게 이해할 수 있다.

② 전담부서의 신설

정부차원의 기구신설과 함께 2002년에는 경찰청 산하에 도로교통사고 전담부서가 신설되고 과속단속카메라에 찍히면 48시간 안에 운전자에게 스티커가 발부되는 자동시스템이 함께 도입됐고 단속은 더욱 철저하게 시행했다. 특히 시속 50㎞ 이상 위반자나 상습법규 위반자는 범죄자로 간주해 형사처벌하도록 하고 있다. 이렇게 정부의 강력한 단속과 처벌에 의하여 교통법규를 위반하면 살아나갈 수 없다는 인식이 국민의 뇌리에 깔려있기 때문에 사고율을 의도대로 줄여나가고 있는 것이다.

③ 안전교육

프랑스에서 운전면허증을 취득하기 위해서는 우선 18세 이전에 안전교육이수증 등 2개의 자격증을 취득하도록 권장하는 정책을 도입했다. 자격증이 있으면 자동차보험료를 인하해 주는 유인정책을 쓰고 있는 것이다. 그렇기 때문에 운전면허증을 취득하기 위하여 안전교육 이수증을 취득하기 위해서 사전에 철저한 교육으로 무장시키는 것이다. 이 같은 정책은 자발적으로 1년에 일주일 동안 교통안전교육을 실시하는 공기업과 대기업들이 부쩍 늘어나고 있다. 이와 함께 초보운전자에게는 2년 동안 임시면허증을 발급해 운전경험이 많은 사람이 반드시 동승하도록 함으로써 교통사고를 줄일 수 있는 매우 중요한 계기를 마련한 것이다.

5. 일본

1 기초교육

일본인들의 교통 준법정신이 상당한 수준에 있다. 이들은 초등학교 때부터 교통교육을 다양하게 체험하기 때문에 교통질서를 잘 지키는 것이 국민의 의무라고 생각하고 있다. 이러한 이유로 1차적으로 어린이에게 최소 연 1회 이상 교통교육을 실시한다.

초등학교 1~2학년에게는 횡단보도를 안전하게 건너는 교육을 시키고, 3~4학년을 대상으로는 자전거 타기 안전교육과 기초 교통질서 지키기, 5~6학년을 대상으로는 자전거와 컴퓨터를 이용한 안전 시뮬레이션 교육을 시킨다. 그리고 학교 주변에서 교통사고가 발생하면 학생을 대상으로 교통안전 교육이 긴급히 실시된다. 초등학교 특별활동 시간에도 안전하게 횡단하는 법을 교육한다.

교육을 시키는 사람은 교사가 아니라 현청의 교통안전 지도 담당 공무원 또는 은퇴한 교통경찰출신 경찰관, 학부모, 기타 교통전문가 등이 동원되어 교육을 시키기 때문에 다양한 교통교육을 체험할 수 있다.

초등학교 1학년 학생에게는 등하교시에 담임교사가 직접 아이들의 손을 잡고 도로를 횡단하는 방법 등 안전교육을 숙달될 때까지 실제로 실행한다. 이러한 교통교육을 시행한 후부터는 초등학교 학생들의 교통사고율은 현저하게 감소하고 있다는 것이다.

2 교통사고 원인규명

교통사고를 줄이기 위해서는 안전한 도로와 차를 만들고 교통법규를 정비하여 단속을 강화하는 것과 아울러 사고가 발생하였을 때에는 원인을 분석하여 같은 사고가 다시 반복되지 않도록 하고 있다. 이러한 교통사고 원인분석은 교통사고

분석센타(ITARDA)에서 전문적으로 처리하고 있다.

교통사고가 발생하면 경찰에서 초동수사를 한 후 원인규명이 쉽지 않을 경우에는 교통사고분석센타에 연락을 하면 전문연구요원이 현장에 출동하여 차량상태, 가해자, 피해자, 목격자, 현장상황, 차량파손정도 등 650여 가지의 항목을 집중적으로 조사하여 사고원인을 분석하고 이에 대비한다. 그리고 병원, 소방서, 정비소 등과 연계하여 자료를 산출하여 전산화하고 교통정책자료에 활용하여 교통사고예방대책을 세워 실행한다.

3 교통시설물

일본의 도로는 여러 종류의 교통시설물이 매우 다양하게 설치되어 있다. 도로에서부터 주택가 골목에 이르기 까지 횡단보도, 교차로, 정지선, 커브길, 주차장 등의 표지판이 선명하게 설치되어 있다. 이러한 이유로 초행 자동차를 운전하는 사람이나 보행자는 쉽게 위험을 감지할 수 있고 이에 대비하기 때문에 사고를 미연에 방지하게 된다. 그리고 교통시설물에는 시공회사와 시공 날자가 각인되어 날림 시설물을 설치할 수 없다. 만일 날림 시설물이 설치되어 사고가 발생하거나 쉽게 알아볼 수 없도록 제작되었을 때에는 다시 교통시설물 공사를 할 수 없도록 하고 있다. 그리고 시민 누구도 이러한 교통시설물의 결함을 발견했을 때에는 신고만 하면 즉시 도로관리청에서 시정하도록 하고 있다.

이면도로에 까지 교통시설물을 집중적으로 설치한 후에 주택가 생활도로에서의 경미한 접촉사고도 감소하고, 보행자의 안전한 통행이 보장되고 교통사고를 획기적으로 줄여나가고 있다.

4 일본의 교통안전교육

일본에서는 보통 일요일 아침식사 후 온 가족이 모여 주위에서 발생한 어린이 교통사고 사례를 갖고 주 1회씩 교통안전가족회의를 한다. 내 자녀도 이런 사고를 당할 수 있다는 생각을 가지고 우리 자녀가 안전할 때 평상시 교통사고 유형과 예방법을 알려주어 같은 사고를 당하지 않도록 하는 매우 높은 수준의 어린이 교통안전 교육을 실시하고 있다.

6. 기타 교통사고예방대책

1 스웨덴 3대 교통안전교육

스웨덴에서는 자녀에게 꾸준히 교통안전 교육을 실시하고 있다. 교육은 어린자녀를 둔 부모 위주로 실시한다.

안전교육의 근본목적은 교통사고 예방이므로 주위에서 발생한 어린이 교통사고 사례를 활용하여 우리 자녀에게 사고원인과 예방법을 철저하게 알려주는 사례중심의 다음과 같은 교육을 실시한다.

① 어머니 위주의 어린이 조기교육을 한다.

② 실제 사고사례 중심의 실습교육을 한다.

③ 사회적 공동체의식을 중시하는 교육을 실시한다.

2 독일의 세 가지 습관

독일에서는 당신 자녀가 교통사고를 당할까 불안하다면 당장 세 가지 습관을 길러주라는 말을 한다. 항상 길을 건널 때와 차도로 나갈 때는 일단 멈추는 습관을 길러주어야 한다.

운전자가 브레이크를 밟으려다 악쎄레이터를 밟을 수도 있으므로 항상 길을 건널 때는 차를 계속 보면서 건너는 습관을 길러주라고 당부한다.

① 우선 멈추는 습관이다.

② 운전자와 눈을 맞추는 습관이다.

③ 차를 계속 보면서 건너는 습관이다.

❸ 캐나다의 안전운동

스쿨버스를 많이 이용하는 케나다 어린이들은 반드시 Safety Wave 운동, 즉 운전자에게 손을 들어 안전을 확인하고 길 건너기 운동을 펼치고 있다.

1. 교통사고 방지

교통사고라 함은 차의 교통으로 인해 사람을 사망 또는 부상케 하거나 재물을 손괴하는 것을 말한다.

교통사고의 요인은 사람, 자동차, 교통환경 등 3가지 요인에 의해 발생되는데 사람인 보행자나 운전자에 의한 사고 비중이 높게 작용하기 때문에 이점을 깊이 생각해야 한다.

운전 중에는 자신의 생각보다 먼저 다른 운전자들이 어떠한 운전행동으로 나올 것인지를 미리 예측하고 이에 대비하는 마음 자세로 운전하여야 한다. 안전운전의 가장 기본적인 것은 교통법규를 잘 지키는데 있고 일시적인 감정에 의한 무리한 운전은 매우 위험하다.

운전 중에는 운전자가 도로상에서 각종 교통정보를 받아들이는 인지단계와 인지된 정보를 판단하는 판단단계, 그리고 판단된 정보를 실제 운전행동으로 옮기는 조작단계의 3단계 과정을 반복하게 되는데 급박한 상황에서 이렇게 되기까지는 약 1초 정도 밖에 시간이 걸리지 않는다.

운전 중 과실이라 함은 이 3단계 과정에서의 실수를 의미하는데 운전자의 심리적 불안정 예를 들면 서두름, 초조, 불안, 화, 흥분, 경쟁, 과시 등이 결국 사고로까지 이어지기 때문에 운전자는 항상 심신을 안정시킨 상태에서 가급적 위험을 빨리 예측하고 이에 대비하는 운전을 하도록 노력해야 한다.

2. 교통사고 예방수칙

① 보행인은 건널목에서 신호가 바뀌어도 서두르지 않는다.

② 운전자도 진행신호로 바뀌어도 천천히 출발한다.

③ 주행 중 운전자는 전방주시를 철저히 한다.

④ 운행 중 마음을 안정시키고 침착하게 운전한다.

⑤ 운행 전 전 신호가 바뀌어도 서둘러 진행하지 않는다.

⑥ 음주운전은 절대로 하지 않는다.

⑦ 과속은 절대하지 않는다.

⑧ 양보하는 마음으로 운전한다.

⑨ 항상 마음의 여유를 갖고 운행에 임한다.

3. 졸음운전 방지법

① 졸릴 때에는 휴게소에서 일단 쉬었다 운전한다.

② 라디오 볼륨을 최대로 하여 좋아하는 노래를 듣는다.

③ 노래를 노래방 수준으로 크게 부른다.

④ 졸음이 쏟아질 때는 적당한 장소(휴게소)에서 잠깐 쉰다.

⑤ 휴게소에서 가까이 지내는 사람과 통화를 한다.

⑥ 청량음료(기호식품)를 마신다.

4. 운전자세

　안전운전은 바른 운전자세에서 나온다. 운전석에 앉을 때에는 엉덩이뼈가 의자 뒤로 완전히 밀착돼야 한다.

　운전자가 보고 듣는 모든 것은 척추를 통해 판단되기 때문에 허리와 등을 운전석에 밀착시킬수록 안전한 균형이 잡히기 때문이다. 브레이크 페달을 밟았을 때에는 발 앞꿈치의 약간 아래쪽이 밟히게 하는 것이 좋다. 많은 운전자들이 왼발 지지대를 사용하지 않는데 이는 위험천만한 일이다.

　왼발을 지지대에 고정시키지 않으면 접촉사고나 돌발사태 발생시 몸의 균형을 잃게 돼 엉덩이가 시트에서 움직이거나 핸들을 놓칠 수도 있기 때문이다.

5. 핸들조작

　핸들조작은 절대 한손으로 해서는 안 된다. 한손으로 핸들조작을 하다가 급작스럽게 브레이크를 밟으면 제동거리가 늘어나고 몸이 한쪽으로 쏠려 큰 상해를 입을 수 있기 때문이다.

　핸들을 잡을 때에는 반드시 9시 15분 또는 10시 10분의 위치에 놓는 것이 가장 안전하다. 핸들을 한손으로 잡으면 자동차의 롤링이 많아지고 교통사고가 일어날 확률도 그만큼 높아진다. 자동차 레이스를 할 때에도 한손으로 조작하는 일은 결코 없다는 것을 알아야 한다.

　핸들조작은 양손이 엇갈리지 않는 논 크로스 스티어링(non cross steering)으로 해야 한다. 우회전할 때에는 바른손을 12시 방향에 놓고 아래쪽으로 당기고 왼손은 원래 위치에 고정시킨 채 위로 올리면서 미끄러지지 않도록 도와준다. 좌회전할 할 때에도 좌수를 12시 방향에 놓고 좌측 아래로 당기고 우수는 위치를 고정시키고 살며시 위로 올리면서 좌수와 우수가 힘의 균형을 유지하도록 하는 것이 매우 중요하다.

6. 빗길과속

빗길이나 젖은 노면은 20~50% 감속 운행해야 한다. 또 굽은 도로는 진입하기 전에 충분히 감속해야 미끄러지는 사고를 예방할 수 있다.

폭우나 물안개로 가시거리가 100m 이내일 때에는 속도를 50% 줄여야 한다. 장마철에는 제동거리 확보도 매우 중요하다.

비 오는 날에는 타이어와 노면 마찰계수가 반으로 낮아지고 브레이크 디스크와 패드 사이에 물이 들어가 브레이크 성능이 일시적으로 떨어져 제동거리가 40~50% 길어진다. 따라서 차량 추돌사고나 차로 변경 도중 측면 접촉사고를 예방하기 위해서는 충분한 안전거리 확보가 요구된다. 물이 고인 웅덩이도 되도록 피해야 한다.

배기통에 물이 들어가면 시동이 꺼지고 다시 시동을 걸려고 해도 쉽게 걸리지 않는다. 이러한 경우에는 타이어의 절반 이하로 물이 차는 정도인지를 확인한 후 통과한다. 교통사고가 맑은 날에 절대적으로 많이 발생하지만 치사율은 비 오는 날이 훨씬 높은 것으로 나타났다.

비오는 날에는 타이어의 접지면에 물이 막을 형성하여 도로면과 마찰이 일어나지 않아 미끄러져 추돌사고 등이 많이 발생한다. 비 오는 날 또는 비가 온 후에도 여러 가지 위험한 상황을 맞을 수 있기 때문에 차량을 미리 점검하는 것과 함께 특히 안전운전에 주의해야 한다.

[사진 37] 비올 때의 수막현상

[사진 38] 수막현상

7. 빙판도로

겨울철 교통사고는 비나 눈이 내린 후에 증가한다. 이는 온도가 영하로 내려가기 때문에 노면이 얼어붙어 운전자들이 쉽게 대처하지 못하기 때문이다.

빙판길이나 눈길에서 운전을 할 때에는 안전운전 수칙을 지켜 주행해야 사고를 방지할 수 있다. 빙판길에서는 결코 엔진브레이크를 사용하여 급제동을 해서는 안 된다. 특히 오토차량의 경우 엔진브레이크를 사용하면 사고로 이어진다. D드라이브로 주행을 하다가 2단이나 1단으로 기어를 낮추면 RPM이 상승하면서 차가 헛도는 경우가 많다. 이 때에는 신속하게 기어를 중립(N)에 놓은 후 브레이크를 빨리 나누어 밟아 차를 정지시켜야 한다.

앞차끼리 사고가 났을 때에는 차를 유연하게 움직여서 사고현장을 피하여야 하기 때문에 급제동은 사고에 말려들기 쉽다.

빙판도로에서의 출발은 서서히 해야 하기 때문에 핸드 브레이크를 살짝 당긴

상태에서 2단 기어로 출발하면 부드럽게 진행할 수 있다. 빙판 커브 길에서 U-turn할 때에는 가속페달을 많이 밟으면 타이어가 커브길 밖으로 미끄러져 나가면서 차가 돌게 된다. 그리고 다리위에서는 밑에서 올라오는 지열이 없기 때문에 눈이 쉽게 녹지 않고, 눈이 녹은 물기가 완전하게 제거되려면 시간이 많이 걸린다. 그래서 다리 위를 지날 때에는 항상 속도를 20% 이상 줄여 운전해야 한다.

ABS는 일반 브레이크보다 제동거리가 짧다는 사실을 빙판길에서 과신해서는 안 된다. 빙판길에서의 제동 거리는 일반 브레이크와 같은 거리가 필요하다는 사실도 반드시 잊지 말아야 한다.

8. 타이어 원인 사고

자동차에서 타이어는 조정안정성, 배수성, 제동력, 승차감 등 여러 가지 매우 중요한 기능을 수행한다.

첫째, 자동차에 구동력과 제동력을 전달하는 기능, 둘째, 자동차를 노면으로부터 충격을 완화하는 기능, 셋째, 자동차의 진행방향을 전환 유지하는 기능, 넷째, 자동차의 하중을 지탱하는 기능 등 사람의 생명과 직결되어 있기 때문에 점검을 확실하게 하여야 한다. 그러므로 타이어의 마모상태를 확인하여 적절한 시기에 타이어를 교환하거나 수리하여야 한다. 마모된 타이어를 계속 사용하는 것은 자동차 사고의 원인으로 크게 작용한다. 타이어가 많이 닳아 있으면 잘 미끄러지고 제동거리가 길어지므로 사고 위험이 높다. 노면과 닿은 부분인 접지면 홈의 깊이가 1,6mm 이상이 되어야 안전하다는 연구 결과가 나와 있다. 그리고 타이어의 공기압도 차량에 따라 맞게 주입되어야 안전하다.[161] 특히 전륜구동자동차의 경우 앞 타이어가 완고하지 못할 때에는 큰 사고로 연결될 수 있기 때문에 조심하여

---

161) 2006년 한국도로공사에서 국정감사자료로 제출한 자동차 타이어에 의한 사고를 보면 타이어 마모한계이상과다 사용 4,720건, 타이어 편마모로 인한 파열 155건, 휠얼라이먼트 불량 563건, 재생 및 중고(불량)타이어 432건, 기타 130건 등으로 1,500여명이 사망한 것으로 밝혀졌다.

야 한다.

  앞 타이어는 차량중량의 대부분을 흡수하여야 하기 때문에 급정차 또는 급브레이크 작동에 따른 위험을 최대한으로 줄여야 안전하다. 그리고 타이어는 외부의 순간적 충격에 의하여 내부의 코드가 절단되어 파열되는 경우가 발생할 수 있다는 것을 염두에 두고 수시로 점검을 하여야 한다. 이러한 현상은 돌출물, 장애물, 도로의 페인 곳 등을 고속으로 주행할 경우에 발생한다.

[사진 39] 앞 타이어 파손으로 전복된 트럭

[사진 40] 타이어의 종류와 파손흔적

9. 터널 내 운전

터널 내의 운전은 터널 밖에서의 운전에 비해 교통사고의 위험도가 훨씬 높다. 터널 내에서 사고가 발생할 경우 치명적인 대형 교통사고로 이어질 수 있기 때문이다.

터널에서의 운전은 라이트를 켜고 저속운전으로 안전을 도모하면서 침착하게 운전해야 한다.

1 터널운전의 주의사항

① 터널 내에 진입할 때에는 반드시 라이트를 켜고 저속으로 진행한다. 터널외부에서 갑자기 터널 안으로 진입하게 되면 시야터널현상이 발생하여 전방을 정상적으로 관찰할 수 없기 때문이다.

② 터널 내에서는 일정한 속도로 진행한다. 터널 안으로 진입할 때에는 미리서 감속하고 진행하고자 하는 차선으로 진입하는 것이 좋다. 특별한 사유가 없는 한 주행선으로 진행하는 것이 안전을 확보할 수 있다.

③ 터널 내에서는 차선을 바꾸어 가면서 운전해서는 안 된다. 터널은 한정된 공간이기 때문에 사고가 발생하면 대형사고로 발전하기 때문에 서로가 안전을 최우선시 해야 한다.

④ 터널 내에서의 추월은 사고의 원인이 될 수 있다. 터널 내에서는 한정된 공기의 흐름에 변화가 발생하여 공기저항을 많이 받아 사고로 이어질 수 있다.

⑤ 터널 내에서 자동차에 이상이 발생했을 때에는 비상주차대에 주차한다. 터널 내에는 비상주차대가 설치되어 있고 만일 비상주차대가 없을 때에는 되도록 터널 밖으로 나와 주차하는 것이 가장 안전하다.

⑥ 터널 밖으로 빠져나올 때에는 속도를 약간(10%) 줄인다. 터널 안에서의 공기저항과 밖에서의 저항이 다르고 어두운 터널 내에서 밖으로 갑작이 나오

면 눈이 부셔서 정확히 볼 수 없으며, 터널 밖의 환경을 잘 모르기 때문에 자기가 의도하지 않은 상황에서 위험에 직면할 수 있기 때문이다.

② 터널내 안전운전 방법

① 터널진입 전에 입구 주변에 설치된 도로정보를 확인한다.
② 규정된 속도를 지킨다.
③ 교통신호를 확인한다.
④ 안전거리를 유지한다.
⑤ 차선을 바꾸지 않는다.
⑥ 비상연결통로와 비상주차대의 위치를 확인한다.

③ 터널화재시 대처방법

① 운전자는 차량과 함께 터널 밖으로 신속히 이동한다.
② 터널 밖으로 이동이 불가능할 경우 최대한 갓길 쪽으로 정차한다.
③ 엔진을 끈 후 키를 꽂아둔 채 신속하게 하차한다.
④ 터널 내 비상벨을 눌러 화재발생을 알린다.
⑤ 비상전화(119)를 이용하여 구조요청을 한다.
⑥ 소화기 또는 소화전으로 진화한다.
⑦ 진화가 불가능할 때 연기를 피해 유도등을 따라 신속히 터널 밖으로 나온다.

④ 터널 내 사고 대처방법

① 신속하게 하차하여 차량 후방에 안전삼각대를 설치한다.
② 신속하게 안전한 장소로 이동한다.

③ 비상전화(휴대전화)로 구난요청(교통상황제보전화 080-701-0404)을 한다.

④ 비상벨을 눌러 위급상황을 알린다.

[그림4] 도로터널 내 안전설비

10. 추돌사고 방지법

추돌사고는 진행하는 차량 또는 일단정지 차도에서 많이 발생한다. 그러나 추돌사고는 운전자 상호간에 조금만 신경을 쓰면 발생하지 않는다.

추돌사고를 예방기 위해서는 다음의 사항에 대해서 주의를 해야 한다.

1 전방주시를 확실하게 한다.

앞차의 움직임과 그 전방 상황을 보고 앞차가 감속하거나 정지할 것을 미리 예측하고 대비해야 한다. 그러나 앞차가 버스나 트럭 등 대형차일 경우에는 그 앞쪽이 잘 보이지 않으므로 안전거리를 길게 확보하거나 전방이 잘 보일 수 있도록 차선을 변경하여 진행하여야 한다.

2 충분한 안전거리를 확보한다.

자동차가 시속 60㎞로 주행할 때 1초 동안에 약 18m를 진행하며 백미러로 후방을 확인하는 데에는 2초 정도의 시간이 걸리므로 앞차와의 사이에 36m 이상의 거리를 유지해야 한다.

충분한 안전거리를 유지하고 있다 하더라도 한 눈을 팔거나 앞차의 움직임을 경시하면 안전거리가 없는 것과 다름이 없으므로 유의해야 한다.

3 교차로 근처에서는 감속한다.

신호등이 있는 교차로에서 추돌사고가 많이 발생하므로 신호등이 있다고 해서

전적으로 안심해서는 안 된다. 따라서 교차로가 가까워지면 우선 감속하고 언제든지 브레이크를 밟을 수 있도록 마음의 준비를 하고 있어야 한다.

신호가 황색으로 되었을 때 적색신호 이전에 통과하려고 가속하는 것은 극히 위험한 일이다.

4 급브레이크를 밟지 않는다.

급브레이크를 밟지 않는 운전은 매우 중요하다. 앞차가 급정지하더라도 급브레이크를 밟지 않고 여유 있게 정지하기 위해서는 충분한 안전거리를 확보하여 앞, 뒤차의 추돌을 막아야 한다.

신호기가 있는 교차로에서 신호가 황색으로 되었다고 해서 급제동을 하면 뒤차에 추돌을 당하게 되므로 급브레이크를 밟지 않고 정지해야 한다.

5 정지와 좌우회전의 신호는 일찍 넣는다.

추돌을 당하지 않으려면 제동등, 방향지시등을 최대한으로 활용하여 자기의 의도를 뒤차에게 명확하고도 여유 있게 알려주어야 한다. 신호를 하자마자 갑자기 좌우회전이나 진로변경을 하는 것은 추돌당하기 쉬우므로 유의해야 한다. 또 핸드브레이크를 당겨 놓지 않고 브레이크 페달만을 밟고 있을 때 추돌당하면 충격으로 발이 떨어져 크게 위험하므로 핸드브레이크를 활용하고 후방을 확인한다.

6 선두차는 전륜을 직선으로 정리한다.

좌우회전을 위해 줄의 선두에서 대기하고 있을 때에는 앞바퀴의 방향을 똑바르게 해두어야 한다. 그렇지 않고 미리 좌로 핸들을 돌려놓고 있을 때 추돌을 당하면 큰 사고로 이어질 수 있다.

앞바퀴가 좌로 회전되어 있었다면 차가 좌측으로 진행되어 반대방향에서 진행해 오는 차에 치명적인 충돌피해를 입을 수 있다.

[사진 41] 전방주시태만 정차된 버스추돌

문제와 논의

1. 주차위반 운전자가 면허증 제시를 하지 않는 경우

주차위반차량의 운전자가 면허증 제시를 하지 않는 경우는 어떻게 처리해야 하는지요? 면허증뿐만 아니라 여타 다른 신분증이나 자신의 신분을 밝히지 않고 진술거부권을 행사하며 경찰관서에 동행도 거부하고 차적 조회를 해보아도 운전자 소유의 차량이 아니어서 어떤 방법으로도 운전자의 신원을 알 수가 없는 경우 강제조치 방법은 없는가요?

1 형사소송법의 적용

형사소송법 제214조는 다액 50만원 이하의 벌금·구류 또는 과료에 해당하는 죄의 현행범에 대하여는 범인의 주거가 분명하지 아니한 때에 한하여 구속할 수 있다고 규정하고 있기 때문에 경찰관서에 동행을 요구할 수 있다.

2 판 례

경범죄의 현행범인에 대하여는 범인의 주거가 분병하지 아니한 때에 한하여 영장 없이 체포할 수 있다. 그리고 주거가 일정하지 않은 피의자를 경찰관이 순찰차에 태워 파출소 등으로 데리고 가려는 행위는 경찰관이 피의자에게 신분 등의 제시를 요구하는 등의 방법으로 그 주거를 확인하려고 하였으나 이를 확인하여 주지 않기 때문에 피의자를 주거불명인 자로 취급할 수밖에 없었다는 점으로 보아 이 사건에 있어서는 현행범인 체포로서의 적법성이 있다고 볼 수 밖에 없다고 판시하고 있다.

위 판례는 경찰관이 피의자에게 신분증의 제시를 요구하는 등의 방법으로 그

주거를 확인하려고 하였으나 이를 거부하는 경우에는 그 피의자를 주거불명인 자로 취급할 수 있다는 것이므로 자신의 신분을 밝히기를 거부하는 경우 현행범 체포가 가능하다고 판단된다.

2. 거주자 우선주차구역에 불법주차차량에 대한 신고의 접수 및 처리

주민으로부터 거주자 우선주차구역에 불법주차차량이 있다는 신고를 받고 현장에 출동했다. 그러나 운전자가 없고 차적 조회를 통하여 차량 소유자를 수배하여도 연락이 되지 않으므로 견인대행업체에 연락을 하였으나 견인차량 운전자가 없어서 출동을 할 수 없다고 전화를 끊었다. 어떤 조치를 할 수 있을까?

1 주차위반

거주자 우선 주차구역 및 장애인 주차장에 다른 사람의 차량이 주차하였다고 하드라도 경찰에서는 견인하거나 도로교통법상 주차위반으로 단속할 수는 없다.

2 과태료 처분

시장·군수·구청장 등은 거주자 우선주차구역에 다른 차량이 주차하였을 경우에는 견인할 수 있다. 그리고 장애인 주차구역에 장애인이 아닌 차량이 주차했을 경우에는 장애인·노인·임산부 등의 편익증진보장에관한법률에 의한 구청장 등의 과태료처분 대상이 된다.

3 견인대행업체의 의무

경찰관청에서 견인대행업체를 지정한 사실이 없다면 직접 행정처분을 할 수 없다. 견인대행업체를 지정하고 있는 해당구청에 통보하여 견인대행업체에 대한 지정취소 또는 업무정지 등 의무태만의 책임을 요구할 수 있다.

4 장애인 주차구역의 이용

장애인 주차구역에 장애인 아닌 자의 자동차를 주차하여서는 안 된다. 누구든지 장애자 표지가 부착되지 아니한 자동차를 장애인 전용주차구역에 주차하여서는 안 된다. 동 규정에 위반하여 장애인자동차 표지를 부착하지 아니한 자동차를 장애인전용 주차구역에 주차한 자는 20만원 이하의 과태료에 처한다.[162]

> ### 3. 자기의 차량을 친구에게 빌려준 경우 사고가 발생하였을 경우
>
> 자기 소유의 차량을 자신의 친구가 운전하도록 빌려주었다가 이 차량을 되돌려 받으려고 하는데, 친구와 연락이 되지 않아 반환을 받지 못하고 있어 차량도난신고를 내려고 한다는 민원인의 전화가 있다. 이런 경우 도난신고가 가능한지요? 형사적으로 어떻게 처벌을 할 수 있으며 또한 차량이 사고가 났거나 범죄도구로 이용되었을 경우에는 어떻게 되는가요? 그리고 차량을 되돌려 받기 위하여 어떤 방법이 있는가요?

1 도난신고불가

먼저 도난신고를 접수하는 이유는 범죄의 신고를 접수하여 수사의 단서로 삼으려는 것이 목적이므로 빌려준 차량을 반환받기 위한 수단이 될 수 없다. 자동차가 도난당한 것이 아님에도 불구하고 도난당한 것으로 허위 신고한 것이 확인되면 경범죄처벌법상의 소정의 허위신고에 해당할 수 있다. 친구가 차량을 임의로 횡령한 것이라면 횡령죄가 성립할 여지가 있으나 상황에 따라서 법률적용이 어려울

---

162) 장애인 · 노인 · 임산부등의편익증진보장에관한법률 제17조

수 있다. 그리고 차량반환 문제는 친구에게 사기, 횡령 등의 혐의가 인정되지 않는 한 반환청구소송 등은 민사적 절차에 따라 해결하여야 할 것이다.

② 사고에 대한 책임

제3자가 자동차를 운행하다가 발생한 사고에 대한 자동차 소유자의 책임과 관련하여 판례(대판 98다61395)는 자동차의 소유자는 비록 제3자가 무단히 그 자동차를 운전하다가 사고를 내었더라도 그 운행에 있어 소유자의 운행지배와 운행이익이 완전히 상실되었다고 볼 특별한 사정이 없는 경우에는 그 사고에 대하여 자동차손해배상보장법 제3조 소정의 운행자로서의 책임을 부담하고 그 운행지배와 운행이익의 상실여부는 평소의 자동차나 그 열쇠의 보관 및 관리상태, 소유자의 의사와 관계없이 운행이 가능하게 된 경위, 소유자와 운전자의 인적관계, 운전자의 차량 반환의사의 유무, 무단운행 후 소유자의 사후승낙 가능성, 무단운전에 대한 피해자의 인식유무 등 객관적이고 외형적인 여러 사정을 사회통념에 따라 종합적으로 평가하여 이를 판단하여야 한다고 판시하고 있는 점을 감안한다면 차량이 사고가 난 경우 친구에게 차량을 빌려준 경위 및 반환의사 등 사실관계를 종합적으로 고려하여 판단하여야 한다.

---

4. 음주적발 운전자의 운전행위의 경찰 책임

음주 후 자신의 승용차를 운전하다가 경찰의 음주단속에 적발되었다. 음주측정결과 혈중알코올농도 0.09%로 측정되어 음주운전자 적발보고서를 작성하고 잠시 기다리는 동안 음주운전자가 교통에 방해가 되지 않게 자신의 승용차를 도로 밖으로 이동시키겠다고 하여 차량열쇠를 주었다. 차량을 이동시키는 척 하다가 그대로 운전하여 도주하다가 무단횡단자를 치어 사망하였다. 경찰의 책임은?

1 주취 또는 과로의 운전금지

경찰은 주취 또는 과로한 때 자동차 등을 운전하는 사람에 대해서는 정상적으로 운전할 수 있는 상태에 이르기까지 운전의 금지를 명하고 그 밖의 필요한 조치를 취할 수 있다.[163]

2 운전금지조치

경찰은 음주측정결과 주취운전자로 확인된 자에 대하여는 운전하지 못하도록 하여야 한다.[164]

3 강제처분

범행 중 또는 범행직후의 범죄현장에서 긴급을 요하여 법원판사의 영장을 받을 수 없는 때에는 영장 없이 압수·수색·검증을 할 수 있다. 이 경우에는 사후에 지체 없이 영장을 받아야 한다.[165]

4 국가배상

국가 또는 지방자치단체는 공무원이 그 직무를 집행함에 대하여 고의 또는 과실로 법령에 위반하여 타인에게 손해를 가하거나 자동차손해배상법의 규정에 의하여 손해배상의 책임이 있는 때에는 손해를 배상하여야 한다. 공무원의 고의 또는 는 중대한 과실이 있는 때에는 국가 또는 지방자치단체는 그 공무원에게 구상할

---

163) 도로교통법 제44·45조
164) 교통단속처리지침 제37조 제5항
165) 형사소송법 제216조 제3항

수 있다.[166)]

5 대법원판례

경찰관의 주취운전자에 대한 권한행사가 법률의 규정형식상 경찰관의 재량에 맡겨져 있다고 하더라도 그러한 권한을 행사하지 아니한 것이 구체적인 상황 하에서 합리성을 잃어 사회적 타당성이 없다. 이러한 경우에는 경찰관의 직무상 의무를 위배한 것이 되어 위법하게 되고 음주운전으로 인한 사고발생을 미연에 막아야 할 구체적 주의의무가 있음에도 이를 게을리 하여 사고를 발생시켰기 때문에 단속경찰관들의 공동과실이 경합되어 사고가 발생하였다고 판단되므로 국가는 교통사고 피해자들에게 손해를 배상해 준 보험회사에게 과실비율 10%에 따른 부분을 구상해 줄 의무가 있다.[167)]

6 결 론

주취운전자는 안전한 운전을 할 수 있는 상태에 도달할 때까지 운전을 하지 못하도록 하는 등 필요한 조치를 하여야 한다. 주취운전자의 차량에 대하여는 다른 사람으로 하여금 운전하게 하거나 가족에게 연락하여 인수하게 하여야 한다. 필요한 경우 형사소송법의 규정에 따라 현행범으로 영장 없이 자동차열쇠를 압수하는 등 조치를 취하는 것이 타당할 것이다.

---

166) 국가배상법 제2조
167) 대판 97다54482, 1998. 5. 8.

5. 교통사고 조사기록 공개 요구에 대한 처리

민원인이 방문하여 교통사고의 기록 공개를 요구하였다. 민원인이 진술한 조서 및 서류에 대하여 열람 또는 등사 등을 해 줄 수 있는지의 여부?

1 정보공개법

피의자, 피해자, 참고인 등이 진술한 진술조서, 제출서류 등은 열람 또는 등사 요구를 할 때 공개가능여부는 피의자 또는 참고인(피해자 포함)의 진술서류 및 제출서류는 수사서류로서 공공기관의 정보공개에관한법률 제7조 제1항 제4호의 비공개대상 정보에 해당된다고 하나 이는 공개될 경우 그 직무수행을 현저히 곤란하게 하거나 형사피고인의 공정한 재판을 받을 권리를 침해한다고 인정할 만한 상당한 이유가 있는 경우에 한하여 공개하지 않을 수 있다.

2 비밀문서에 한정

단순히 수사서류라는 이유만을 들어 정보공개를 거부할 수는 없다.[168] 행정정보공개거부처분취소 정보공개법 제7조 제1항 제1호는 다른 법률 또는 법률에 의한 명령에 의하여 비밀로 유지되거나 비공개사항으로 규정된 정보를 비공개대상 정보로 하고 있고 형사소송법 제292조는 피고인의 청구가 있는 때에 증거된 서류를 열람 또는 등사할 수 있도록 규정하고 있으나(변호인의 경우는 동법 제35조에서 규정) 고소인 및 참고인 진술 서류의 열람ㆍ등사에 관하여 명문의 규정을 두고 있지 않다. 이와 관련 대검 예규인 사건기록열람ㆍ등사에 관한 업무처리지침 제3조에는 사건관계인 또는 참고인은 수사 중인 기록 중 본인 진술 서류의 전부 또는 일부에 대하여 열람을 청구할 수 있고 본인 제출 서류의 전부 또는 일부에

---

168) 경찰청재결98-1840 행정심판, 대법원 98두3426, 행정정보공개거부처분취소

대하여 열람·등사를 청구할 수 있다고 규정하고 있으므로 참고인 등의 진술서류에 대한 열람 및 제출서류에 대한 열람·등사는 허용해야 한다고 판단된다.

3 헌법재판소의 판결

기소 전 수사기록은 공개할 수 없다는 수사기관의 결정은 헌법에 위배된다는 헌법재판소의 결정이 나왔다.[169] 헌재의 위헌결정으로 수사기관은 앞으로 기소 전이라도 피의자신문조서 등에 대한 변호인의 열람 및 등사신청이 있을 경우 수사에 현저한 지장이 없는 한 허용해야 할 것으로 판단된다.

6. 군용차량의 운전위반 행위에 대한 처리

군용차량 운전자가 신호위반으로 통고처분을 받고 범칙금납부를 거부할 뿐 아니라 군인에 대한 재판권이 군사법원에 있음을 이유로 즉결심판에 불응할 경우, 향토예비군 중대장, 행정안전부 소속 공익근무요원인 경우 등의 법규위반자의 처리에 대한 절차는?

1 군인의 범죄

군인의 범죄행위에 대하여는 군 수사기관에서 수사하고 검찰기관에서 공소를 제기하여 군사재판에 의하여 판결하도록 되어 있기 때문에 경찰에서 군인에 대한 범죄행위를 적발하였을 때에는 적발보고서를 작성 소속 군 헌병대(수사기관)에 이첩하여야 한다. 그러나 일반면허소지자가 면허벌점이 부여되는 범칙행위를 한 때에는 소속부대에 통보와 동시에 해당 면허벌점을 입력 처리하여야 한다.

---

169) 헌재 2000헌마474 2003. 3. 27.

② 군인의 군용차량 운전자

군인의 신분으로 군용차량을 운전하는 자의 교통법규위반행위를 적발하였을 때에는 적발보고서를 작성하여 그 운전자의 소속부대장 앞으로 통보하고 통고처분은 하지 않는다. 그리고 군인·군속 등이 일반면허 없이 일반차량을 운전하다가 법규위반을 하였을 때에도 소속부대장 앞으로 통보하고 일반면허로 일반차량을 운전하다가 법규위반을 하였을 때에는 일반 시민과 통일하게 처리한다. 그러나 통고처분에 불복하거나 납부기간 내 범칙금 미납으로 즉결심판에 회부해야 할 경우에는 소속 헌병대에 통보하여 처리하도록 하고 결과를 회신 받아서 처리해야 한다. 그리고 범칙금을 미납한 경우 즉결심판을 대신하는 군 검찰의 약식명령이나 정식재판을 거치지 아니한 때에는 필요절차를 결하였으므로 면허행정처분은 할 수 없다.

③ 예비군 중대장

예비군 중대장은 군무원의 신분이기 때문에 군무원으로 인정 검사의 지휘를 받아서 군부대에 이첩하고 공익근무요원은 군인신분이 아니므로 일반인의 경우와 같이 처리한다.

④ 주한 UN군 차량

주한 미군인, 군속, 가족 등이 공무수행 중 교통법규위반을 하였을 때에는 소속 부대에 통보한다. 주한 미군인 또는 군속이 국내운전면허로 일반차량을 운전하다가 법규위반을 하였을 때에는 내국인과 동일하게 처리한다. 미군용 차량을 내국인이 운전 중 교통법규위반을 하였을 때에도 일반 내국인과 동일하게 처리한다.

5 외교관차량

외교관과 그 가족 및 소속기관에 정식으로 고용된 내국인 운전자가 교통법규를 위반한 때에는 내국인과 동일하게 처리하고, 일반 외국인이 국내면허증으로 운전하다가 교통법규를 위반한 때에도 내국인과 동일하게 처리하면 된다.

---

7. 무면허 운전자의 거짓진술에 대한 책임

자동차운전면허가 없는 자가 교통법규위반으로 경찰관에게 적발되자 거짓으로 운전면허증을 집에 두고 왔다고 하면서 다른 사람의 인적사항을 말하였다. 경찰관은 무전으로 조회를 하여 이상이 없음을 확인한 후 범칙금통고서를 발부하였다. 이와 같이 타인의 명의로 통고처분을 받은 자에 대한 처벌은?

---

1 통고처분의 취소

경찰의 통고처분에 대해서는 취소처분을 하여야 한다. 경찰은 교통법규위반자의 인적사항을 확인하여 통고처분을 하였어야 했다. 경찰의 실수로 행정행위를 한 사안이기 때문에 취소처분은 당연한 것이다.

2 허위진술의 문제

허위로 다른 사람의 인적사항 등을 언급한 것에 대한 부분은 위계에 의한 공무집행방해로 처벌할 수 있다고 주장하는 사람도 있으나 사실상 처벌할 수 있는 법규는 존재하지 않는다.

③ 무면허 운전

자동차를 면허 없이 운전한 것에 대한 부분은 교통사고처리특례법 위반으로 형사입건하여 처벌하여야 한다.

8. 음주운전자의 음주단속을 피하기 위하여 도주하다가 발생한 사고

甲은 술을 마신 상태에서 승용차를 운전하고 진행하다가 전방 200m 지점에서 음주운전단속을 하는 것을 발견하고 중앙선을 침범 U-turn하여 도주하다가 단속되어 음주측정을 실시하여 혈중알코올농도 0.07%가 나왔다. 합리적 처리방법은?

① 음주운전

음주운전과 중앙선침범은 서로 별개의 위반행위로써 실체적 경합관계가 성립한다. 누구든지 술에 취한 상태에서 자동차 등을 운전하여서는 아니 된다.[170] 위반행위에 대한 처벌로는 2년 이하의 징역이나 500만원 이하의 벌금의 형으로 벌한다.[171]

② 중앙선 침범

중앙선 침범부분은 통고처분을 하여 벌금을 내도록 한다.

---

170) 도로교통법 제44조
171) 도로교통법 제150조

③ 행정책임

음주운전 벌점 100점과 U-turn 벌점 30점 등 모두 130점을 합산하여 운전면허를 취소해야 한다.

---

9. 단속현장에서 위반자가 차량을 방치하고 현장을 이탈할 때의 처리

경찰관이 중앙선을 침범하여 U-turn 하는 사람을 발견하고 현장에서 정지시킨 후 확인한바 안전띠도 매지 않은 상태였다. 면허증을 제시하라는 경찰관의 요구에 불응하면서 시간을 끌다가 현장에 차량을 방치한 채 택시를 이용하여 현장을 이탈하였을 경우에 타당한 조치는?

---

① 중앙선 침범

중앙선 침범행위는 도로교통법 위반으로 통고처분을 하고 행정처분으로 벌점 30점을 부과한다.

② 안전띠 미착용

경찰관이 중앙선을 침범하는 것을 발견하고 운전자에게 면허증을 제시하도록 요구하면서 안전띠 미착용을 발견한 것을 고려한다면 안전띠부분에 대해서는 물문에 붙이는 것이 좋다. 안전띠미착용까지 통고처분을 한다는 것은 한 사람에게 2건의 통고처분을 동시에 한다는 것이기 때문에 건수위주의 과잉단속이라고 볼 수 있다.

3 면허증 제시거부

경찰관의 면허증 제시를 거부하는 것은 도로교통법 제92조 제2항(운전자는 운전 중에 경찰공무원으로부터 운전면허증이나 이에 갈음하는 중명서의 제시요구를 받은 때에는 이를 내보여야 한다)의 위반으로 즉결심판에 회부하여야 한다. 그러나 면허증의 제시도 하지 않을 때에는 차적 조회에 의하여 자동차의 주인을 확인하여 운전자가 자동차의 주인일 때에는 그 운전자에게 즉결심판을 받도록 조치하는 것이 상당하다. 만일 운전자가 자동차의 주인이 아닐 경우에는 차주에게 물어서 운전자를 찾아 즉결심판에 회부할 수 있을 것이다. 그리고 주민등록증, 기타 신분증 또는 명암 등을 제시하도록 하여 인적사항을 확인할 수 있으며, 이러한 방법으로도 확인이 안 될 경우에는 체포를 할 수 밖에 없다. 이 때에는 참고인을 확보하여야 하고 체포의 과정을 상세히 기록하여 당시의 정황을 판단할 수 있도록 해야 한다. 그리고 검거할 때에는 적법절차에 따라 현행범으로 취급하면 될 것이다. 체포할 때에는 영장주의원칙과 인권문제 등에 문제가 발생할 수 있으므로 신중하게 처리하지 않으면 안 된다.

4 도로의 차량방치행위

도로에 차량을 방치한 채 현장을 떠났다면 도로교통법을 위반한 자가 고의 또는 과실에 의하여 교통의 방해를 하려고 하는 의도가 있었다면 교통방해죄로 입건 처리할 수 있다. 그러나 본 사안의 경우 경찰관에게 선처를 호소하다가 들어주지 않으므로 일시적으로 방치하고 현장을 떠난 것이므로 교통방해죄로 처리한다는 것은 무리가 아니라고 할 수 없다. 그리고 차를 도로에 방치하고 떠났을 때에도 자동차의 키를 차에 꽂아 두고 떠났는지의 여부가 문제된다. 차에 키가 있었다면 더욱 교통방해의 의사는 없었다고 할 수 있다. 키가 있었다면 경찰관이 교통의 방해가 되지 않도록 조치를 취하면 되는 것이고, 키가 없었다 하더라도 교통방해의 의사로 현장을 떠났다고 볼 수는 없기 때문에 불문에 붙이는 것이 현명하다.

10. 직진 진행 신호에서 황색신호로 바뀔 때의 운전자의 조치

교통경찰관 A는 승용차를 운전하고 교차로에 진입하는 B를 주시하고 있었다. 그런데 B가 교차로에 진입하기 직전 진행신호에서 황색신호로 바뀌는 것을 보고 정차하지 않고 유유히 교차로를 빠져나갔다. 이 때 교통경찰관 A가 B에게 운전면허증 제시를 요구하면서 신호위반을 했다고 했다. 그러나 B는 급정거할 경우 뒤따르는 다른 차가 추돌할 염려가 있어서 신속히 빠져나온 것이라고 항변했다. A는 어떻게 처리하는 것이 타당할까?

1 신호위반

B를 신호위반으로 볼 수 있는가? 도로교통법 제5조는 도로를 통행하는 보행자나 차마는 신호기 또는 안전표지가 표시하는 신호 또는 지시와 교통정리를 하는 경찰공무원과 행정안전부령이 정하는 경찰공무원을 보조하는 사람의 신호나 지시를 따라야 한다고 규정하고 있다. 그리고 도로교통법 시행규칙 별표3에 의하면 차마는 정지선이 있거나 횡단보도가 있을 경우에는 그 직전이나 교차로의 직전에 정지하여야 하며, 이미 교차로에 진입하고 있는 경우에는 신속히 교차로 밖으로 진행하여야 한다고 규정하고 있어 B의 진행행위는 신호위반에 해당한다.

2 B의 위법한 행위

B는 횡단보도 직전에 직진신호에서 황색신호로 바뀌는 것을 보고 교차로를 빠져나왔기 때문에 법상 위법인 행위를 실행한 것이다. 그러나 만일 B가 급정차하였다면 뒤따르는 차가 추돌하게 되고 추돌이 되었다면 인명피해로 이어질 수 있고, 교통소통은 더욱 어려워질 가능성이 있다. 이러한 주위의 사정을 감안한다면 B의 행위는 법적으로는 위법하지만 현실적으로 합리적인 판단을 한 것이다. 자신을 보호하고 사고를 예방한다는 차원에서 교차로를 신호위반하면서 통과하였다면 타당한 행위에 해당하기 때문에 법의 논리만을 앞세워 단속하는 것은 무리

이다.

3 경찰관 A의 조치

법과 현실과의 괴리를 인정하지 않고 경찰관 A가 신호위반으로 단속을 한다면 비난을 면치 못할 것이다. 이러한 경우 경찰이 단속할 법적 근거는 있지만 현실을 합리적으로 판단한 B의 행위는 합당하다고 판단된다. 합당한 행위를 위법하다는 이유로 단속할 수 없다. 단속할 수 있는 명분은 0(zero) 상태에 있기 때문이다.

11. 일방통행위반에 대한 통고처분 불이행에 대한 처리

일방통행로의 중간 골목에서 나오던 차량운전자 A는 좌회전금지 표지가 있음을 확인하지 못하고 좌회전하여 진행하였다. 때마침 순찰 중이던 경찰관 B가 이를 발견 통행의 금지 및 제한(도로교통법 제6조) 위반으로 통고처분을 하였다. 위반차량 운전자 A는 이에 항의하고 통고처분을 이행하지 않았다. 운전자와 경찰관의 행위는 모두 적법한 것인가?

1 안전표지

안전표지라 함은 주의, 규제, 지시, 보조, 노면표지 등으로 규정되어 있다. 안전표지가 표시하는 신호 또는 지시란 주의표지, 규제표지, 지시표지, 보조표지 중 신호 또는 지시를 내용으로 하는 규제, 지시, 노면표지만을 의미한다고 볼 수 있다.

2 위법성

본 건의 경우 도로교통법상 다른 처벌규정이 없는 경우에는 신호와 지시위반에 해당한다. 그러나 운전자가 골목을 빠져 나오면서 전방에 있는 좌회전금지표지를 확인하지 못하고 좌회전하였다면 문제는 달라진다.

전방에 있는 교통표지판을 보지 못한 것은 운전자의 과실에 해당하고 그 과실로 인하여 좌회전의 고의가 없다면 실제로 통고처분을 한 경찰관의 행위는 적법하지만 타당하지 못하다고 할 것이다. 그러나 몰라서 좌회전했다고 하더라도 금지행위를 위반한 것이기 때문에 교통표지를 보지 못하고 좌회전한 운전자는 자기의 위반사실을 인정하여야 한다. 판례는 특별히 다른 사정이 없는 한 일방통행로를 역주행한 것은 교통사고처리특례법(제32조 제2항 제1호)의 통행의 금지를 내용으로 하는 안전표지가 표시하는 지시에 위반하여 운전한 경우에 해당하는 것으로 판시했기 때문이다.[172]

3 경찰관의 행위

경찰관 A는 신호지시위반으로 통고처분을 한 사실에 대해서는 적법하다고 할 것이다. 그러나 운전자 A가 표지판을 보지 못하고 좌회전하였다고 주장할 경우 표지판을 보지 못한 사유를 듣고 특별히 타당한 이유가 있다면 계도를 하는 등 재량행위를 발휘할 수 있는 사항이다. 엄격한 법의 집행만을 고집한다면 민경친선의 구호는 물거품에 불과한 것이다.

운전자가 그 지방에 살지 않고 타관에서 처음 방문한 곳이기 때문에 당황한 나머지 미처 교통표지판을 인식하지 못하고 좌회전 했을 가능성도 있다는 사실을 인정해 주는 배려도 중요하다. 또한 좌회전으로 인하여 다른 교통사고를 발생시키지 않았고 다른 사람에게 피해를 준 사안이 없다면 재고하는 것은 경찰의 이미지 개선에도 좋은 효과를 기대할 수 있기 때문이다.

---

172) 대판 93도2562, 1993. 11. 9.

12. 검문소에서 정지명령을 위반했을 때의 책임

검문소에서 경찰관이 통과중인 범죄의심차량을 발견하고 정지명령을 하였으나 불응하고 도주하였다. 경찰관은 무전으로 인근 순찰차에 연락하여 약 2km를 추적하여 검거하였을 경우 도로교통법(제5조)의 신호 또는 지시위반으로 단속할 수 있는지의 여부와 범죄혐의차량에 대하여 교통경찰관이 정지명령을 했을 때 도주한 행위에 대한 처벌의 여부는?

1 신호 또는 지시에 따를 의무

도로를 통행하는 보행자나 차마는 신호기 또는 안전표지가 표시하는 신호 또는 지시와 교통정리를 하는 경찰공무원과 행정안전부령이 정하는 경찰공무원을 보조하는 사람의 신호나 지시를 따라야 한다. 따라서 자동차를 운전하는 모든 운전자는 경찰공무원의 지시에 따라야 할 의무가 존재하는 것이다.

2 검문불응 도주

경찰공무원의 정지신호를 무시하고 도주하였을 경우에는 경찰공무원의 지시에 따라야 할 의무가 존재하는 가의 여부이다. 도로교통법은 도로교통에 관계되는 사항에 대하여 정지 또는 지시하는 것을 목적으로 하고 있음으로 교통혐의점이 있을 때에는 그 혐의점에 대해서는 단속의 대상으로 삼을 수 있으나, 범죄의심차량으로 판단하여 정지지시를 한 것임으로 통고처분 대상으로 판단하는 것은 오판이 된다.

3 교통 정지신호와 지시

교통법규위반 차량으로 단속하고자 정지신호를 하였을 때 이에 불응하는 경우

에는 교통정리를 하는 경찰공무원의 신호나 지시로 볼 수 있기 때문에 지시위반
으로 통고처분을 할 수 있다. 그러나 범죄의 혐의점이 있어 정지지시를 하였을 때
도주한 경우에는 도로교통법을 적용하는 것은 법률적용의 남용에 해당한다고 볼
수 있다.

---

13. 버스전용차로 위반 차량의 단속 기준

고속도로 및 일반도로 버스 전용차로 위반차량의 기준, 승용차의 청색점선 부분에서의
진출입시 단속가능 여부, 영구차량의 선도 승용차의 단속은 적법한 것인지의 여부?

---

1 일반도로의 전용차로

시장 등은 원활한 교통을 확보하기 위하여 특히 필요한 때에는 지방경찰청장
또는 경찰서장과 협의하여 도로에 전용차로를 설치할 수 있다. 전용차로의 종류
와 통행할 수 있는 차 그밖에 전용차로의 운영에 관하여 필요한 사항은 대통령령
으로 정한다. 전용차로로 통행할 수 없는 차가 전용차로로 통행하여서는 안 된
다. 다만, 대통령령이 정하는 경우에는 그러하지 아니한다.

2 고속도로의 전용차로

경찰청장은 고속도로의 원활한 소통을 위하여 특히 필요한 때에는 고속도로에
전용차로를 설치할 수 있다. 기타 필요한 사항은 일반도로 전용차로의 규정을 준
용한다.

그리고 전용차로로 통행할 수 있는 차가 아닌 차는 당해 전용차로로 통행하여
서는 아니 된다. 다만, 대통령령이 정하는 경우에는 그러하지 아니한다.

❸ 대통령령이 정한 전용차로 통행차

① 긴급자동차가 그 본래의 긴급한 용도로 운행되고 있는 경우
② 전용차로 통행차의 통행에 장애를 주지 아니하는 범위 안에서 택시가 승객의 승하차를 위하여 일시 통행하는 경우
③ 도로의 파손, 공사 그 밖의 부득이한 장애로 인하여 전용차로가 아니면 통행할 수 없는 경우

❹ 전용차로의 종류 및 통행할 수 있는 차량

(1) 고속도로

9인승 이상 승용자동차 및 승합자동차로 승용자동차 또는 12인승 이하의 승합자동차는 6인 이상 승차해야 한다.

(2) 일반도로

① 36인승 이상의 대형 승합자동차
② 36인승 이하의 사업용 승합자동차
③ 신고를 필하고 어린이를 운송할 목적으로 운행 중인 어린이 통학버스
④ 전용차로 통행차의 통행에 지장을 주지 아니하는 범위 안에서 택시가 승객의 승하차를 위하여 일시 통행하는 경우
⑤ 노선을 지정하여 운행하는 통학, 통근용 16인 이상 승합자동차로서 지방경찰청장의 지정을 받은 차
⑥ 국제행사 참가인원 수송 등 특히 필요하다고 인정되는 승합자동차로서 지방경찰청장이 지정한 기간 내

(3) 공통사항

① 긴급자동차가 그 본래의 긴급한 용도로 운행되고 있는 경우

② 도로파손·공사 등 부득이한 사유로 전용차로가 아니면 통행할 수 없는 경우

5 법률적용

① 전용차로 청색점선에 대한 정의가 아직 마련되지 않고 있어 중앙선 표시나 진로변경 제한선 표시에서의 황색이나 백색점선의 개념이 유추 적용될 수밖에 없고 실제로 일반도로 지선진입로 등에서는 청색점선에 일반차량도 진입을 할 수 있도록 하고 있어 단속할 수 없다.[173]

② 버스전용차로제의 시행은 대중교통 이용의 활성화와 대량수송의 효과를 극대화하기 위한 것으로 긴급자동차가 그 본래의 긴급한 용도로 운행되는 경우와 도로의 파손·공사 등으로 전용차로가 아니면 통행할 수 없는 등 부득이한 경우 이외에는 비록 영구차량의 선도 승용차일지라도 도로교통법(제115조의 2 제3항 제1호)이 규정한 기타 부득이한 사유로 볼 수 없다.[174] 그러나 장례의식 등 국민정서를 감안하여 단속은 지양하는 것이 바람직한 것으로 판단된다.

③ 대전광역시에서는 1999. 12. 3. 영구차량 선도 승용차의 일반도로 버스전용차로 통행을 기타 부득이한 사유로 보아 과태료 부과를 않기로 결정한바 있다.

---

173) 경찰청교안 63310-2664, 1998. 12. 18.
174) 경찰청교안 63310-2664, 1998. 12. 23.

14. 좌회전 신호가 있을 때 교차로에서 U-turn 여부

■ 좌회전 신호가 있을 때 교차로 내에서 U-turn을 할 수 있는지의 여부?

1 횡단 등의 금지

① 차마는 보행자나 다른 차마의 정상적인 통행을 방해할 염려가 있는 때에는 도로를 횡단하거나 U-turn 또는 후진을 하여서는 안 된다.

② 지방경찰청장은 도로에서의 위험을 방지하고 교통의 안전과 원활한 소통을 확보하기 위하여 특히 필요하다고 인정하는 때에는 도로의 구간을 지정하여 차마의 횡단이나 U-turn 또는 후진을 금지할 수 있다.

③ 차마는 길가의 건물이나 주차장 등에서 도로에 들어가려고 하는 때에는 일단정지한 후에 안전여부를 확인하면서 서행하여야 한다.[175]

2 대법원 판례

비보호 좌회전이나 U-turn 표시가 없다면 차마는 좌회전 또는 U-turn은 원칙적으로 할 수 없다.[176]

3 명문규정

현행 도로교통법상 U-turn구역 선에서의 U-turn방법에 관한 명문규정이 없으므로 앞 차량의 U-turn에 방해가 되지 않는 한, 뒷 차량이 먼저 U-turn을 하

---

175) 도로교통법 제18조
176) 대판 95도3093, 1996. 5. 31.

였다고 단속할 수는 없다.[177] U-turn구역선 표지 또는 U-turn표지판이 설치된 경우 보조표지의 지시에 따라 U-turn을 해야 할 것이나 보조표지가 없는 경우에는 신호내용에 관계없이 다른 차마의 통행에 방해가 되었는지의 여부를 가려서 판단해야 될 사안이므로 무조건 U-turn위반으로 단속할 수는 없을 것이다.[178]

> ## 15. 횡단보도에서의 사고에 대한 피해자의 책임
> 야간에 승용차 운전자가 신호등이 없는 횡단보도에서 횡단하는 보행자를 충격했을 때 처리기준은?

1 승용차운전자의 책임

승용차운전자는 횡단보도를 횡단하는 보행자를 발견하지 못한 과실이 있다. 전방을 확실하게 주시하면서 주의하여 운전하여야 하나 만연히 진행하여 보행자를 발견하지 못한 업무상 주의의무의 책임을 져야 한다. 교통사고처리특례법상 종합보험가입이나 합의와 상관없이 형사처벌을 받아야 한다. 그러나 미보험가입 또는 미합의 등의 경우에는 민사책임도 함께 져야 한다.

2 피해자

피해자는 횡단보도를 이용하여 횡단하던 중 사고를 당하였기 때문에 책임이 없다. 그러나 피해자의 입장에서도 횡단보도를 횡단할 때에도 교통상의 위험이 있는지의 여부를 확인하고 횡단하여야 한다는 주장을 민법에서는 인정하고 있다.

177) 경찰청교안 63310-207, 1994. 8. 31.
178) 경찰청교안 63310-552, 1998. 4. 9.

3 피해자의 과실

피해자도 횡단보도일지라도 횡단보도의 좌우를 살펴 교통의 위험이 있는지의 여부를 확인하지 않고 횡단하는 것에 대한 민사상의 책임을 인정하여야 할 것이다. 횡단보도라고 해서 무조건 횡단하는 사람에게 안전하고 횡단할 권리가 있다고 판단해서는 안 된다.

4 판례의 입장

주간에 신호등 없는 횡단보도를 뛰어서 횡단하다가 법정속도를 위반하여 진행한 과속차량에 충격되어 사망한 사건에서 피해자 과실 10% 인정, 야간에 음주 후 신호등 없는 횡단보도를 횡단하다가 발생한 사고의 경우 횡단자 과실을 20% 인정, 주간에 신호등 없는 횡단보도에서 보행자를 충격한 사고에서 피해자 과실 10% 인정, 신호등 없는 횡단보도에서 맹인이 맹인용지팡이를 짚거나 인도자의 인도를 받지 않고 횡단하다가 발생한 사고에서 맹인의 과실 10%인정 등 판례가 있다.

사례연구

1. 중앙선 침범으로 보지 않는 교통사고

교통사고에서는 중앙선을 침범한 사실만으로 중앙선침범 사고로 처리하지 않고 사고의 직접적인 원인이 중앙선 침범으로 인하여 발생한 경우에만 중앙선 침범으로 처리한다.

① 중앙선을 침범한 차량이 반대 차로를 지나 골목으로 진입하다가 골목에서 나오는 차량과 충돌한 경우 사고의 직접적인 사고원인을 중앙선 침범이라 할 수 없으므로 일반사고인 안전운전의무 위반으로 처리

② 동일방향으로 진행하는 차량끼리 비록 중앙선을 침범한 상태에서 발생한 사고라 하더라도 대향 차로에 영향을 준 중과실이 아닌 만큼 안전운전의무 위반

③ 중앙선을 침범하여 자신의 피해만 발생하거나 대향 차로에 주차한 차량과 충돌한 경우 대향차에 영향을 준 것이 없으면 신뢰의 원칙에 의거 안전운전의무 위반

④ 눈이나 토사 등으로 중앙선 부위가 덮여 전혀 식별이 곤란한 곳이고 실제로 운전자도 중앙선이 있다는 것을 인식하지 못한 상태에서 발생한 사고는 도로환경에 적응하여 운전하지 못한 것으로 안전운전의무 위반

⑤ 아파트·군부대·공장·학교 등에서 중앙선 설치권자(지방경찰청장)가 설치하지 않고 임의로 설치한 중앙선을 침범한 경우 중앙선으로 인정하지 않기 때문에 안전운전의무 위반

⑥ 도로가장자리에 불법 주·정차한 차량이 있어 황색 점선의 중앙선 일부를 걸치거나 넘은 상태에서 주행하다가 맞은편에서 횡단중인 보행자를 충돌한 경우 전방주시태만을 인정 안전운전의무 위반

⑦ 교차로에서 좌회전하여 중앙선을 차체의 일부가 침범한 상태에서 추돌하는 사고는 중앙선 침범이 사고의 원인이 아니므로 교차로통행방법 위반

⑧ 제한 속도 내에서 주행하다가 빗길이나 눈길에서 미끄러져 중앙선을 침범한 경우 부득이한 사고로 보아 안전운전의무 위반

⑨ 기타 불가항력으로 인하여 중앙선을 침범한 경우는 안전운전의무 위반

2. 교통법규위반 행정처분

행정처분이라 함은 행정기관인 행정주체가 법집행으로서 행하는 범법행위 중의 권력적 단독행위를 말한다. 즉 행정주체가 행하는 행위 중에서 사실행위·통치행위·입법행위·사법(司法)행위·사법(私法)행위·관리행위 등을 제외한 권력적 단독행위를 말하나 실정법상의 행정처분은 사실행위·입법행위를 포함하기도 한다. 영업면허·공기업의 특허·조세의 부과 등과 같은 조치가 여기에 속한다. 법규에 위반하는 행정처분은 위법처분으로서 행정심판·행정소송의 대상이 되고 행정목적에 위반하는 처분은 부당처분으로서 행정심판의 대상이 된다.

1 행정처분의 절차

교통법규 위반 또는 사고를 야기한 운전자에 대하여 과하는 과태료 이외에 행정적인 차원에서 가해지는 처분이 벌점제도이다. 법규위반이나 사고로 인한 벌점이 40점 이상이 될 때만 1점을 1일로 계산하여 면허정지 처분을 하는데 면허 정지처분 대상인 벌점 40점 이상이 된 때에는 경찰청 전산실에서 그 대상자를 발췌

하여 대상 운전자 주소지 경찰서에 집행 대상자 명단을 통보하고 대상자 명단을 통보 받은 주소지 관할 경찰서장은 집행대상자에게 예정일 7일전에 운전면허 정지집행 통고서를 발송하고 집행통고서를 받은 대상자는 집행통고서에 지정되어 있는 날에 경찰서에 출석하여 운전면허증을 제출하고 경찰서에서는 집행기간 동안 운전면허증을 보관하여 면허정지를 집행한 후 해제되는 날에 다시 당사자에게 반환하는 것이다.

2 처분벌점의 소멸

처분벌점이 40점 미만인 경우에 최종위반일 또는 사고 일로부터 무위반, 무사고로 1년을 경과한 때에는 누산 점수에서 삭제함으로써 소멸되는 것이다.

3 벌점합산

벌점합산은 법규위반으로 교통사고를 야기한 경우 조치 등 불이행에 따른 벌점과 법규위반시의 벌점, 사고 야기시 결과에 따른 벌점 등을 모두 합산하여 행정처분을 하고 있다.

4 누산벌점 초과로 인한 면허취소

1년 동안의 벌점 또는 누산벌점이 121점 이상, 2년 동안의 벌점 또는 누산점수가 201점 이상, 3년간 벌점 또는 누산점수가 271점 이상이면 면허가 취소되며 3년간 관리된다. 그리고 누산점수는 법규위반 또는 교통사고시의 벌점을 누적 합산한 점수에서 상계치(무사고, 무위반 경과시에 부여되는 점수)를 뺀 점수를 말한다.

5 벌점 또는 처벌벌점 초과로 인한 면허정지

운전면허 정지처분은 1회의 위반, 사고로 인한 벌점 또는 처분벌점이 40점 이상이 된 때부터 결정하여 집행하되, 원칙적으로 1점을 1일로 계산하여 집행한다. 처분벌점은 누산 점수에서 이미 정지처분이 집행된 벌점의 합계치를 뺀 점수를 말한다.

6 정지처분 집행일수의 가감

교통안전교육을 이수한 때 정지처분집행일수 20일을 감경한다. 그러나 본인의 누산점수에서는 공제해 주지 않는다. 그리고 모범운전자 · 무사고운전자(10년 이상 무사고, 유공운전자의 표시장을 받고 교통안전봉사활동에 종사중인 자)에게는 면허정지처분 집행기간을 1/2로 감경한다. 그러나 사고로 인한 경우는 제외한다.

7 행정처분의 철회

위반, 사고가 법원의 판결로 무죄가 확정된 경우에 벌점은 소멸한다. 그리고 검사의 무죄불기소 처분을 받은 경우도 포함한다.

8 운전면허 취소 개별기준

① 교통사고 야기 도주
② 주취 운전(혈중 알코올농도 0.05% 이상에서 인명피해사고)
③ 만취한 상태(혈중 알코올농도 0.1% 이상)에서 운전
④ 주취 측정에 불응한 때
⑤ 타인에게 운전면허 대여 또는 타인면허로 운전

⑥ 운전면허 취득 결격사유에 해당된 때

⑦ 적성검사 불합격 또는 적성검사 기간 1년 경과

⑧ 운전면허 정지처분 기간 중 운전행위

⑨ 등록 또는 임시 운행허가를 받지 아니한 자동차로 운전한 때

⑩ 자동차를 이용하여 범죄행위를 한 때

⑪ 타인의 차량 등을 절취하거나 빼앗은 때

⑫ 타인을 위해 운전면허 시험에 부정응시한 때

⑬ 단속경찰공무원 등에 대한 폭행

⑭ 도로교통법 외의 다른 법령규정에 의하여 취소사유에 해당한 때

9 교통법규 위반시 벌점 기준

(1) 벌점 100점, 형사입건

주취 운전한 때(혈중알코올 농도 0.05% 이상 0.1% 미만)

(2) 벌점 90점, 형사입건

단속경찰공무원 등에 대한 폭행으로 형사 입건된 때

(3) 벌점 30점, 범칙금 부과

① 통행구분위반(중앙선침범에 한함)

② 고속도로갓길, 버스전용차, 다인승 전용차로 등 통행위반

③ 운전면허증 제시의무 위반

(4) 벌점 15점, 범칙금 부과

① 신호 또는 지시에 따를 의무위반

② 제한속도위반(20km/h 초과부터)

③ 앞지르기 금지위반

④ 철길건널목 통과방법 위반

⑤ 어린이 통학버스 운전자의 의무위반

(5) 벌점 10점, 범칙금부과

① 통행구분위반(보도침범, 보도횡단방법 위반)

② 차로에 따른 통행위반(진로변경 금지장소에서의 진로변경포함)

③ 일반도로 버스전용차로 통행위반

④ 안전거리 확보 불이행(진로변경 방법위반 포함)

⑤ 일반도로 버스전용차로 통행위반

⑥ 앞지르기 방법 위반

⑦ 보행자 보호의무 불이행(정지선위반 포함)

⑧ 승객 또는 승하차자 추락 방지조치 위반

⑨ 안전운전의무 위반

⑩ 노상시비 · 다툼 등으로 차마의 통행방해 행위

⑪ 어린이 통학버스 특별보호 위반

10 교통사고 벌점기준

(1) 벌점 90점

사고 발생시부터 72시간 내에 사망한 때 사망 1명당 90점

(2) 벌점 15점

상해 3주 이상의 치료를 요하는 의사의 진단 부상 중상 1명당 15점

(3) 벌점 5점

상해 3주 미만 5일 이상의 치료를 요하는 의사의 진단 1명당 5점

(4) 벌점 2점

상해 5일 미만의 치료를 요하는 의사의 진단 1명당 2점

3. 애완동물을 친 사고의 처리

애완동물이라 함은 좋아하여 가까이 두고 귀여워하는 동물을 말한다. 애완동물을 집밖에 내놓았을 때 자동차로 접촉하여 살해되거나 다치게 되었을 때에는 손해배상 책임이 있다. 도로교통법 제44조에서 자동차 운전자는 교통상황에 따라 안전하게 운전하여야 할 업무상 주의의무가 있기 때문이다. 운전자가 주의의무를 소홀히 하여 애완견을 사상한 경우 주인의 과실을 상계한 손해에 대해 배상책임이 있다. 현행 자동차 보험에서도 애완견의 사고를 일종의 대물사고로 분류하여 배상항목으로 규정하고 있다.

4. 적성검사 및 면허증 갱신의 기간

일정 기간마다 운전면허증을 재교부 받는 경우 제1종 면허는 '적성검사'라 하고 제2종 면허는 '운전면허갱신'이라 한다. 이와 같이 명칭이 다른 것은 제1종 면허의 경우 7년마다(65세 이상은 5년마다) 본인이 직접 병원에서 정기적성검사(신체검사)를 받아야 한다. 그러나 제2종 면허의 경우는 9년마다 정기 적성검사를 받지 않고도 운전면허증을 재교부 받기 때문에 대리인이 운전면허를 갱신할 수 있다.

5. 교육에 의한 벌점상쇄에 대한 기준

도로교통법의 개정으로 2004. 9월부터 벌점 40점에 근접한 운전자가 교통소양교육을 받으면 벌점 20점을 감하고, 면허정지 처분을 받은 운전자가 교통현장교육을 받으면 50점을 감해준다. 그러나 과거 1년 이내에 감경 혜택을 받은 사람은 교육대상에서 제외한다.

6. 횡단보도 녹색점멸 신호시 횡단한 보행자 충격의 책임

횡단보도 점멸신호의 뜻은 보행자는 횡단을 시작하여서는 아니 되고 횡단하고 있는 보행자는 신속하게 횡단을 완료하거나 횡단을 중지하고 보도로 돌아와야 한다고 도로교통법 시행규칙 제5조 제2장 별표3에서 규정하고 있다. 이러한 경우 피해자는 녹색점멸신호에 횡단을 시작한 위법행위 때문에 보행자의 위치가 상실되므로 보행자보호의무 위반인 횡단보도 사고로 처리하지 않는다. 그러나 운전자는 사고발생에 관한 업무상의 주의의무를 태만히 하였으므로 안전운전의무 위반의 책임을 져야 하며, 일반적으로 과실은 보통 보행자 30%, 운전자 70%의 책임을 묻게 된다.

7. 일시정지 위반에 대한 처벌의 기준

경찰은 2004. 6. 1부터 전국적으로 정시선 위반 단속과 계도를 실시한바 있다. 정차시 차량바퀴, 앞 범퍼 등 차체 일부가 정지선을 넘어선 경우 단속대상이 된다. 횡단보도를 가로막는 차 벌점 10점과 범칙금 6만원, 교차로 꼬리 물고 진입 범칙금 4만원, 일시정지장소 그냥 통과 범칙금 3만원을 부과한다.

1 일시정지 할 장소 위반으로 적용할 경우

① 교통표지 중 정지표지 및 노면정지 등을 위반할 경우
② 적색경광등이 설치되어 있고 정지선 표지가 있는 교차로에서 일시정지하지 않고 진입할 경우

2 철길건널목통과방법 위반으로 적용할 경우

교통안전표지가 철길건널목에 설치되어 있고 이를 위반할 경우에는 위법하다.

3 신호위반으로 적용할 경우

황색등화 및 적색등화시 정지선이 있거나 횡단보도가 있을 때에는 그 직전이나 교차로 직전에 정지하도록 명시되어 있으므로 이때 정지선을 앞 범퍼가 넘었다면 신호위반으로 본다.

4 보행자보호의무 위반으로 적용할 경우

① 신호등 없는 횡단보도의 정지선의 뜻은 정지해야할 경우 정지하는 선이며, 횡단보도상에 보행자가 있다면 정지할 경우에 해당되므로 이를 위반한 경우

② 교차로에서 정지선을 넘어 횡단보도 상에서 신호대기 하거나 우회전시 우측 방향 횡단보도 녹색신호에 횡단자의 횡단을 방해하면서 통과한 경우

5 교차로 통과방법 위반으로 적용할 경우

① 교통정리가 행하여지고 있지 아니하고 정지선이 설치되어 있는 교차로에 들어가려는 차의 운전자가 일시정지하지 않고 교차로에 들어갈 때

② 녹색신호에 정지선을 통과했지만 교통체증 때문에 교차로 상에 멈춰선 경우

8. 적재물 낙하에 의한 사고의 책임

앞 차량이 기름, 폐유, 과일, 쓰레기 등 미끄러운 액체나 물체를 싣고 주행 중 이를 낙하시켜 도로를 미끄러운 상황으로 유발하였고 뒤따르던 차량이 그 낙하물의 영향으로 갑자기 미끄러지면서 사고가 발생한 경우에는 뒤따르는 운전자는 불가항력이 인정되므로 사고에 대한 책임은 원인을 제공한 앞 차량에 있다. 그러나 도로상에 이러한 화물이 낙하되어 있는 것을 알면서도 막연히 과속 질주하다가 미끄러져 사고를 야기한 경우에는 그 원인이 과속에 의한 전방주시 태만에 있으므로 이때는 뒤따르는 차에 사고에 대한 책임이 있고 미끄러운 적재물을 낙하한 앞 차량에는 민사책임이 있다고 판단된다.

[사진 41] 적재물 낙하에 의한 오토바이 충격사고

1. 경찰청(2007). 경찰백서. 서울 : 경찰청

2. 경찰대학(2004). 경찰교통론. 용인 : 경찰대학

3. 김충남(2008). 경찰학개론. 서울 : 박영사

4. 이강석(1999). 이화학. 서울 : 청수서원

5. 중앙경찰학교(2005). 교통실무. 충주 : 중앙경찰학교

6. 손봉선(2003). 범죄수사론. 서울 : 대왕사

7. 손봉선(2006). 경찰학개론. 서울 : 백산출판사

8. James W. Osterburg(2000). 'Criminal Investigation' Anderson Publishing, Co.

9. McGibbon, Steve(1998). 'Crime Scene Handbook ', AFOSI/XOG. U.S. Government printing office.

10. Morris Fishbein(1999). 'Medical and Health' H. S. Stuttman co., Publishers N.Y.

11. 高須俊明(1992).「酒と健康」岩波新書, 東京

12. http : //www.kumhotire.co.kr

13. http : //www.yokohamakorea.com

14. http : //blog.naver.com/kcleo

15. 경향신문, 2004. 9. 20

16. 매일경제, 2005. 2. 25

찾아보기

ㅊ

손봉선

- ◆ 전북대학교 행정학박사
- ◆ 전북지방경찰청 근무
- ◆ 특수수사대(OSI) 파견근무(15년)
- ◆ 미법무성 마약감시청(DEA) 마약수사과정 수료
- ◆ 국가 대테러협상(통역)위원 (영어)
- ◆ 한국마약퇴치운동본부 전북지부 부지부장
- ◆ 서남대학교 · 광주대학교 · 우석대학교 겸임교수
- ◆ 광주대학교 경찰 · 법 · 행정학부 교수
- 現) 한국마약퇴치운동본부 광주 · 전남지부 교육이사
- 現) 광주대학교 경찰 · 법 · 행정학부 초빙교수

【 저서 및 연구논문 】

- ◆ 범죄수사론(2000). 법문사
- ◆ 경찰조직관리론(공저)(2001). 대왕사
- ◆ 경찰학개론(2001). 형설출판사
- ◆ 범죄수사론 II (2004). 대왕사
- ◆ 범죄수사론 I (2005). 대왕사
- ◆ 경찰외사론(2005). 대왕사
- ◆ 신경찰학개론(2006). 백산출판사
- ◆ 범죄수사론 I 특강(공저)(2006). 대왕사
- ◆ New경찰조직관리론(공저)(2007). 대왕사
- ◆ 경찰학개론 요점과 문제(공저)(2007). 대왕사
- ◆ 한 · 미 행정협정 형사재판권의 문제점과 개선방안(2000)
- ◆ 외국인 범죄의 합리적 수사방안(2001)
- ◆ 경찰의 발전방안에 관한 연구(2002)
- ◆ 경찰제도의 개편에 관한 연구(2003)
- ◆ 마약류 오 · 남용 실태조사 및 정책대안에 관한 연구(2004)
- ◆ 지방분권화에 따른 자치경찰제 도입방안의 연구(2004)
- ◆ 한 · 미 행정협정 형사재판권에 관한 연구(2007)
- ◆ 위법한 임의동행에 의한 수사의 적법성에 관한 연구(2007)

최선우

- ◆ 동국대학교 경찰행정학과 졸업
- ◆ 동국대학교 경찰행정학과 졸업(경찰학전공, 법학박사)
- ◆ 동국대 · 국립경찰대 · 인천대 · 관동대 · 순천향대 · 대불대 강사
- ◆ 치안연구소 연구원(외래)
- 現) 광주대학교 경찰 · 법 · 행정학부 교수

【 저서 및 연구논문 】

- ◆ 지역사회 경찰활동(역사)(2001). 집문당
- ◆ 치안서비스 공동생산론(2002). 대왕사
- ◆ 경찰과 커뮤니티(2003). 대왕사
- ◆ 범죄수사론 I 특강(공저)(2006). 대왕사
- ◆ 경찰학개론 요점과 문제(공저)(2007). 대왕사
- ◆ 민간경비론(2008). 진영사
- ◆ 형사사법의 역사성과 체제론적 접근(2003).
- ◆ 한국경찰의 역사적 접근에 관한 서설적 연구(2004).
- ◆ 수사구조의 합리화에 관한 연구(2004).
- ◆ 한국경찰의 근대성에 관한 연구(2006).
- ◆ 통일독일의 범죄문제연구(2006).

김경태

- ◆ 원광대학교 대학원 경찰행정학과(경찰학박사)
- ◆ 원광대학교, 광주대학교, 전주대학교, 광주여자대학교 강사
- ◆ 원광대학교 행정대학원(전남 · 전북경찰청) 강사
- ◆ 전북지방경찰청 인권위원회 위원
- ◆ 한국공안행정학회, 한국경찰이론과실무학회 이사
- ◆ 한국경찰학회, 한국피해자학회 이사
- ◆ 우석대학교 경찰행정학과 교수
- 現) 광주대학교 경찰 · 법 · 행정학부 교수

【 저서 및 연구논문 】

- ◆ 경찰조직에서 TQM의 적용방안에 관한 이론적 고찰(2004)
- ◆ 아동학대 피해자 지원체계에 관한 연구(2004)
- ◆ 지역사회와 연계한 경찰의 범죄예방에 관한 연구(2005)
- ◆ 고객만족형 경찰활동 방안(2006)
- ◆ 학교폭력 피해자의 지원 방안(2007)
- ◆ 고객만족(CS)을 위한 경찰의 교육훈련 발전방안(2007)

경찰교통론

1판 1쇄 발행 2008년 08월 20일
1판 2쇄 발행 2023년 02월 20일
저　　자 손봉선·최선우·김경태
발 행 인 이범만
발 행 처 **21세기사** (제406-2004-00015호)
　　　　　경기도 파주시 산남로 72-16 (10882)
　　　　　Tel. 031-942-7861　　Fax. 031-942-7864
　　　　　E-mail : 21cbook@naver.com
　　　　　Home-page : www.21cbook.co.kr
　　　　　ISBN 978-89-8468-270-2

정가 25,000원